高等职业教育"互联网+"新形态教材·财会专业

会计信息化实务

（用友 U8 V10.1）

王新玲　肖艳红　宋建琦　主　编

王　莹　刘　智　倪宝童　周晓存　副主编

电子工业出版社

Publishing House of Electronics Industry

北京·BEIJING

内 容 简 介

本书根据职业教育人才培养目标的具体要求并结合高职院校教学的特点进行编写。本书以用友 U8 V10.1 为蓝本，本着"理论够用、强化技能、突出操作"的原则，努力做到由浅入深、通俗易懂，在阐述会计信息化基本理论的基础上，重点结合案例讲解管理软件的操作方法。本书在内容、结构、体例上均有较大创新，大量运用"提醒""知识点""栏目说明"等小栏目，既扩大了读者的知识面，又让其感觉亲切易懂。为方便教学和自学，在每个项目后还配有适量的课后练习题，同时还编有《会计信息化实训》（用友 U8 V10.1）一书，作为本书的配套实训用书。

本书力求更好地贯彻工作过程导向、教学做一体化、理实一体化的高职教育理念。它既可作为高职财经类专业的教学用书，也可作为其他专业的教学用书，以及在职会计人员专业学习的辅导用书。

图书在版编目（CIP）数据

会计信息化实务：用友 U8 V10.1 / 王新玲，肖艳红，宋建琦主编. —北京：电子工业出版社，2020.1
ISBN 978-7-121-37722-8

Ⅰ. ①会… Ⅱ. ①王… ②肖… ③宋… Ⅲ. ①会计信息－财务管理系统－高等职业教育－教材 Ⅳ. ①F232

中国版本图书馆 CIP 数据核字（2019）第 237663 号

责任编辑：贾瑞敏　　　　　　　　　　　特约编辑：许振伍　　胡伟卷
印　　刷：北京虎彩文化传播有限公司
装　　订：北京虎彩文化传播有限公司
出版发行：电子工业出版社
　　　　　北京市海淀区万寿路 173 信箱　　邮编 100036
开　　本：787×1 092　1/16　印张：16.25　字数：416 千字
版　　次：2020 年 1 月第 1 版
印　　次：2022 年 6 月第 3 次印刷
定　　价：52.00 元

凡所购买电子工业出版社图书有缺损问题，请向购买书店调换。若书店售缺，请与本社发行部联系，联系及邮购电话：(010)88254888，88258888。

质量投诉请发邮件至 zlts@phei.com.cn，盗版侵权举报请发邮件至 dbqq@phei.com.cn。

本书咨询联系方式：电话 010-62017651；邮箱 fservice@vip.163.com；QQ 群 427695338；微信 DZFW18310186571。

前　言

为了适应财经类高职院校会计信息化教学的需要，培养能满足会计岗位一线需要的全面发展的高等技术应用型专门人才，编者根据高职院校财经类专业人才培养方案和会计信息化课程教学的基本要求，基于工学结合的工作过程导向式课程开发思路编写了本书。

在编写本书的过程中，编者广泛征求了企业界会计信息化专家的意见，充分考虑高职院校会计信息化课程教学的目的和要求，以企业会计信息化工作过程为主线，根据"任务驱动、项目导向"的课程开发思想，将内容设计成 11 个项目。本书以项目为单位组织教学，以典型案例为载体，以操作技术为核心，辅以相关专业理论知识，培养学生的综合职业能力，满足学生就业与发展的需要。

本书在内容、结构、体例上均有较大创新。内容上采用"每个能力为 1 个项目"的教学模式，以实用、够用为原则，紧紧围绕完成会计信息化工作的需要来选择，强调过程操作和技能训练，重视能力培养；结构上遵循会计核算方法的内在联系和具体会计信息化工作的操作程序，抓大放小，使体系更具科学性；体例上突破传统模式，以项目为单元，通过实务案例操作，更贴近企业的会计实践。本书贯彻了工作过程导向、教学做一体化、理实一体化的高职教育理念。

为了方便教学和自学，本书在每个项目后还配有适量的课后练习题，同时还配有《会计信息化实训》（用友 U8 V10.1）一书，作为本书的配套实训用书。本书提供了用友 U8 V10.1版教学软件、实验账套、案例的视频演示等资料，可通过填写书后的教学资源索取表向出版社索取。

本书由天津财经大学王新玲、普宁职业技术学校肖艳红、山西国际商务职业学院宋建琦担任主编，广州大学市政技术学院王莹、漯河职业技术学院刘智、辽宁建筑职业学院倪宝童、湖南铁道职业技术学院周晓存担任副主编。具体分工如下：王新玲编写项目 1 至项目 3，肖艳红编写项目 4、项目 5，宋建琦编写项目 6、项目 7，王莹编写项目 8，刘智编写项目 9，倪宝童编写项目 10，周晓存编写项目 11。

在编写本书过程中，参考了相关教材的内容，得到了有关专家、学者的指导，在此一并表示感谢。

限于编者的水平，书中的不妥和疏漏之处敬请读者批评指正。

编　者

目　录

项目 *1*

会计信息化概述

知识目标

1. 掌握会计信息化的概念。
2. 了解会计信息化对手工会计的影响。
3. 理解会计信息化软件的选型要点。

技能目标

1. 了解用友 U8 的安装要点。
2. 能够按照会计信息化的应用流程开展后续工作。

20 世纪中叶以来,随着世界由工业社会向信息社会转变,信息技术成为促进经济发展和社会进步的主导技术,信息产业成为社会发展的主导产业。在信息社会,信息技术普遍应用于社会的各个领域,信息已经成为了一项重要的企业资源。

任务 *1.1*　会计信息化基本认知

1.1.1　会计信息化的相关概念

1. 会计电算化

我国最早将计算机用于会计工作的尝试是从 1979 年财政部给长春第一汽车制造厂拨款 500 万元试点开始的。1981 年,在长春召开的财务、会计、成本应用电子计算机专题研讨会上正式把电子计算机在会计工作中的应用简称为会计电算化。

会计电算化是以电子计算机为主的当代电子和信息技术应用到会计工作中的简称。它主要是应用电子计算机代替人工记账、算账、报账,以及代替部分由大脑完成的对会计信息的处理、分析和判断的过程。

会计电算化是会计发展史上的一次革命,对会计工作的各个方面都产生了深刻的影响。会计电算化的普及应用,有利于促进会计工作的规范化,提高会计工作质量;减轻会计人员的劳动强度,提高会计工作的效率,更好地发挥会计的职能作用,为实现会计工作现代化奠定良好的基础。

2. 会计信息化

2000 年，在深圳召开的会计信息化理论专家座谈会上首次提出从会计电算化走向会计信息化的观点，之后逐渐形成了会计信息化的概念。

会计信息化是指企业利用计算机、网络通信等现代信息技术手段开展会计核算，以及利用上述手段将会计核算与其他经营管理活动有机结合的过程。会计信息化不仅包括与会计核算相关的信息化，同时考虑到企业其他经营管理职能与会计职能可能存在交叉重叠，其他信息系统可能是会计信息系统重要数据来源的情况，因此也将会计核算与其他经营管理活动相结合的内容纳入会计信息化范围。这样定义，有利于企业正确认识会计信息化与其他领域信息化的密切关系，有利于企业财务会计部门适当地参与企业全领域的信息化工作。

总的来看，会计信息化是会计电算化在两个方向上发展的结果：一是在横向上与企业管理信息系统相结合，形成融物流、资金流、信息流和业务流为一体的开放性会计系统；二是在纵向上为了满足企业决策层和管理层对信息的需求，由会计核算信息化逐步拓展到财务管理信息化和决策支持信息化，进而形成完整的会计信息化体系。因此，会计信息化是会计电算化的高级阶段，是会计观念上的重大突破，要求人们站在整个企业的新视角来认识信息化工作——它体现了会计工作的全面创新、变革和发展。

1.1.2 会计信息化的发展

会计信息化的发展与国家宏观政策引导、计算机与网络技术发展、系统软件与应用软件成熟度和专业人才培养息息相关。根据会计信息系统的系统结构、功能与技术的变化过程，大体上可将我国会计信息化的发展分为 4 个阶段：1979—1984 年的起步阶段；1985—1988 年的自发发展阶段；1989—1999 年的稳步发展阶段和 2000 至今的竞争提高阶段。

我国会计信息化建设的基本目标是：建立健全会计信息化法规体系和会计信息化标准体系［包括可扩展商业报告语言（XBRL）分类标准］，全力打造会计信息化人才队伍，基本实现大型企事业单位会计信息化与经营管理信息化融合，进一步提升企事业单位的管理水平和风险防范能力，做到数出一门、资源共享，便于不同信息使用者获取、分析和利用信息，进行投资和相关决策；基本实现大型会计师事务所采用信息化手段对客户的财务报表和内部控制进行审计，进一步提升社会审计质量和效率；基本实现政府会计管理和会计监督的信息化，进一步提升会计管理水平和监管效能；通过全面推进会计信息化工作，使我国的会计信息化达到或接近世界先进水平。

1.1.3 会计信息化与传统手工会计的比较

1. 手工会计与会计信息化账务处理比较

(1) 手工环境下的账务处理流程

手工环境下常用的账务处理程序主要有：记账凭证账务处理程序；科目汇总表账务处

理程序；汇总记账凭证账务处理程序；日记总账账务处理程序；多栏式日记账账务处理程序。不同的账务处理程序其数据处理流程不尽相同，各单位应根据业务性质、规模大小等特点采用适当的账务处理程序。但不论选择哪一种，所实现的会计核算目标应当是一致的，其账务处理的基本流程都是从原始凭证开始，直到财务报表输出。

一般来说，手工环境下账务处理的基本流程由以下几步组成。

步骤 1　根据原始凭证，填制记账凭证。

步骤 2　根据记账凭证及所附的原始凭证，逐笔登记日记账。

步骤 3　根据记账凭证及所附的原始凭证，逐笔登记明细账。

步骤 4　根据记账凭证，定期编制科目汇总表或汇总记账凭证。

步骤 5　根据科目汇总表或汇总记账凭证，定期登记总账。

步骤 6　定期核对总分类账、日记账、明细账。

步骤 7　定期进行财产清查。

步骤 8　根据核对无误的总账、明细账编制财务报表。

手工环境下账务处理的基本流程如图 1.1 所示。

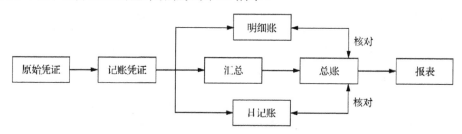

图 1.1　手工环境下账务处理的基本流程

(2) 会计信息化环境下的账务处理

会计信息化的工作平台——会计信息系统是一个人机结合的系统，会计信息化环境下账务处理的基本流程由以下几步组成。

步骤 1　将记账凭证（手工凭证或机制凭证）输入计算机，并存入临时凭证数据库中。

步骤 2　经过人工审核或计算机审核后进行记账处理，形成账簿文件和记账凭证文件，同时按照科目汇总后的结果更新科目汇总文件。

步骤 3　输出总账、明细账、日记账等账簿。

步骤 4　月终输入银行对账单，生成对账文件，进行银行对账，输出银行存款余额调节表。会计信息化环境下账务处理的基本流程如图 1.2 所示。

2. 会计信息化对传统手工会计的影响

无论是手工管理，还是信息化管理，对会计数据的处理和由此提供的会计信息都要符合国家统一的会计制度规定。但会计管理环境的变化势必从多个方面给传统手工会计带来冲击和影响。

(1) 改变原有的组织体系

在手工环境下，一般以会计事项的不同性质为依据组织会计工作，如通常分为应付会计、应收会计、成本会计等；在信息化环境下，信息处理过程为输入—处理—输出，因此需要设置数据录入员、审核员，另外还要增设数据管理和维护岗位。

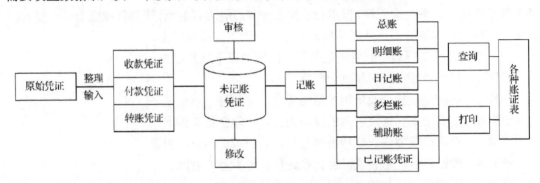

图 1.2　会计信息化环境下账务处理的基本流程

（2）改变了会计核算形式和方法

在手工环境下，限于人的计算能力及管理成本，企业往往选择与现有管理方式相适应的核算方法，从而不可避免地以降低核算精度为代价；在信息化环境下，由于计算机运算速度快、精度高，因此企业可以选择更精准的核算方法和适用的经济计量模型进行数据处理，以便提供更加准确的会计信息。

（3）改变了原有的内部控制重点

在手工环境下，为了核查会计数据手工登记的正确性，需要利用账证核对、账账核对等控制手段；在信息化环境下，由于数出一源，所有的账簿数据均来自于审核过的凭证，计算机自动记账不会发生记账错误，因此只需要把控制重点放在如何确保凭证输入的正确性上即可。除此之外，还需要重点加强操作权限控制、软硬件管理控制、数据安全控制、电子档案管理等。

（4）强化了会计的管理职能

在手工环境下，财务人员的精力集中于会计核算上，许多复杂、实用的会计模型难以在管理工作中实施，预测、决策等管理工作依然依靠管理者的经验及臆断，没有坚实的数据分析做支撑；在信息化环境下，利用海量存储的会计数据和会计信息系统强大的查询、统计分析功能，可进行深入的管理、分析和决策工作。

任务 1.2　会计信息化管理平台

1.2.1　会计信息化软件选型

会计信息化需要借助会计信息化应用软件来实现。按照不同的分类方法，会计信息化软件可以划分为不同的类型：按软件适用范围可划分为通用会计软件和定点开发会计软件；按软件来源可划分为国内软件和国外软件；按软件网络技术架构划分为基于 C/S（即客户/

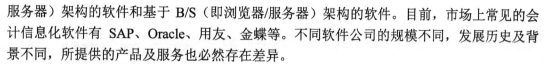

服务器）架构的软件和基于 B/S（即浏览器/服务器）架构的软件。目前，市场上常见的会计信息化软件有 SAP、Oracle、用友、金蝶等。不同软件公司的规模不同，发展历史及背景不同，所提供的产品及服务也必然存在差异。

企业在进行会计信息化软件选型时需要考虑以下核心问题。

1. 软件的合法性与适用性

合法性是指软件的功能必须满足国家有关政策法规的明文要求，《企业会计信息化工作规范》中会计软件与服务一章明确了对会计软件的基本要求；适用性是指软件功能是否满足本单位业务处理的要求，明确企业业务处理要求并了解软件功能能否满足这些要求，是企业在选择会计软件时首先需要考虑的问题。

2. 软件的灵活性、开放性与可扩展性

会计信息化是一个动态的发展过程，必须考虑由于信息技术的飞速发展所引起的商业活动方式的变化对企业经营管理方式提出的要求，包括机构变革和业务流程重组。同时，随着经营活动范围的扩大和方式的多样化，会产生许多新的市场机会，而企业抓住这些机会的必要条件之一就是要进一步调整、增强和完善信息管理系统的功能。这就要求软件系统的设置具有一定的灵活性，以便调整软件操作规程和适应新的业务处理流程的变化。同时，软件在与其他信息系统进行数据交换及进行二次开发方面的功能对于适应企业不断变化的管理工作也是非常重要的。

3. 选择稳定的开发商和服务商

软件开发商的技术实力和发展前景也是企业在选择会计软件时应该考虑的一个重要方面。如果软件开发商的技术实力有限或根本没有稳定的开发队伍，则今后软件版本的升级和软件功能的改进都会存在问题，对用户的后续服务支持也就无法保证。

此外，某一软件的售后服务体系是否健全、服务水平高低及服务态度如何也会影响到软件能否顺利投入使用，以及软件在运行过程中出现问题能否得到及时解决。需要特别注意的是，最好选用在企业所在城市或地区设立售后服务部门的软件开发商的产品，这是软件长期稳定运行的一个重要保障。

1.2.2 会计信息化实训平台简介

本书选用了用友 U8 V10.1（以下简称用友 U8）作为会计信息化实训平台。

1. 用友 U8 总体结构

软件通常由若干个子系统（也称为功能模块）组成，每个子系统具有特定的功能，各个子系统之间又存在紧密的数据联系，相互作用、相互依存形成一个整体。会计信息系统的总体结构就是指一个完整的会计信息系统由哪些子系统组成、每个子系统完成怎样的功能，以及各子系统之间的相互关系。

用友 U8 的总体结构如表 1.1 所示。

表 1.1　用友 U8 的总体结构

财务管理（FM）	供应链管理（SCM）	生产制造（PM）	客户关系管理（CRM）	人力资源（HR）	决策支持（DSS）	集团应用（GA）	零售管理（RM）	分销管理（DM）	系统管理集成应用	办公自动化（OA）
成本管理	GSP 管理	设备管理	客户调查	绩效管理	管理驾驶舱	专家分析	零售收款	通路管理	零售接口	网络调查
资金管理	质量管理	工程变更	统计分析	宿舍管理	专家财务评估	行业报表	零售开单	供应商自助	PDM 接口	内部论坛
项目管理	出口管理	车间管理	市场管理	培训管理		合并报表	日结管理	客户商务端	企业门户	档案管理
预算管理	库存管理	生产订单	费用管理	人事合同		结算中心	店存管理	综合管理	金税接口	信息管理
网上银行	委外管理	需求规划	活动管理	保险福利		集团账务	价格管理	业务记账	Web 应用	车辆管理
UFO 报表	采购管理	产能管理	商机管理	经理查询		集团预算	折扣管理	分销业务	EAI 平台	物品管理
网上报销	销售管理	主生产计划	客户管理	考勤管理			VIP 管理		系统管理	会议管理
固定资产	合同管理	物料清单		薪资管理			门店业务管理			教育培训
存货核算	售前分析			招聘管理			数据交换			知识中心
应付管理				人事信息						个人办公
应收管理										事件处理
总账管理										工作流程

由表 1.1 可知，用友 U8 提供了企业信息化的全面解决方案。因此，在综合考虑教学对象、教学内容、教学学时的基础上，我们选择了其中的财务管理和供应链管理两部分中的常用子系统搭建了本书的实验体系，以支撑企业财务业务的一体化管理。财务管理中选择了总账管理、UFO 报表、固定资产、应收管理、应付管理、存货核算等主要子系统；供应链管理中选择了采购管理、销售管理、库存管理等主要子系统。

2. 用友 U8 安装要点

用友 U8 属于应用软件，运行于局域网环境，需要按要求配置运行环境，可按照以下顺序逐项落实以顺利安装。

（1）检查硬件

目前主流的硬件配置都可以满足安装用友 U8 的硬件需求，在此不详述。

（2）检查操作系统

检查操作系统是否满足用友 U8 的安装要求。

（3）检查计算机名称

计算机名称中不能带 "-" 字符，且不能为中文。

（4）关闭杀毒软件

检查杀毒软件是否正在运行，在安装前要关闭杀毒软件，否则有些文件无法写入。

（5）安装 IIS

如果系统中未安装 IIS（Internet Information Services，互联网信息服务），则需要先安装——可通过 "控制面板" |"添加/删除程序" |"Windows 组件" |"添加 IIS 组件" 命令来进行安装。

（6）安装数据库管理系统

用友 U8 的运行需要数据库管理系统的支持，因此需要安装 SQL Server 数据库管理系统。

（7）安装用友 U8

以 Windows 系统管理员 Administrator 的身份进入 Windows 系统，运行安装程序，按照提示安装用友 U8。

（8）进行客户端和服务端的配置连接

用友 U8 是运行于局域网环境下的 C/S 架构的应用软件，采用三层架构体系，即逻辑上分为数据服务器、应用服务器和客户端。数据服务器上存放用友 U8 所有的数据；应用服务器为客户端提供应用服务。采用三层架构体系，可以提高系统的效率与安全性。

物理上，既可以将数据服务器、应用服务器和客户端安装在一台计算机上，即单机应用模式（学校教学多数采用单机模式），也可以将数据服务器和应用服务器安装在一台计算机上，将客户端安装在另一台计算机上，还可以将数据服务器、应用服务器和客户端分别安装在不同的 3 台计算机上。如果在服务端和客户端安装了不同的内容，就需要进行三层结构的互连。

3. 应用流程

企业在进行信息化之始，应正确安装软件并进行客户端和服务端的连接。然后，应充分熟悉信息系统的功能并设计基于信息化环境的管理解决方案。最后，要准备好各项基础数据。之后，按照系统初始化—日常业务处理—期末处理的流程开始进行各项应用。

（1）系统初始化

系统初始化一般包括以下内容：系统参数设置、输入基础信息、输入期初数据。

① 系统参数设置

用友 U8 是通用管理软件，需要适用于多个行业、多种企业类型，而不同的行业存在不同的行业特点，不同类型的企业也有不同的管理要求。如何体现这些差异，在各子系统中预置了一些反映企业会计核算和管理要求的选项，企业需要在系统初始化时根据单位的具体情况做出选择。通过这一环节，可以把通用的管理软件改造为适合企业特点的专用软件。

② 输入基础信息

企业核算或汇总分析必须有基础信息，如与业务处理相关的组织机构设置、职员、客户、供应商、固定资产分类、人员类别、存货、仓库、采购及销售类型等。在手工环境下，这些信息分散在各个部门进行管理，大多没有规范的档案，这对计算机业务处理来说是致命的。计算机业务处理建立在全面规范的基础档案管理之上，且要求事先设置各种分类、统计口径，才能在业务处理过程中分类归集相关信息，并在事后提供相应的分析数据。

③ 输入期初数据

很多企业一直采用手工核算方式，在采用计算机信息管理后，为了保证手工业务与计算机系统的衔接、继承历史数据、确保业务处理的连续性，要将截止到目前为止手工核算的余额过入到计算机信息处理系统中作为期初数据，才能保持业务的完整性。

对财务业务一体化管理系统来说，不仅要准备各个账户截止到目前为止的累计发生额和上个期间的期末余额，还要准备各业务环节未完成的初始数据。

（2）日常业务处理

企业日常业务涵盖了人、财、物、产、供、销方方面面，既要反映物料的流动，也要反映资金的流动，以确保财务、业务信息的同步和一致。日常业务处理主要完成原始业务的记录，数据的输入、处理和输出等。

企业购买的子系统不同或同时启用的子系统不同，数据流程及应用方案也不同。按照本书展开次序，先介绍总账管理和财务报表编制，此阶段的假设是企业只启用了总账管理子系统，所有的业务处理均在总账管理子系统中填制凭证。然后介绍薪资管理，此阶段的假设是企业启用了总账管理子系统和薪资管理子系统，此时所有与工资相关的费用计提均在薪资管理子系统中处理，总账管理子系统不再处理这类业务，固定资产的处理也与此相同。最后介绍供应链管理，此阶段是假设企业同时启用了总账管理、应付款管理、应收款管理、采购管理、销售管理、库存管理和存货核算 7 个子系统，所有与业务相关联的处理均在对应的子系统进行，总账管理子系统不再处理。

（3）期末处理

在每个会计期末，企业需要完成以下工作：月末结转业务、财务成果核算、各项税费计算计提、账账核对、账实核对、结账处理。

1.2.3　企业信息化应用方案

《企业会计信息化工作规范》指出，企业开展会计信息化工作，应当根据发展目标和实际需要，合理确定建设内容，避免投资浪费。其通常的规律是：首先实现会计核算信息化，完成账务处理、财务报表编制、往来核算的信息化管理；然后，可以向横向和纵向两个维度延展。从横向维度，企业应当促进会计信息系统与业务信息系统的一体化，通过业务的处理直接驱动会计记账，减少人工操作，提高业务数据与会计数据的一致性，实现企业内部信息资源的共享，即实现业财一体化。同时，视情况开展本企业信息系统与银行、供应商、客户等外部单位信息系统的互连。从纵向维度，处于会计核算信息化阶段的企业，应当结合自身情况，逐步实现资金管理、资产管理、预算控制、成本管理等财务管理信息化；处于财务管理信息化阶段的企业，应当结合自身情况，逐步实现财务分析、全面预算管理、风险控制、绩效考核等决策支持信息化。分公司、子公司的数量多、分布广的大型企业和企业集团应当探索利用信息技术促进会计工作的集中，逐步建立财务共享服务中心。

参照企业信息化实施惯例，本书从逻辑架构上分为两个部分：项目 2 至项目 7 先行介绍系统管理、总账管理、财务报表、薪资管理和固定资产管理，即实现会计核算信息化；项目 8 至项目 11 介绍企业业务财务一体化管理。两种模式下对同一笔业务的处理方式截然不同，如表 1.2 所示。

表1.2　不同应用模式下对同一笔业务的处理方式对比

应用方案	企业从友邦公司采购一批硬盘，同时收到一张增值税专用发票
总账管理	在总账管理子系统中直接填制凭证。 借：原材料 　　进项税额 　　贷：应付账款
总账管理+应付款管理	① 货到入库，在总账管理子系统中填制凭证。 借：原材料 　　贷：材料采购 ② 收到发票，在应付款管理子系统中输入采购专用发票，审核并制单。 借：材料采购 　　进项税额 　　贷：应付账款
总账管理+应付款管理+采购管理+库存管理+存货核算	① 货到入库，在库存管理子系统中输入采购入库单 ② 收到发票，在采购管理子系统中输入采购专用发票 ③ 结算采购成本，在采购管理子系统中进行采购结算 ④ 入库记账并生成凭证，在存货核算管理子系统中对入库单记账生成凭证。 借：原材料 　　贷：材料采购 ⑤ 确认应付，在应付款管理子系统中审核发票并制单 借：材料采购 　　进项税额 　　贷：应付账款

从表 1.2 中可见，企业选购了不同的子系统，其应用模式和应用流程会存在差异，在学习过程中一定要注意这一点。

课后练习

一、思考题

1. 描述会计电算化和会计信息化的联系和区别。
2. 影响会计信息化发展的主要因素有哪些？
3. 软件选型需要考虑哪些关键因素？
4. 目前市场上主流的管理软件有哪些？
5. 用友 U8 主要包括哪些子系统？

二、操作题

1. 检查本机计算机名称。
2. 检查本机是否安装有数据库管理系统。

项目 2

系统管理

知识目标

1. 了解系统管理的作用。
2. 理解系统管理的基本功能。
3. 熟悉建立企业核算账套的完整工作流程。
4. 能区分账套和账套库的概念。
5. 理解操作员及操作权限的作用和设置方法。

技能目标

1. 掌握注册系统管理、增加操作员、建立企业账套、设置权限、系统启用的操作。
2. 掌握账套输出及引入等操作。
3. 了解有关账套库的基本操作。

任务 2.1 系统管理认知

2.1.1 系统管理的概念

1. 系统管理的作用

用友 U8 由多个子系统组成，如总账管理、工资管理、应收款管理、销售管理等。各个子系统服务于企业的不同层面，为不同的管理需要服务。子系统本身既具有相对独立的功能，彼此之间又有紧密的联系——共用一个企业数据库，拥有公共的基础信息、相同的账套和年度账，共同完成一体化的会计核算与管理工作。

系统管理是用友 U8 为各个子系统提供的公共管理平台，用于对整个系统的公共任务进行统一管理，如企业账套及年度账的建立、修改、删除和备份，操作员及权限的集中管理，系统安全运行的管理及控制等，其他任何子系统的独立运行都必须以此为基础。因此，系统管理是企业安装用友 U8 后第 1 个要进入的，是企业信息化的起点。

2. 系统管理的功能

系统管理主要包括以下几个方面的管理功能。

（1）账套管理

账套是一组相互关联的数据。每一个独立核算的企业都有一套完整的账簿体系，将这样一套完整的账簿体系建立在计算机系统中就称为一个账套。每一个企业都可以为其每一个独立核算的下级单位建立一个核算账套。换句话说，在用友 U8 中可以为多个企业或企业内多个独立核算的部门分别立账，且各账套数据之间相互独立、互不影响，使资源得以最大程度的利用。

账套管理包括建立账套、修改账套、删除账套、引入/输出账套等。

（2）账套库管理

账套库和账套是两个不同的概念。账套是账套库的上一级，账套是由一个或多个账套库组成的。一个账套对应一个经营实体或核算单位，账套中的某个账套库对应这个经营实体的某年度区间内的业务数据。例如，神州科技建立"901 账套"并于 2019 年启用，然后在 2020 年初建立 2020 年的账套库，则"901 神州科技"账套中有两个账套库，即"901 神州科技 2019 年"和"901 神州科技 2020 年"；如果连续使用，也可以不建新库，即直接输入 2020 年的数据，则"901 神州科技"账套中就只有一个账套库，即"901 神州科技 2019—2020 年"。

设置账套和账套库两层结构的好处是：第一，便于企业的管理，如进行账套的上报、跨年度区间的数据管理结构调整等；第二，方便数据备份输出和引入；第三，减少数据的负担，提高应用效率。

账套库管理包括账套库的建立、引入、输出、账套库初始化和清空账套库数据。

（3）用户及操作权限的集中管理

为了保证系统及数据的安全与保密，系统管理提供了用户及操作权限的集中管理功能。通过对用户及操作权限的集中管理，一方面可以避免与业务无关的人员进入系统；另一方面可以对系统所包含的各个子产品的操作进行协调，以保证其各负其责，流程顺畅。

用户及操作权限管理包括设置角色、用户及为用户分配功能权限。

（4）系统安全管理

对企业来说，系统运行安全、数据存储安全是必需的，为此每个应用系统都无一例外地提供了强有力的安全保障机制。用友 U8 的系统管理中提供了 3 种安全保障机制：第一，在系统管理界面，可以监控整个系统的运行情况，随时清除系统运行过程中的异常任务和单据锁定；第二，可以设置备份计划让系统自动进行数据备份，当然在账套管理和账套库管理中也可以随时进行人工备份；第三，可以管理上机日志，上机日志对系统的所有操作都进行了详细记录，为快速定位问题原因提供了线索。

2.1.2　使用系统管理的权限

鉴于系统管理的重要性，系统只允许以两种身份注册进入系统管理：一种是以系统管理员的身份；另一种是以账套主管的身份。系统管理员和账套主管无论是工作职责，还是在用友 U8 中的权限都是不同的。

1. 系统管理员和账套主管的职责

① 在企业中，系统管理员主要负责信息系统安全，具体包括数据存储安全、系统使用安全和系统运行安全。对应的具体工作包括监控系统日常运行、网络及系统维护、防范安全风险、数据备份、系统用户权限管理等内容。系统管理员的工作性质偏技术，不能参与企业的实际业务处理工作。

② 账套主管是企业中某业务领域的业务主管，如财务主管。他要根据企业发展需要及业务现状，确定企业会计核算的规则、用友 U8 各个子系统的参数设置，组织企业业务处理按规范流程运行。账套主管是用友 U8 中权限最高的用户，拥有所有子系统的操作权限。

2. 系统管理员和账套主管在用友 U8 中的权限

系统管理员和账套主管的工作性质不同，在用友 U8 中拥有的权限也就不同。两者的权限对比如表 2.1 所示。

表 2.1　系统管理员和账套主管的权限对比

用友 U8 中的子系统	功能细分	系统管理员	账套主管
系统管理	账套——建立、引入、输出	√	
	账套——修改		√
	账套库		√
	权限——角色、用户	√	
	权限——权限	√	√
	视图	√	
企业应用平台	所有业务子系统		√

需要特别强调的是，虽然两者都有为用户赋权权限的功能，但在权限范围上还是有很大差别的。系统管理员可以为用友 U8 中所有账套中的任何用户赋予任何级别的权限；而账套主管只能对其所登录的账套的用户赋予权限，并且不能赋予某用户账套主管的权限。

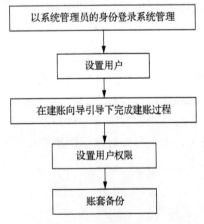

图 2.1　企业建账的工作流程

2.1.3　使用系统管理的方式

系统管理主要提供了账套管理、账套库管理、用户及权限管理和系统安全管理几大功能。其中，在企业信息化之初需要完成用户及权限配置、创建企业账套工作；在新年度到来之际应使用账套库管理功能；日常工作中由系统管理员对用友 U8 系统的使用状况进行实时监控。

企业账套建立的工作流程如图 2.1 所示。遵循这一流程，可以快速、准确地完成企业账套的创建过程。

任务 2.2　系统管理实务

2.2.1　启动并注册系统管理

案例 2-1　以系统管理员的身份注册登录系统管理。

操作步骤

步骤 1　选择"开始"|"所有程序"|"用友 U8 V10.1"|"系统服务"|"系统管理"命令，打开"用友 U8[系统管理]"窗口，如图 2.2 所示。

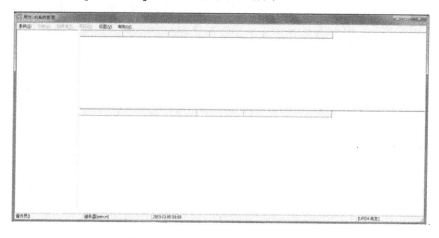

图 2.2　"用友 U8[系统管理]"窗口

步骤 2　选择"系统"|"注册"命令，打开"登录"对话框。

步骤 3　"登录到"文本框中需要给定用友 U8 应用服务器的名称或 IP 地址，"操作员"文本框默认用友 U8 的系统管理员为 admin、初始密码为空，如图 2.3 所示。

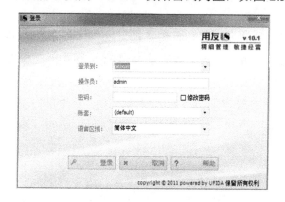

图 2.3　以系统管理员的身份登录系统管理

步骤 4　单击"确定"按钮，以系统管理员的身份登录系统管理，系统管理界面最下行的状态栏中显示"当前操作员[admin]"。

系统管理界面中标注为黑色字体的功能菜单项给出了系统管理员的权限范围。可见，以系统管理员身份注册，可以进行账套的建立、引入和输出，设置操作员及权限，进行系统安全管理等。

ⓘ 提醒

① admin是系统默认的系统管理员，字母不区分大小写。其初始密码为空，可以修改。例如，设置系统管理员密码为 u8star 的方法是：在"登录"对话框中选中"修改密码"复选框，单击"登录"按钮，打开"设置操作员密码"对话框；在"新密码"和"确认新密码"文本框中均输入 u8star；最后，单击"确定"按钮返回系统管理界面。

② 在实际工作中，为了保证系统的安全，必须为系统管理员设置密码。考虑到在学校的教学环境中一台计算机需要供多个学生使用，一旦设置密码，他人就无法进入系统，因此建议密码保持为空。

除系统管理员外，账套主管也可以登录系统管理进行账套的修改、年度账管理等操作。

2.2.2　设置操作员

操作员也称为用户，是指有权登录系统，并对系统进行操作的人员。每次注册登录系统，都要进行操作员身份的合法性检查。为不同的操作员分配不同的权限，可以有效地维护系统的安全。

1．增加操作员

只有系统管理员才有设置操作员的权限。

✎ **案例 2-2**　神州科技公司财务科共 3 人，分别是财务部经理冯涛、主管会计韩维维和出纳员张欣。假定将他们依次编号为 cw01、cw02、cw03，初始密码均为 111111。

操作步骤

步骤 1　以系统管理员的身份登录系统管理，选择"权限"|"用户"命令，打开"用户管理"对话框，如图 2.4 所示。对话框中所显示的几个用户是系统预置的。

步骤 2　单击"增加"按钮，打开"操作员详细情况"对话框。输入编号为 cw01、姓名为冯涛、口令及确认口令均为 111111、所属部门为"财务部"，如图 2.5 所示。

步骤 3　单击"增加"按钮可继续增加其他操作员；单击"取消"按钮则视为放弃本次操作。

图 2.5　增加用户

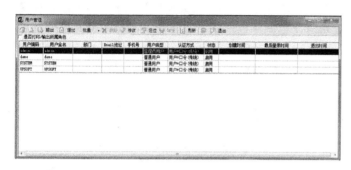

图 2.4　"用户管理"对话框

 **栏目说明**

① 编号是系统区分不同操作人员的唯一标志，因此必须输入。

② 姓名一般会出现在其处理的票据、凭证上，因此应记录其真实姓名，以便确认其经济责任。

③ 口令是指操作员进行系统注册时的密码，可由多个数字、字母及特殊符号构成。可以说，口令是操作员身份的识别标记。第 1 次输入时，可以由系统管理员为每个用户赋予密码，当操作员登录系统时，建议通过选中"修改密码"复选框立即设置新密码，并严格保密。此后，每隔一定时间，需要更换新密码，以确保密码的安全性。

ⓘ **提醒**

① 操作界面中显示为蓝色的栏目为必须输入项。

② 操作员一旦登录系统进行业务操作，便不能再被删除。

2. 修改操作员

操作员一旦建立，其编号即不能修改，而其他信息可以修改。

案例 2-3　将 cw02 操作员的密码修改为 222222，将 cw03 操作员的密码修改为 333333。

操作步骤

步骤 1　以系统管理员的身份在"用户管理"对话框中选择要修改的 cw02 记录，然后

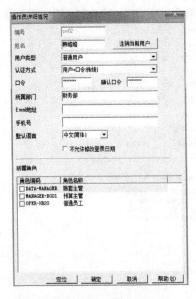

图 2.6　修改用户信息

单击"修改"按钮，打开"操作员详细情况"对话框，如图 2.6 所示。

步骤 2　修改口令，完成后单击"确定"按钮返回。

知识点

用到"注销当前用户"的情况

如果出纳员张欣一年以后调出本企业，由于她曾经使用过系统，因此不能被删除，但是又不能保留其操作员身份，则此时系统管理员可以在图 2.6 所示的对话框中单击"注销当前用户"按钮，取消其操作员身份。

2.2.3　建立账套

北京神州科技有限责任公司是一家从事计算机和网络设备生产及销售的电子企业，主要产品有计算机和路由器两大系列。下面在用友 U8 中为北京神州科技有限责任公司创建账套。

1. 设置账套信息

案例 2-4　在用友 U8 中为北京神州科技有限责任公司创建编号为 901 的账套，启用会计期为 2020 年 1 月。

操作步骤

步骤 1　以系统管理员的身份登录系统管理，选择"账套"|"建立"命令，打开"创建账套——建账方式"对话框。选中"新建空白账套"单选按钮，单击"下一步"按钮，打开"创建账套——账套信息"对话框。

步骤 2　输入账套信息，包括账套号、账套名称、账套路径及启用会计期，如图 2.7 所示。

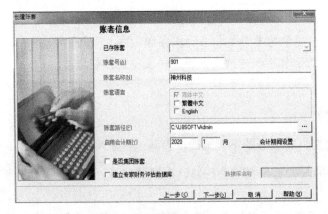

图 2.7　创建账套——账套信息

栏目说明

①账套号是指一个系统中可以建立多个企业账套，账套号作为区分不同账套数据的唯一标识不能与系统内已有账套号重复。本例输入 901。

②账套名称一般用来描述账套的基本特性，可以输入核算单位简称。账套名称将显示在运行的系统界面的最下行。本例输入"神州科技"。

③账套路径用来指明账套在计算机系统中的存放位置。为方便用户，应用系统中一般预设一个存储位置，称其为默认路径，但允许用户更改。

④启用会计期用于规定该企业用计算机进行业务处理的起点。启用日期在第 1 次初始设置时设定，一旦启用即不可更改。本例输入 2020、1 月。

2. 设置单位信息

案例 2-5　设置单位信息：单位全称"北京神州科技有限责任公司"，简称"神州科技"；单位地址"北京市海淀区中关村科技园 88 号"；法人代表"齐天宇"。

操作步骤

步骤 1　在"创建账套——账套信息"对话框中，单击"下一步"按钮，打开"创建账套——单位信息"对话框。

步骤 2　输入单位信息，包括单位名称、单位简称、单位地址、法人代表等，如图 2.8 所示。

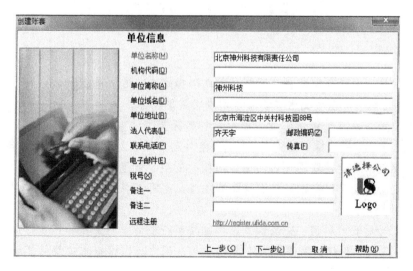

图 2.8　创建账套——单位信息

提醒

以上各项信息中，单位名称是必需项，因为发票打印时要使用企业全称，其余情况全部使用单位简称。

3. 设置核算类型

案例 2-6 设置核算类型：企业以人民币作为记账本币；企业类型为"工业"；执行"2007年新会计制度科目"；账套主管为"冯涛"；按行业性质预置科目。

操作步骤

步骤 1　在"创建账套——单位信息"对话框中，单击"下一步"按钮，打开"创建账套——核算类型"对话框。

步骤 2　输入核算类型，包括记账本币（本币代码和本币名称）、企业类型、行业性质、账套主管等，如图 2.9 所示。

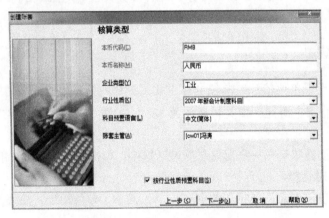

图2.9　创建账套——核算类型

栏目说明

① 本币代码。记账本币是企业建账必须明确指定的，通常系统默认为人民币。为了满足多币种核算的要求，系统提供了设置外币及汇率的功能。

② 企业类型。系统提供了工业、商业两种核算类型：如果选择"工业"，系统不能处理受托代销业务；如果选择"商业"，系统不能处理产成品入库和材料出库业务。

③ 行业性质。行业性质用于表明企业所执行的会计制度。

④ 账套主管。既可以在建账时选择账套主管，也可以在操作员权限功能中由系统管理员指定账套主管。

⑤ 按行业性质预置科目。选中该复选框则按照行业性质所选择的行业提供设置好的一级科目和部分二级科目供用户使用。在此基础上，用户可以根据本单位的实际需要增设或修改必要的明细核算科目。

提醒

在用友 U8 中，考虑到 2007 年新会计准则的出台，预置了最新的"2007 年新会计制度科目"行业性质供企业选择。

4. 设置基础信息

案例 2-7　企业只有几个主要供应商，无须分类，但客户和存货较多，需要分类核算。虽然企业目前没有外币业务，但不排除未来有外币业务的可能性。

操作步骤

步骤 1　在"创建账套——核算类型"对话框中，单击"下一步"按钮，打开"创建账套——基础信息"对话框。

步骤 2　选中"存货是否分类""客户是否分类""有无外币核算" 3 个复选框，如图 2.10 所示。

5. 开始创建账套

案例 2-8　创建账套库。

操作步骤

步骤 1　在"创建账套——基础信息"对话框中，单击"下一步"按钮，打开"创建账套——开始"对话框。

步骤 2　单击"完成"按钮，系统弹出"可以创建账套了么？"信息提示框，如图 2.11 所示。

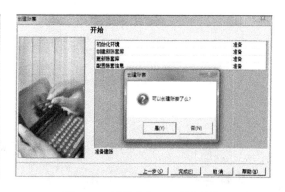

图 2.10　创建账套——基础信息　　　　图 2.11　创建账套——准备建账

步骤 3　单击"是"按钮，系统依次进行初始化环境、创建新账套库、更新账套库、配置账套信息等工作。由于需要一段时间才能完成，所以需要耐心等待。完成以上工作后，打开"编码方案"对话框。

6. 设置分类编码方案和数据精度

设置分类编码方案是指对企业关键核算对象进行分类级次及各级编码长度的指定，以便用户进行分级核算、统计和管理。可分级设置的内容一般包括科目编码、存货分类编码、地区分类编码、客户分类编码、供应商分类编码、部门编码和结算方式编码等。分类编码方案的设置取决于核算单位经济业务的复杂程度、核算与统计要求。编码规则是指分类编码共分几级、每级需要设置几位。

案例 2-9 设置分类编码方案：该企业科目编码级次为 4222；客户分类编码级次为 12；存货分类编码级次为 122。

操作步骤

步骤 1 在"分类编码方案"对话框中，按上述要求进行修改，如图 2.12 所示。

提醒

① 第 1 级科目编码的级次由建账时所选择的行业性质"2007 年新会计制度科目"决定，不能随意修改。

② 如果需要删除级次，则需要从最末一级开始删除。

图 2.12 分类编码方案

步骤 2 单击"确定"按钮后，再单击"取消"按钮，打开"数据精度"对话框。默认采用系统数据精度设置。

知识点

设置数据精度的必要性

数据精度是指定义数据的保留小数位数。在会计核算过程中，由于各企业对数量、单价的核算精度要求不一致，所以有必要明确定义主要数量、金额的小数保留位数，以保证数据处理的一致性。

步骤 3 单击"确定"按钮，系统弹出"神州科技公司[901]建立成功，您可以现在进行系统启用的设置，或以后从[企业门户—基础信息]进入[系统启用]功能，现在进行系统启用的设置"信息提示框。

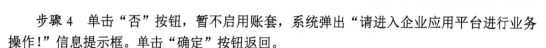

步骤 4　单击"否"按钮，暂不启用账套，系统弹出"请进入企业应用平台进行业务操作！"信息提示框。单击"确定"按钮返回。

2.2.4　设置用户权限

根据企业内部控制的要求，系统用户要有严格的岗位分工，不能越权操作。设置用户权限就是对允许登录系统的用户规定操作权限，严禁越权操作的行为发生。

系统管理员和账套主管都有权设置用户权限，但两者的权限又有所区别。系统管理员可以指定或取消账套主管，也可以对系统内所有账套的用户进行授权。而账套主管的权限局限于他所管辖的账套。在该账套内，账套主管默认拥有全部操作权限，可以针对本账套的用户进行权限设置。

在系统管理中是针对软件功能设置权限；在总账管理子系统中可以进行明细权限的设置。

1.　设置用户权限

案例 2-10　设置 cw02 韩维维具有对 901 账套"总账"的操作权限；设置 cw03 张欣具有"出纳签字""查询凭证""出纳"的操作权限。

操作步骤

步骤 1　以系统管理员的身份登录系统管理，选择"权限"|"权限"命令，打开"操作员权限"对话框。

步骤 2　在最上方"账套主管"右边的下拉列表框中选择"[901]神州科技"账套，以及年度"2020--2020"；在左侧的操作员列表框中选择"cw02 韩维维"。

步骤 3　单击"修改"按钮。

步骤 4　单击右侧列表框中的"总账"前面的复选框，出现选中标记，如图 2.13 所示。

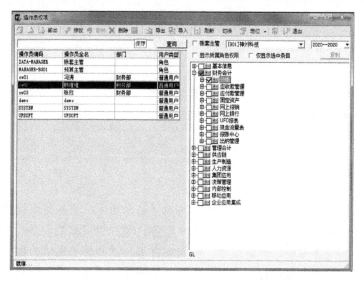

图 2.13　为"cw02 韩维维"赋予"总账"权限

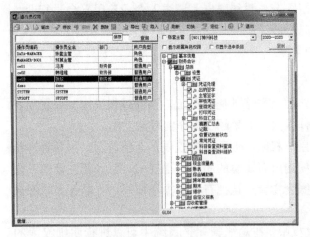

图 2.14 为"cw03 韩维维"赋予"总账"中的部分权限

步骤 5 单击"保存"按钮返回。

步骤 6 同样，在"操作员权限"对话框中选择"cw03 张欣"，单击"修改"按钮。

步骤 7 单击右侧列表框中"总账"前的"+"号，展开"总账"的下级功能列表。同理，展开"凭证"的下级功能列表，选中"出纳签字"和"查询凭证"复选框。然后选中"出纳"复选框，如图 2.14 所示。

步骤 8 单击"保存"按钮。

2. 设定/取消账套主管

案例 2-11 首先取消 cw01 冯涛的"[901]神州科技"账套的账套主管权限，然后在操作员权限管理中重新指定 cw01 冯涛为"[901]神州科技"账套的账套主管。

操作步骤

步骤 1 以系统管理员的身份登录系统管理，选择"权限"|"权限"命令，打开"操作员权限"对话框。

步骤 2 在最上方"账套主管"右边的下拉列表框中选择"[901]神州科技"账套，以及年度"2020--2020"；在左侧的操作员列表框中选择"cw01 冯涛"，然后取消选中"账套主管"复选框，系统弹出"取消操作员：[cw01]账套主管权限吗？"信息提示框。单击"是"按钮，即取消了 cw01 冯涛的"[901]神州科技"账套的账套主管权限。

步骤 3 重新选中"账套主管"复选框，系统弹出"设置操作员：[cw01]账套主管权限吗？"信息提示框。单击"是"按钮，重新设置 cw01 冯涛为"[901]神州科技"账套的账套主管。

提醒

① 可以为一个账套指定多个账套主管。

② 账套主管自动拥有该账套的全部权限。

2.2.5 输出/引入账套

账套输出是指将账套数据备份到硬盘或其他存储介质上，目的是保障数据安全。任何使用计算机系统的企业，均会视安全性为第一要务。对计算机系统安全的威胁来自众多的不可预知因素，如病毒入侵、硬盘故障、自然灾害等，这些都会造成数据丢失。因此，应定期将系统中的数据进行备份并保存在另外的存储介质上。这样，一旦系统内数据损坏，就可以通过恢复最近一次备份的数据及时恢复到上一次备份前的水平，从而将损失降到最低，以保证企业日常业务的正常进行。

输出/引入账套只能由系统管理员进行。

1. 输出账套

条例 2-12 将"[901]神州科技"账套输出至"D:\会计信息化\系统管理"文件夹中。

操作步骤

步骤 1 首先建立"D:\会计信息化\系统管理"
文件夹。

步骤 2 以系统管理员的身份登录系统管理，
选择"账套"|"输出"命令，打开"账套输出"
对话框。

步骤 3 从"账套号"下拉列表框中选择"[901]
神州科技"，如图 2.15 所示。

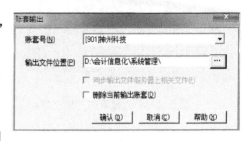

图 2.15 账套输出

知识点

删除账套的方法

如果企业初始建账时数据错误很多或在某些情况下无须再保留企业账套，则可以在"账套输出"对话框中选中"删除当前输出账套"复选框。删除账套会将该账套下的所有数据彻底清除，因此进行此操作时应格外慎重。

步骤 4 单击"确认"按钮，系统进行账套输出前的整理准备，然后打开"请选择账套备份路径"对话框。

步骤 5 选择"D:\会计信息化\系统管理"备份路径。

步骤 6 单击"确定"按钮，系统弹出"输出成功！"信息提示框。单击"确定"按钮返回。

提醒

账套输出后，在"D:\会计信息化\系统管理"文件夹下生成 UFDATA.BAK 和 UfErpAct.Lst 两个文件。

2. 引入账套

通过账套输出的账套数据必须通过账套引入功能引入系统后才能使用，因此引入账套是输出账套的对应操作。无论是计算机故障还是病毒侵犯，都会致使系统数据受损，这时利用账套引入功能恢复备份数据，可以将损失降到最小。另外，这一功能也为集团公司的财务管理提供了方便——子公司的账套数据可以定期输出，并引入到母公司的系统中，以便进行有关账套数据的分析和合并工作。

案例 2-13　　将"D:\会计信息化\系统管理"文件夹中的账套数据引入到系统中。

操作步骤

步骤 1　以系统管理员的身份登录系统管理，选择"账套"|"引入"命令，打开"请选择账套备份文件"对话框。

图 2.16　引入账套时的信息提示

步骤 2　选择"D:\会计信息化\系统管理"文件夹中的 UfErpAct.Lst 文件，单击"确定"按钮，打开"请选择账套引入的目录……"对话框。选择账套将被引入的文件夹，然后单击"确定"按钮。

步骤 3　因为系统内已存在 901 账套，因此系统弹出如图 2.16 所示的信息提示框。

步骤 4　单击"是"按钮，系统弹出"账套[901]引入成功!"信息提示框。然后单击"确定"按钮返回。

> ⓘ **提醒**
>
> 引入账套将覆盖系统中同账套号内的所有数据，且一旦覆盖不能恢复，因此应慎重。

2.2.6　查看或修改账套信息

账套建立完成后，在未使用相关信息的基础上，可以根据业务需要对某些已设定的内容进行调整。当系统运行一段时间后，如果发现账套的某些参数需要重新设置，则也需要对已建立的账套进行修改。

修改账套只能由账套主管进行。

 案例 2-14　　查看"[901]神州科技"账套信息。

操作步骤

步骤 1　选择"系统"|"注册"命令，打开"登录"对话框。输入操作员为 cw01（或"冯涛"）、密码为 111111，选择账套为"[901]（default）神州科技"、操作日期为"2020-01-01"，如图 2.17 所示。

步骤 2　单击"登录"按钮，以账套主管的身份登录系统管理。浏览系统管理功能菜单，黑色字体功能项即为账套主管的权限范围。由此可见，账套主管有修改账套、账套库管理、为本账套用户赋权等权限。

图 2.17　以账套主管的身份登录系统管理

步骤 3　选择"账套"|"修改"命令,打开"修改账套"对话框,可以查看或修改账套信息。

提醒

① 如果此时系统管理员已经登录系统管理,则应先通过选择"系统"|"注销"命令注销当前操作员,再由账套主管重新注册。

② 部分账套信息无法修改,如账套号、启用会计期。

2.2.7　清除系统运行异常

在用友 U8 的运行过程中,死机、网络中断或其他不可预见的原因都可能会造成运行异常,包括任务异常或单据锁定。发生异常时需要及时进行清除,以保证系统的正常使用。

清除系统运行异常只能由系统管理员进行。

 案例 2-15　清除异常任务或清除单据锁定。

操作步骤

以系统管理员的身份在系统管理中选择"视图"|"清除异常任务"(或清除单据锁定)命令,选择要清除的异常任务或单据,然后单击"确定"按钮。

课后练习

一、思考题

1. 企业中的所有员工都是操作员吗?为什么要设置操作员?

2. 为什么建议操作员登录系统时立即设置新密码?如何设置?

3. 是不是账套主管必须在建立账套时选定?为什么?

4. 账套和账套库是什么关系?

5. 选择不同的企业类型区别在哪里?

6. 如果在建账时忘记了对客户进行分类,还有办法修改吗?如何修改?

7. 账套主管与系统管理员有什么联系?

8. 用友 U8 提供了哪些保障系统安全的手段?

二、操作题

1. 用友 U8 提供账套的自动备份功能吗?找一找,尝试设置自动备份计划。

2. 用友 U8 中有上机日志吗?其中记录了哪些内容?

3. 完成《会计信息化实训》(用友 U8 V10.1)中的"实验一　系统管理"。

项目 3

基础设置

知识目标

1. 了解企业应用平台的作用。
2. 了解设置基础档案的重要性。
3. 理解各项基础档案的内容及含义。
4. 掌握基础档案设置的方法及内容。

技能目标

1. 掌握在企业应用平台中进行系统启用的方法。
2. 掌握不同类别的基础档案的输入方法。

为了使用友 U8 能够成为连接企业员工、用户和合作伙伴的公共平台，使系统资源能够得到高效、合理的使用，在用友 U8 中设置了企业应用平台。通过企业应用平台，系统用户能够从单一入口访问系统资源。在企业应用平台中，按照功能将应用分为 3 类：系统服务、基础设置、业务工作。

任务 3.1 基础设置认知

3.1.1 基础设置的重要性

建账完成后只是在数据库管理系统中为神州科技建立了一个新的数据库，用来存放企业即将输入的各种业务数据。当经济业务发生时，企业要进行正确的记录和计量，此时首先需要将要使用的子系统启用，因为只有启用的子系统才可以登录；其次，进行业务记录要用到很多基础信息，如收款要涉及客户、报销要涉及部门和人员、输入凭证要用到的凭证类型和会计科目等。因此，必须要事先将这些公共的基础档案建立到企业账套中，才能开始日常业务处理。以上所提及的系统启用、基础档案设置都属于基础设置的范畴。

3.1.2 基础设置的内容及含义

用友 U8 中有一个企业应用平台。顾名思义，企业应用平台就是用友 U8 的集成应用平台，是用户、合作伙伴访问用友 U8 的唯一入口。

按照不同的用途，企业应用平台划分了 3 个功能组，即系统服务、基础设置和业务工作。将这 3 个功能组的主要功能展开，如图 3.1 所示。

图 3.1 企业应用平台功能组

1. 系统服务

系统服务主要是为系统安全正常运行而设的，主要包括系统管理、服务器配置、工具和权限。

在用友 U8 中，提供了 3 种不同性质的权限管理，即功能权限、数据权限和金额权限。功能权限在系统管理中进行设置，主要规定了每个用户对各子系统及细分功能的操作权限；数据权限是针对业务对象进行的控制，可以选择对特定业务对象的某些项目和某些记录进行查询与输入的权限控制；金额权限的主要作用体现在两个方面，一是设置用户在填制凭证时对特定科目允许输入的金额范围，二是设置在填制采购订单时允许输入的采购金额范围。

2. 基础设置

基础设置主要是设置用友 U8 各子系统公用的基本信息、基础档案、单据等。

（1）基本信息

在基本信息中既可以对企业建账过程中设定的会计期间、编码方案和数据精度进行修改，也可以进行用友 U8 子系统启用的设置。

系统启用是指设置在用友 U8 中各个子系统开始使用的日期。只有设置为启用的子系统才可以登录。

（2）基础档案

每个企业选购的是用友 U8 中不同的子系统，这些子系统共享基础档案信息，而基础档案是用友 U8 运行的基石。企业在启用新账套之始，应根据本单位的实际情况及业务需求，进行基础档案的整理工作，并正确地输入系统中。

设置基础档案的前提是确定基础档案的分类编码方案。基础档案的设置必须遵循分类编码方案中所设置的级次及各级编码长度的规定。按照基础档案的用途不同，系统将基础档案划分为机构人员、客商信息、存货、财务、收付结算信息等类。

由于企业基础数据之间存在前后承接关系（如必须在设置客户分类的基础上再设置客户档案），因此基础档案的设置应遵从一定的顺序。

（3）单据

单据是企业经济业务发生的证明，如代表货物发出的销售发货单、代表材料入库的采购入库单、购销业务中的专用发票等。单据设置包括单据格式设置、单据编号设置和单据打印控制。

不同企业各项业务处理中使用的单据可能存在细微的差别，用友 U8 中预置了常用单据模板，允许用户对各单据类型的多个显示模板和多个打印模板进行设置，以满足企业个性化的单据格式需求。单据编号是单据的标识，用友 U8 默认单据采取流水编号。如果企业的业务需要有特定的编号规则，可以设置为手工编号方式。

3. 业务工作

业务工作中集成了登录用户拥有操作权限的所有功能模块，它们分类归属于各功能组中。企业应用平台为企业用户提供了进入用友 U8 的唯一入口。

3.1.3 基础档案设置的注意事项

进行基础档案设置时需要注意以下 3 个问题。

1. 事先做好基础档案的整理

在用友 U8 中需要的基础档案涉及方方面面，而在手工环境下这些资料可能由不同部门进行管理。例如，客户档案此前一直掌握在销售部门或业务员手中，其主要信息一般包括客户名称、简称、账户、主要联系人等。在使用用友 U8 后，客户档案中除包括上述基本信息外，还包括为每一项档案设置编码。按编码进行检索、查询也是用友 U8 的特点之一，而在企业建账环节已经设置了编码方案，所以对基础档案进行编码要符合编码方案的规定。此外，还包括信用额度、信用级别、应收余额等管理信息。因此，在输入基础档案之前，需要准备好模板并分派给各部门，力求做到资料完整、准确。

2. 输入基础档案的先后顺序

在输入基础档案时，有分类的需要先设置分类，然后在某个分类下建立相应的档案。例如，先建立客户分类再建立客户档案。

基础档案的设置有一定的先后顺序，如必须先设置部门档案才能设置人员档案。

任务 3.2 基础设置实务

3.2.1 系统启用

在基本信息设置中，可以对建账过程中设定的编码方案和数据精度进行修改，并进行系统启用设置。

用友 U8 是通用管理软件，包含若干个子系统，它们既可以独立运行，又可以集成使用。但两种用法的数据流程是有差异的：一方面，企业可以根据本身的管理特点选购不同的子系统；另一方面，企业也可以采取循序渐进的策略有计划地先启用一些子系统，一段时间之后再启用另外一些子系统。系统启用为企业提供了选择的便利，可以表明企业在何时点启用了哪些子系统。

有两种方法可以设置系统启用：第 1 种是在系统管理中创建账套时启用系统；第 2 种是在建账结束后由账套主管在企业应用平台的"基础设置"中选择"基本信息"|"系统启用"命令进行系统启用设置。

 提醒

进行本项目案例练习之前，请以系统管理员的身份在系统管理中引入"系统管理"账套。

 案例 3-1 由账套主管冯涛启用总账管理子系统，启用日期为 2020 年 1 月 1 日。

操作步骤

步骤 1 选择"开始"|"所有程序"|"用友 U8 V10.1"|"企业应用平台"命令，打开"登录"对话框。输入操作员为 cw01、密码为 111111，选择账套为"[901]神州科技"、操作日期为 2020-01-01，如图 3.2 所示。

步骤 2 单击"登录"按钮，以账套主管冯涛的身份登录企业应用平台。

步骤 3 在企业应用平台中左侧的业务导航视图中选择"基础设置"，再选择"基本信息"|"系统启用"命令，打开"系统启用"对话框。

步骤 4 选中"总账"复选框，打开"日历"对话框。单击 ←、→ 按钮可选择年，单击月份下拉列表框可选择月，此外选择"一月""1"，如图 3.3 所示。

 提醒

① 系统启用日期应等同或晚于账套启用日期。
② 账套启用日期在窗口右上角显示。

图 3.2　以账套主管冯涛的身份登录企业应用平台

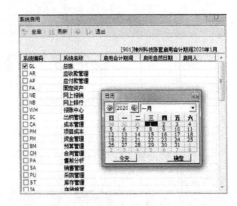

图 3.3　启用总账管理子系统

步骤 5　单击"确定"按钮，系统弹出"确实要启用当前系统吗？"信息提示框。单击"是"按钮，完成总账管理子系统的启用设置。

3.2.2　输入基础档案

用友 U8 由多个子系统构成，这些子系统共享企业基础信息，如部门、客户、人员等。建立企业账套只是在计算机中形成了一个空数据文件，还需要把企业业务处理所需要的基础信息输入系统，作为日常业务处理的基础数据。

按照本书架构，假设神州科技的先期目标是实现财务信息化，因此需要准备的基础数据如表 3.1 所示。

表 3.1　基础档案的整理

基础档案分类	基础档案目录	档案用途	前提条件
机构设置	部门档案	设置与企业财务核算与管理有关的部门	设置部门编码方案
	职员档案	设置企业的各个职能部门中需要对其进行核算和业务管理的职工信息	设置部门档案后才能在其下增加职员
往来单位	客户分类	便于进行业务数据的统计、分析	先确定对客户分类，然后确定编码方案
	客户档案	便于进行客户管理和业务数据的输入、统计、分析	建立客户分类档案
	供应商分类	便于进行业务数据的统计、分析	先确定对供应商分类，然后确定编码方案
	供应商档案	便于进行供应商管理和业务数据的输入、统计、分析	建立供应商分类档案
	地区分类	针对客户、供应商所属地区进行分类，便于进行业务数据的统计、分析	
财务	会计科目	设置企业核算的科目目录	设置科目编码方案及外币
	凭证类别	设置企业核算的凭证类型	
	外币	设置企业用到的外币种类及汇率	
	项目目录	设置企业需要对其进行核算和管理的对象、目录	可将存货、成本对象、现金流量直接作为核算的项目目录
收付结算	结算方式	资金收付业务中用到的结算方式	
	付款条件	设置企业与往来单位协议规定的收、付款折扣优惠方法	
	开户银行	设置企业在收付结算中对应的开户银行信息	

用友 U8 由多个子系统构成，如总账管理子系统、薪资管理子系统、固定资产管理子系统、应收款管理子系统等。这些子系统有很多信息是公用的，如部门、职员、会计科目等，另外也有一些基础信息为部分子系统所特有。本节主要介绍一些公共基础档案的设置，且侧重于与总账管理子系统相关的基础档案的设置。

1. 设置部门档案

这里的部门是指与企业财务核算或业务管理相关的职能单位，不一定与企业设置的现存部门一一对应。设置部门档案的目的在于按部门进行数据汇总和分析。

视频演示

案例 3-2　神州科技的部门设置如表 3.2 所示。

表 3.2　部门档案

部门编码	部门名称
1	企管部
2	财务部
3	人事部
4	采购部
5	销售部
6	生产部

操作步骤

步骤 1　在企业应用平台的"基础设置"中，选择"基础档案"|"机构人员"|"部门档案"选项，打开"部门档案"对话框。

步骤 2　单击"增加"按钮，输入部门编码为 1、部门名称为"企管部"，如图 3.4 所示。

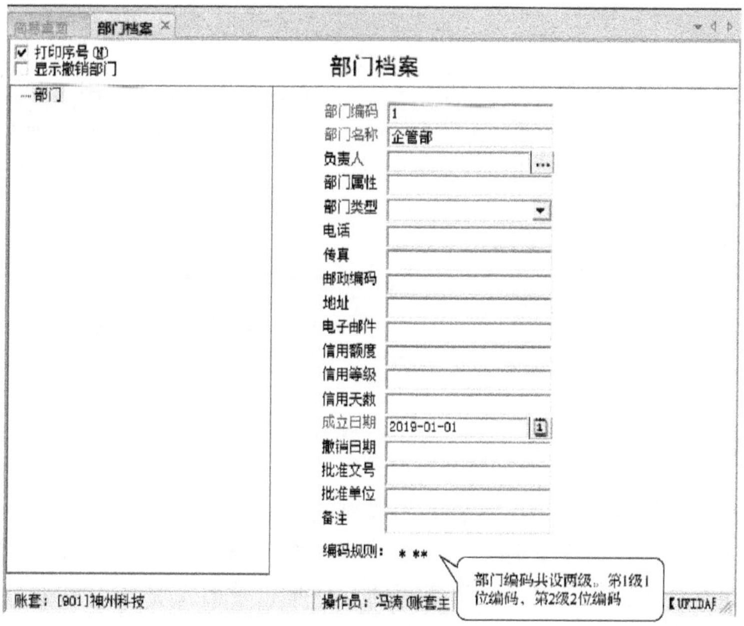

图 3.4　部门档案

①提醒

① 编码档案的设置必须遵循分类编码方案中的级次和各级编码长度的设定。

② 在未建立人员档案前，不能选择输入负责人信息。待人员档案建立完成后，才能通过修改功能补充输入负责人信息。

③ 部门一旦使用，就不能被修改或删除。

步骤 3　单击"保存"按钮，并按表 3.2 所示增加其他部门。

2. 设置人员类别

人员类别是指按某种特定的分类方式将企业职工进行分类。人员类别与工资费用的分配、分摊有关，工资费用的分配及分摊是薪资管理子系统的一项重要功能。

人员类别是人员档案中的必选项目，需要在人员档案建立之前设置。

案例 3-3　神州科技在职人员分为管理人员、销售人员、生产人员 3 类。

操作步骤

步骤 1　在企业应用平台的"基础设置"中，选择"基础档案"|"机构人员"|"人员类别"选项，打开"人员类别"对话框。

步骤 2　在左侧的"人员类别"列表中选择"正式工"选项，单击"增加"按钮，打开"增加档案项"对话框。

步骤 3　输入档案编码为 1001、档案名称为管理人员，如图 3.5 所示。然后单击"确定"按钮。

步骤 4　同理，增加另外两项档案。全部增加完毕，单击"取消"按钮后，"人员类别"对话框如图 3.6 所示。

图 3.5　增加档案项

图 3.6　设置人员类别

知识点

设置人员类别的意义

企业中不同类别人员的工资将计入不同的成本费用项目，如生产工人的工资费用计入生产成本、企业管理人员的工资计入管理费用、销售人员的工资计入营业费用。因此，工资类别是为工资及相关费用分摊分配时设置入账科目而设的。

3. 设置人员档案

人员档案的作用是设置企业的全体员工，为后续进行工资核算和管理做好铺垫。设置人员档案时，对参与业务核算与管理的员工要标注为"业务员"，对可以登录使用用友 U8 的人员标注为"操作员"。

 案例 3-4 神州科技的人员档案如表 3.3 所示。

表 3.3 人员档案

人员编码	人员姓名	性　别	人员类别	所属部门	是否操作员	是否业务员
001	齐天宇	男	管理人员	企管部	是	是
002	周敏	女	管理人员	企管部	否	是
003	冯涛	男	管理人员	财务部	否	是
004	韩维维	女	管理人员	财务部	否	是
005	张欣	女	管理人员	财务部	否	是
006	宋子群	男	管理人员	人事部	是	是
007	马云	男	管理人员	采购部	是	是
008	李思禹	男	销售人员	销售部	是	是
009	肖萍	女	生产人员	生产部	是	是

操作步骤

步骤 1 在企业应用平台的"基础设置"中，选择"基础档案"|"机构人员"|"人员档案"选项，打开"人员列表"对话框。

步骤 2 单击"增加"按钮，输入人员编码为 001、人员姓名为"齐天宇"，选择性别为"男"、人员类别为"管理人员"并输入其他内容，如图 3.7 所示。输入完成后单击"保存"按钮。

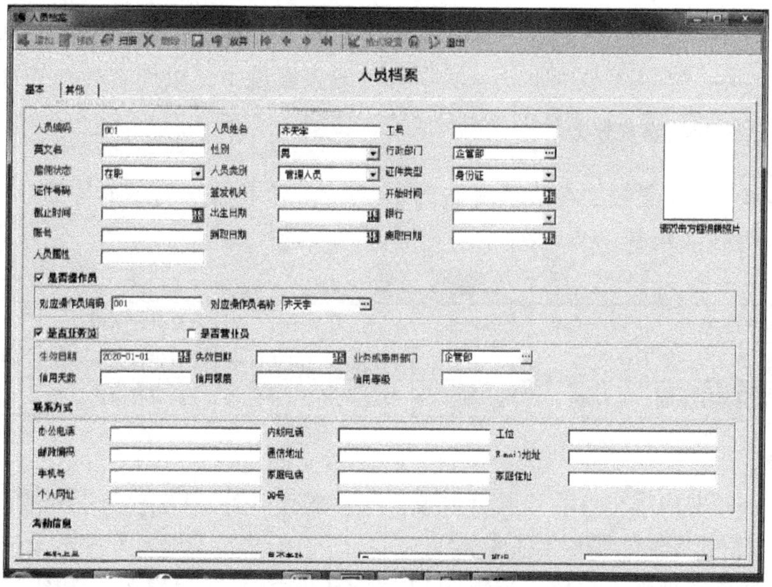

图 3.7 增加人员档案

步骤 3 按表 3.3 所示内容继续输入其他人员档案。

> **提醒**
>
> ① 如果新增的人员设置为操作员，则将操作员所属的行政部门、E-mail 地址、手机号带入到用户档案中，密码默认为人员编码。
>
> ② 如果增加人员已为操作员，则不须选中"是否操作员"复选框。

4. 客户分类

当企业的往来客户较多时，可以按照某种分类标准对客户进行分类管理，以便分类汇总统计。既可以根据合作时间将客户分为长期客户、中期客户和短期客户，也可以按信用等级分类，或者按客户所属行业分类。

案例 3-5 神州科技将客户分为"1 代理商"和"2 零散客户"两类。

操作步骤

步骤 1 在企业应用平台的"基础设置"中，选择"基础档案"|"客商信息"|"客户分类"选项，打开"客户分类"窗口。

步骤 2 建立客户分类如图 3.8 所示。

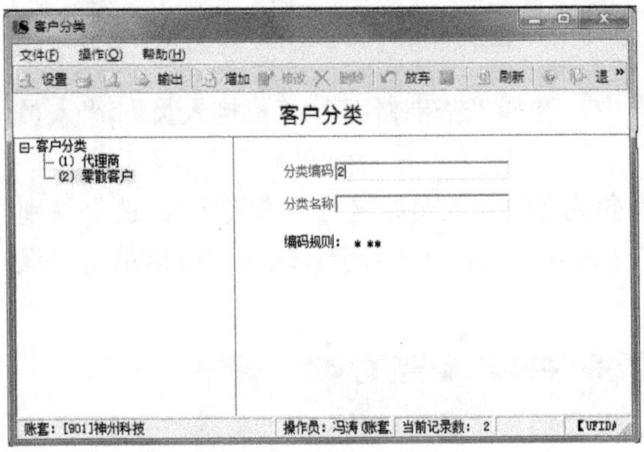

5. 客户档案

客户是企业的重要资源。在手工方式下，客户的详细信息掌握在相应业务员手中，一旦业务员工作变动，就会遗失大量客户信息，给企业带来损失。在建立计算机管理系统时，需要全面整理客户资料并输入系统中，以便有效地管理客户、服务客户。

图 3.8 客户分类

案例 3-6 神州科技的客户档案如表 3.4 所示。所有客户均由销售部分管，李思禹为专营业务员。

视频演示

表 3.4 客户档案

客户编码	客户名称	客户简称	所属分类码	税　号	开户银行	银行账号
001	天诚科贸有限公司	天诚	1	911101101101101101	工商银行朝阳分行	892349003401027
002	博泰数码科技公司	博泰	2	911201201201201202	工商银行海淀分行	499852251012572

操作步骤

步骤 1 在企业应用平台的"基础设置"中，选择"基础档案"|"客商信息"|"客户档案"选项，打开"客户档案"对话框。

步骤 2 单击"增加"按钮，按表 3.4 所示的内容建立客户档案，如图 3.9 所示。

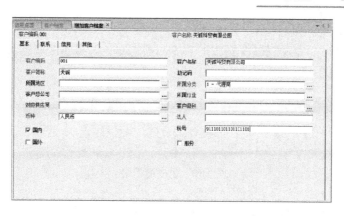

图 3.9　客户档案

ℹ️**提醒**

① 客户名称和客户简称的用法有所不同：客户名称要输入客户全称，用于增值税发票的打印；客户简称主要用于在输入业务单据时屏幕上的参照显示。

② 客户的开户银行、银行账号等信息需要单击"银行"按钮，打开"客户银行档案"对话框输入。

③ 客户的分管部门、专营业务员等信息在"联系"选项卡中输入。

6. 供应商档案

如果设置了对供应商进行分类，则必须先建立供应商分类，才能在最末级分类下建立供应商档案。神州科技只有几个主要供应商，无须对供应商分类，因此可以直接建立供应商档案。

案例 3-7　神州科技的供应商档案如表 3.5 所示。所有供应商均由采购部分管，马云为专营业务员。

表 3.5　供应商档案

供应商编码	供应商名称	供应商简称	所属分类码	税　号	税率/%	开户银行	银行账号
001	友邦系统集成公司	友邦	00	915505505505505501	13	工商银行科技园支行	389843600058860
002	精英科技公司	精英	00	915605605605605602	13	工商银行海淀分行	732642009934522

操作步骤

步骤 1　在企业应用平台的"基础设置"中，选择"基础档案"|"客商信息"|"供应商档案"选项，打开"供应商档案"对话框。

步骤 2　单击"增加"按钮，按表 3.5 所示内容建立供应商档案。建立完成后如图 3.10 所示。

7. 设置外币

如果企业有外币核算业务，需要事先定义外币种类，并确定外币业务的核算方式。

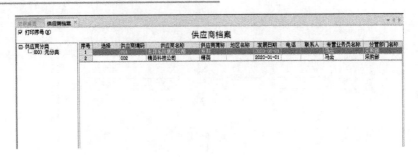

图 3.10　供应商档案

案例 3-8　神州科技采用固定汇率核算外币，外币只涉及美元一种。美元币符假定为$，2020 年 1 月初汇率为 6.2。

操作步骤

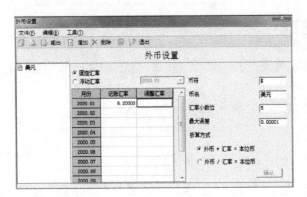

图 3.11　外币设置

步骤 1　在企业应用平台的"基础设置"中，选择"基础档案"|"财务"|"外币设置"选项，打开"外币设置"窗口。

步骤 2　输入币符为"$"、币名为"美元"，其他项目采用默认值。然后单击"确认"按钮。

步骤 3　输入 2020 年 1 月初的记账汇率为 6.2，然后按回车键确认，如图 3.11所示。

步骤 4　单击"退出"按钮，完成外币设置。

8. 设置凭证类别

开始日常业务处理之前，应根据企业核算和管理需求选择本企业拟使用的凭证类别。用友 U8 提供了常用的凭证分类方式，企业既可从中选择，也可以另行设定其他分类方式。选定了某一种凭证分类后，还应根据凭证分类的特点进行相应限制条件的设置。

案例 3-9　神州科技采用收款凭证、付款凭证和转账凭证 3 类凭证核算企业业务，并根据凭证性质设置限制类型和限制科目。

操作步骤

步骤 1　在企业应用平台的"基础设置"中，选择"基础档案"|"财务"|"凭证类别"选项，打开"凭证类别预置"对话框。

步骤 2　选中"收款凭证 付款凭证 转账凭证"单选按钮，如图 3.12 所示。然后单击"确定"按钮，打开"凭证类别"对话框。

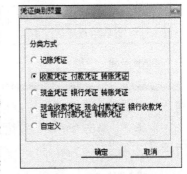

图 3.12　凭证类别预置

步骤3　在"收款凭证"所在行双击"限制类型"一栏，出现下拉箭头，选择"借方必有"；双击"限制科目"一栏，单击"参照"按钮，选择1001和1002，或者在"限制科目"一栏直接输入限制科目"1001,1002"。

 提醒

> 限制科目之间的标点符号必须为英文符号。

步骤4　在"付款凭证"所在行双击"限制类型"一栏，出现下拉箭头，选择"贷方必有"；在"限制科目"一栏选择或输入"1001,1002"。

步骤5　选择转账凭证的限制类型为"凭证必无"，如图3.13所示；在"限制科目"一栏选择或直接输入"1001,1002"，然后单击"退出"按钮。

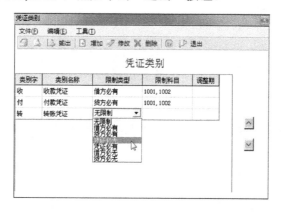

图3.13　凭证类别

 提醒

> 可以通过"凭证类别"对话框右侧的上下箭头调整凭证类别在明细账中的显示顺序。

9. 设置会计科目

设置会计科目是会计核算的方法之一，用于分门别类地反映企业经济业务，是登记账簿、编制会计报告的基础。用友U8中预置了现行会计制度规定的一级会计科目和部分二级会计科目，企业可根据本单位实际情况修改科目属性并补充明细科目。

在设置会计科目的同时可以设置会计科目的辅助核算账类，用于说明本科目是否有其他核算要求。在手工方式下，是通过设置明细科目完成辅助核算管理需求的。例如，"应收账款"科目下按客户设置明细科目、"其他应收款"明细科目下按职工设置明细等。在用友U8中，"应收账款"科目下不再设明细科目，而设成"客户往来"辅助核算，将客户作为辅助核算目录建立。在日常发生客户往来业务时，用友U8会要求选择该业务对应的客户，记账时将该业务同时记录于总账和辅助明细账上。

用友 U8 除完成一般的总账、明细账核算外，还提供以下几种专项核算功能：部门核算、个人往来核算、客户往来核算、供应商往来核算、项目核算。一般情况下，收入或费用类科目可设部门核算，当日常运营中当收入或者费用发生时系统要求实时确认收入或费用的部门归属，记账时同时登记总账、明细账和部门辅助账；与客户的往来科目，如应收账款、应收票据、预收账款可设成客户往来核算；应付账款、应付票据、预付账款可设成供应商往来核算；在建工程及收入成本类科目可设成项目核算，用于按项目归集收入或费用。

知识点

设置会计科目时需要考虑的问题

① 会计科目的设置必须满足会计报表编制的要求，凡是报表所用数据需要从系统取数的，都必须设立相应的会计科目。

② 会计科目要保持相对稳定。

③ 设置会计科目时要考虑到与各子系统的衔接。在总账管理子系统中，只有末级会计科目才允许有发生额，才能接收各个子系统转入的数据。

（1）增加会计科目

在建立账套时系统提供了按所选行业性质预置科目的功能，如果选择预置科目，系统内已预装了 2007 年会计准则规定的一级科目，因此企业需要增加的主要是明细科目。

案例 3-10　按表 3.6 所示的内容增加会计科目。

表 3.6　会计科目

科目编码	科目名称	辅助核算
100201	工行人民币户	日记账、银行账
100202	中行美元户	日记账、银行账 外币核算：美元
140301	硬盘	数量核算：盒
140302	鼠标	数量核算：盒
220201	应付货款	
220202	暂估应付款	
221101	应付工资	
221102	应付福利费	
221103	住房公积金	
222101	应交增值税	
22210101	进项税额	
22210102	销项税额	
410415	未分配利润	
500101	直接材料	项目核算
500102	直接人工	
500103	制造费用	
660201	工资	部门核算

（续表）

科目编码	科目名称	辅助核算
660202	福利费	部门核算
660203	折旧费	部门核算
660204	差旅费	部门核算
660205	招待费	部门核算
660206	其他	

操作步骤

步骤 1 在企业应用平台的"基础设置"中，选择"基础档案"|"财务"|"会计科目"选项，打开"会计科目"窗口。

步骤 2 单击"增加"按钮，打开"新增会计科目"对话框。按表 3.6 所示增加科目，如图 3.14 所示。

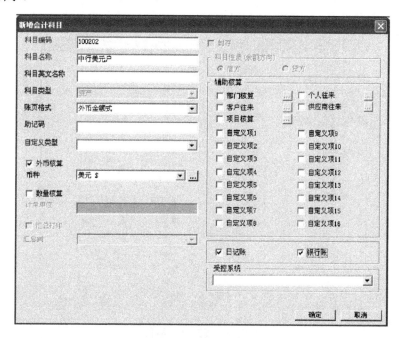

图 3.14 新增会计科目

（2）修改会计科目

如果需要对已建立会计科目的某些属性进行修改，如账页格式、辅助核算、汇总打印、封存标识等，可以通过系统提供的修改功能来完成。

 案例 3-11 按表 3.7 所示内容修改会计科目。

表 3.7 修改会计科目

科目编码	科目名称	修改内容
1001	库存现金	日记账
1002	银行存款	日记账、银行账
1122	应收账款	客户往来

（续表）

科目编码	科目名称	修改内容
1123	预付账款	供应商往来
1221	其他应收款	个人往来
2203	预收账款	客户往来
6001	主营业务收入	项目核算
6401	主营业务成本	项目核算

操作步骤

步骤 1　在"会计科目"窗口中，单击"资产"标签，在"资产"选项卡中双击"1122 应收账款"科目，打开"会计科目_修改"对话框。

步骤 2　单击"修改"按钮，选中"客户往来"复选框，"受控系统"下拉列表框中自动显示"应收系统"，如图 3.15 所示。然后单击"确定"按钮。同理，按表 3.7 所示修改其他会计科目。

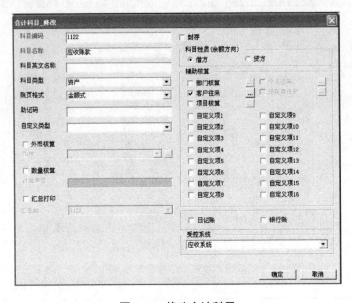

图 3.15　修改会计科目

 **知识点**

"受控系统"的含义

① 选择"客户往来"辅助核算后受控系统自动默认为应收款管理子系统，即该科目只能被应收款管理子系统使用，在总账管理子系统中不可以使用应收管理子系统的受控科目制单。

② 同理，选择"供应商往来"辅助核算后受控系统自动默认为应付款管理子系统，即该科目只能被应付款管理子系统使用，在总账管理子系统中不可以使用应付款管理子系统的受控科目制单。

提醒

已使用的会计科目不能修改科目编码。

知识点

封存的意义和设置汇总打印的用途

① 科目一经被封存，那么在填制凭证时便不能使用。

② 当凭证上某科目下的明细科目过多时，如果在明细科目上设置了汇总打印，打印凭证时可以将这些明细科目金额汇总到其上级科目一并打印。

③ 只有在修改状态下，才能设置汇总打印和封存。

（3）删除会计科目

如果会计科目未经使用，也可通过删除功能来删除。

提醒

① 删除会计科目后不能自动恢复，只能重新增加。

② 删除会计科目时应遵循"自下而上"的原则，即从最末一级科目删起。

③ 已使用或已指定为现金、银行科目的会计科目不能删除。如果需要删除，必须先取消指定。

（4）指定会计科目

指定会计科目是指定出纳的专管科目，一般指现金科目和银行存款科目。指定会计科目后，才能执行出纳签字，从而实现现金、银行管理的保密性，才能查看现金、银行存款日记账。

案例 3-12 指定"1001 库存现金"为现金总账科目、"1002 银行存款"为银行总账科目。

操作步骤

步骤 1 在"会计科目"窗口中，选择"编辑"|"指定科目"命令，打开"指定科目"对话框。

步骤 2 选中"现金科目"单选按钮，从"待选科目"列表框中选择"1001 库存现金"科目。然后单击 > 按钮，将其添加到"已选科目"列表框中。

步骤 3 同理，将"1002 银行存款"科目设置为银行科目，如图 3.16 所示。

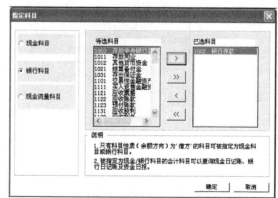

图 3.16 指定会计科目

步骤 4　单击"确定"按钮，然后保存。

10. 设置项目目录

项目可以是工程，可以是订单，也可以是产品，总之可以把需要单独计算成本或收入的这样一种对象都视为项目。在企业中通常存在多种不同的项目，对应地在软件中就可以定义多类项目核算，将具有相同特性的一类项目定义为一个项目大类。为了便于管理，对每个项目大类还可以进行明细分类，在最末级明细分类下再建立具体的项目档案。为了在业务发生时将数据准确归入对应的项目，需要在项目和已设置为项目核算的科目间建立对应关系。只要遵循以下规则就可以快速建立项目档案。

① 定义项目大类。定义项目大类包括指定项目大类名称、定义项目级次和定义项目栏目 3 项工作。其中，项目级次是确定该项目大类下所管理的项目的级次及每级的位数；项目栏目是针对项目属性的记录。

② 指定会计核算科目。这是指设置了项目辅助核算的会计科目具体要核算哪一个项目，从而建立项目和核算科目之间的对应关系。

③ 定义项目分类。例如，将企业产品分为"自行生产"和"委外生产"。

④ 定义项目目录。定义项目目录是指将每个项目分类中所包含的具体项目输入系统。具体每个项目输入哪些内容取决于项目栏目的定义。

案例 3-13　神州科技主要经营 3 种产品：计算机、路由器和杀毒软件。其中，计算机和路由器由企业自行开发生产；杀毒软件委托其他企业生产。

操作步骤

步骤 1　在企业应用平台的"基础设置"中，选择"基础档案"|"财务"|"项目目录"选项，打开"项目档案"窗口。

步骤 2　单击"增加"按钮，打开"项目大类定义_增加"对话框。

步骤 3　输入新项目大类名称为"产品"，选择新增项目大类的属性为"普通项目"，如图 3.17 所示。

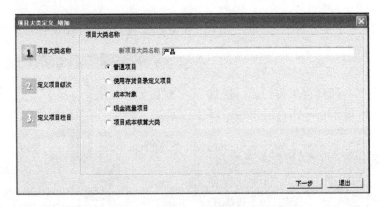

图 3.17　新增项目大类名称和属性

步骤 4　单击"下一步"按钮，设定项目级次为一级 1 位，如图 3.18 所示。

步骤 5　单击"下一步"按钮，对定义项目栏目采用系统默认，不做修改。

步骤 6　单击"完成"按钮，返回"项目档案"窗口。

步骤 7　从"项目大类"下拉列表框中选择"产品"，单击 》 按钮将全部待选科目选择为按"产品"项目大类核算的科目。然后单击"确定"按钮保存，如图 3.19 所示。

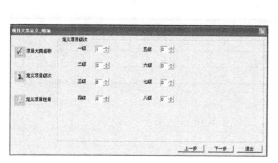

图 3.18　定义项目级次

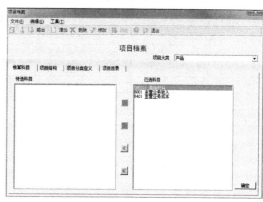

图 3.19　选择项目核算科目

步骤 8　单击"项目分类定义"选项卡，输入分类编码为 1、分类名称为"自行生产"，单击"确定"按钮；输入分类编码为 2、分类名称为"委托生产"（见图 3.20），单击"确定"按钮。

步骤 9　单击"项目目录"选项卡，再单击"维护"按钮，打开"项目目录维护"对话框。

步骤 10　单击"增加"按钮，输入项目"计算机""路由器"和"杀毒软件"，如图 3.21 所示。

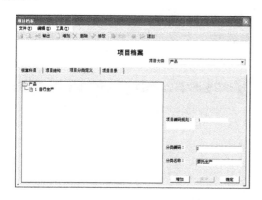

图 3.20　项目分类定义

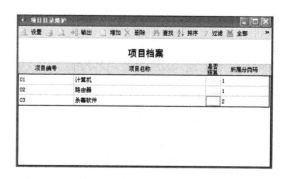

图 3.21　项目目录维护

11.　设置结算方式

设置结算方式的目的一是提高银行对账的效率，二是根据业务自动生成凭证时可以识别相关的会计科目。会计信息化系统中需要设置的结算方式与财务结算方式基本一致，如现金结算、支票结算等。在手工系统方式下，一般设有支票登记簿，因为业务需要借用支票时需要在支票登记簿上签字，回来报销支票时再注明报销日期；在会计信息化系统中，同样提供票据管理的功能，如果某种结算方式需要进行票据管理，只须选中"是否票据管理"复选框即可。

案例 3-14　神州科技的常用结算方式如表 3.8 所示。

表 3.8　结算方式

结算方式编码	结算方式名称	票据管理标志	对应票据类型
1	现金结算		
2	支票结算		
201	现金支票	是	现金支票
202	转账支票	是	转账支票
3	电汇		

操作步骤

步骤 1　在企业应用平台的"基础设置"中，选择"基础档案"|"收付结算"|"结算方式"选项，打开"结算方式"窗口。

步骤 2　按要求输入企业的常用结算方式，如图 3.22 所示。

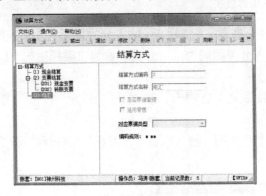

图 3.22　设置结算方式

课后练习

一、思考题

1. 企业应用平台的作用是什么？
2. 设置基础档案是必需的吗？为什么？
3. 用友 U8 的子系统启用有哪些方法？
4. 客户档案中的客户全称和客户简称各用于哪种情况？
5. 指定会计科目的意义是什么？
6. 企业中的哪些会计科目适合设置为部门核算？
7. 为什么要设置凭证类别的限制类型和限制科目？
8. 什么是项目？举例说明不同类型的企业可能存在的项目。

二、操作题

1. 查看分类编码方案。
2. 完成《会计信息化实训》（用友 U8 V10.1）中的"实验二　基础档案设置"。

项目 4

总账管理

知识目标

1. 了解总账管理子系统的主要功能。
2. 熟悉总账管理子系统的操作流程。
3. 掌握总账管理子系统初始化的工作内容。
4. 理解总账管理子系统中各选项的含义。
5. 理解会计科目辅助核算的作用。
6. 熟悉凭证填制、审核、记账的日常操作流程。
7. 掌握凭证、账簿查询的基本方法。
8. 了解期末自定义凭证的作用，掌握自定义凭证的方法。
9. 掌握出纳管理的基本工作内容。
10. 理解结账的含义及结账要满足的前提条件。

技能目标

1. 学会设置总账管理子系统的选项。
2. 学会为会计科目设置辅助核算及指定会计科目。
3. 掌握不同会计科目期初余额输入的操作。
4. 掌握凭证填制、修改、审核、记账、查询等基本操作。
5. 掌握出纳签字、银行对账的基本操作。
6. 掌握期末结账的操作。

　　总账管理子系统是用友 U8 的核心子系统，适用于各行各业进行账务核算及管理工作。总账管理子系统既可独立运行，也可同其他子系统协同使用。

任务 4.1　总账管理子系统认知

4.1.1　了解总账管理子系统

　　在手工环境下，总账是指总分类账簿，是根据总分类科目开设账户，用来登记全部经济业务，进行总分类核算，提供总括核算资料的分类账簿。总账所提供的核算资料是编制财务报表的主要依据，任何单位都必须设置总账。总账的登记依据和方法主要取决于所采用的会计核算形式，既可以直接根据各种记账凭证逐笔登记，也可以先把记账凭证按照一定的方式进行汇总，编制成科目汇总表或汇总记账凭证等，然后据以登记。

用友 U8 是企业管理软件，包括财务会计、供应链、人力资源等功能组。总账管理子系统属于财务会计功能组，是在用友 U8 中占有重要地位的核心子系统。总账管理子系统与手工环境下所指的总账不同，总账管理子系统支持凭证处理、账簿登记及查询、出纳管理等涉及企业资金变动的全部业务处理。当经济业务发生时，只须根据原始凭证在总账管理子系统中填制记账凭证，再根据内部控制要求由他人对凭证进行审核，之后记账即可由系统自动完成。由于计算机系统运算速度快、数出一源、记账准确，因此可以将财务人员从繁重的核算工作中解放出来，将精力更多地投入到财务管理工作中。总账管理子系统的主要功能包括以下几项。

1. 初始设置

初始设置是由用户根据本企业的具体需要建立账务应用环境，将用友 U8 总账管理子系统变成适合本单位实际需要的专用系统。其主要工作包括设置各项业务选项、设置基础档案、明细账权限的设定和期初余额的输入等。

2. 凭证管理

凭证管理包括：通过严密的制单控制保证填制凭证的正确性；提供资金赤字控制、支票控制、预算控制、外币折算误差控制及查看最新余额等功能，加强对发生业务的及时管理和控制；完成凭证的输入、审核、记账、查询、打印，以及出纳签字、常用凭证定义等。

3. 账簿管理

在账簿管理方面，强大的查询功能使整个系统可实现对总账、明细账、凭证的联查，并可查询包含未记账凭证的最新数据，同时可随时进行总账、余额表、明细账、日记账等标准账表的查询。

4. 辅助核算管理

总账管理子系统除了提供对总账、明细账、日记账等主要账表数据的查询外，还提供以下辅助核算管理：个人往来核算、部门核算、往来管理、现金管理和项目管理。

5. 月末处理

月末处理主要包括转账定义、转账生成、对账和结账。

4.1.2 使用总账管理子系统

1. 总账管理子系统的应用流程

总账管理子系统的应用流程如图 4.1 所示。应用流程指明了使用总账管理子系统的操作顺序，便于快速学习和掌握总账管理子系统的各项功能。

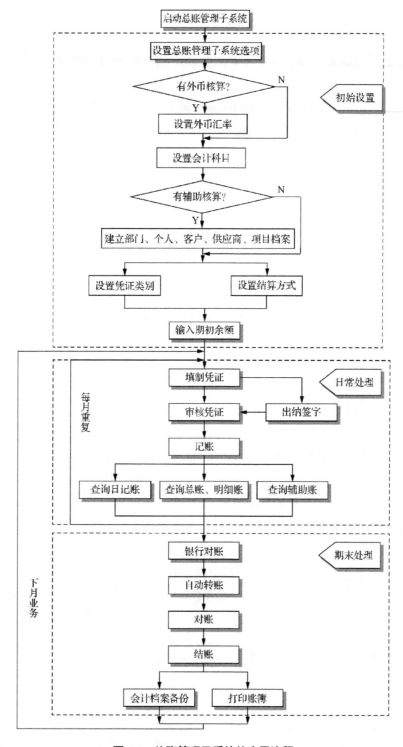

图 4.1　总账管理子系统的应用流程

2. 使用总账管理子系统的范围

总账管理子系统部署在企业的财务部门，所有财务人员均有登录总账管理子系统处理并查询相关业务的权利。不过，需要按照工作分工及内部控制的要求，为不同人员设置相应的权限。这样一方面可以确保各尽其责，另一方面可以避免越权操作。

> **ⓘ 提醒**
>
> 进行本项目案例练习之前，以系统管理员的身份在系统管理中引入"基础设置"账套。

任务 *4.2* 总账管理子系统初始化实务

从原有系统（手工系统或计算机系统）过渡到新系统不是完全照抄照搬，而是需要有一个重新设计的过程。总账管理子系统初始化就是结合企业的具体核算、管理要求和管理软件的特点确定针对企业的业务流程及解决方案，具体包括设置总账管理子系统选项和输入期初余额等。

4.2.1 设置总账管理子系统选项

首次使用总账管理子系统时，需要确定反映企业具体核算要求的各种选项（也称为参数），通过选项设置定义总账管理子系统的输入控制、处理方式、数据流程、输出格式等。在总账管理子系统中，按控制内容将选项归并为"凭证""账簿""凭证打印""预算控制""权限""会计日历""其他"等几个选项卡。

✎ **案例 *4-1*** 以账套主管 cw01 冯涛的身份登录系统，进行总账管理子系统的选项设置。

操作步骤

步骤 1 以账套主管 cw01 冯涛的身份登录企业应用平台。

步骤 2 在"业务工作"中，选择"财务会计"|"总账"|"设置"|"选项"选项，打开"选项"对话框。"选项"对话框中包括"凭证""账簿""凭证打印""预算控制""权限""会计日历""其他"等几个选项卡。

步骤 3 单击"编辑"按钮，可对各选项进行修改。

1. "凭证"选项卡

✎ **案例 *4-1* 续** 神州科技的日常制单由系统自动编号。因为只启用了总账管理子系统，所以需要在总账管理子系统中处理收付业务，建议设置"支票控制""可以使用应收受控科目""可以使用应付受控科目"选项，其他采用系统默认。

操作步骤

单击"凭证"选项卡，选中"支票控制""可以使用应收受控科目""可以使用应付受控科目"复选框，如图4.2所示。

（1）制单控制

"制单控制"选项组限定了在填制凭证时，系统应对哪些操作进行控制。

① 制单序时控制。选中该复选框意味着在填制凭证时随凭证编号的递增，凭证日期按由早到晚的顺序排列。

② 支票控制。在启用了票据管理并选中此复选框的情况下，如果在制单时输入了未在支票登记簿中登记的支票号，那么系统将启用登记支票登记簿的功能。

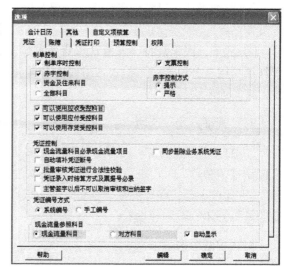

图4.2　"凭证"选项卡

③ 赤字控制。如果选中了该复选框且选中了"资金及往来科目"单选按钮，则在制单中当现金、银行科目的最新余额出现负数时，系统将予以提示。

④ 可以使用其他系统受控科目（包括3个复选框）。某子系统的受控科目在其他子系统中是不能用来制单的。例如，客户往来科目一般为应收款管理子系统的受控科目，所以总账管理子系统不能使用此类科目进行制单。

（2）凭证控制

① 现金流量科目必录现金流量项目。如果在会计科目设置中指定了现金流量科目，而该复选框是选中的话，那么在填制凭证时，如果凭证中使用了现金流量科目，就一定要把发生的现金金额指定到现金流量表的某个项目上，否则凭证无法保存。

② 凭证录入时结算方式及票据号必录。因为系统提供银行对账的功能，而系统自动对账的基本条件就是结算方式、票据号和金额一致，所以如果要使用系统提供的对账功能，就应尽量在进行凭证输入时保全这些信息。

（3）凭证编号方式

系统在填制凭证功能中一般按照凭证类别按月自动编制凭证编号，即"系统编号"。但有的企业需要系统允许在制单时手工输入凭证编号，即"手工编号"。

2.　"账簿"选项卡

案例4-1续　选择凭证、账簿套打方式。

操作步骤

单击"账簿"选项卡，选中"凭证、账簿套打"复选框，如图4.3所示。

① 打印位数宽度。该选项组定义正式账簿打印时摘要、金额、外币、数量、金额、汇率、单价各栏目的宽度。

② 明细账（日记账、多栏账）打印方式。该选项组可以设置"按月排页"或"按年排页"。

③ 凭证、账簿套打。该复选框设置打印凭证、正式账簿时是否使用套打纸进行打印。套打纸是用友公司专门印制的带格线的各种凭证、账簿。选择套打纸打印，无须打印表格线，打印速度快且美观。

3."凭证打印"选项卡

① 打印凭证的制单、出纳、审核、记账等人员姓名。这几个选项设置在打印凭证时是否自动打印制单人、出纳人、审核人、记账人的姓名。

② 凭证、正式账每页打印行数。双击表格项可对其中的明细账、日记账、多栏账、凭证的每页打印行数进行设置。

4."权限"选项卡

 案例 4-1 续　选择出纳凭证必须经由出纳签字。

操作步骤

单击"权限"选项卡，选中"出纳凭证必须经由出纳签字"复选框，如图 4.4 所示。

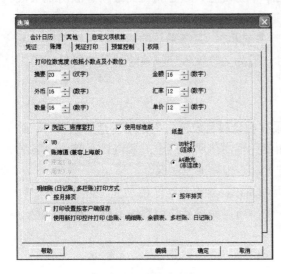 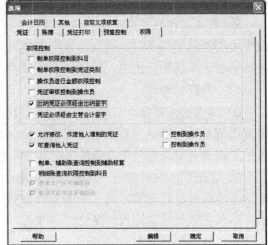

| 图 4.3 "账簿"选项卡 | 图 4.4 "权限"选项卡 |

在系统管理中设置了操作员的功能权限，在这里可以进行更进一步的权限划分。

① 制单权限控制到科目。该复选框使系统允许设置有制单权限的操作员可以使用特定科目制单。

② 凭证审核控制到操作员。当希望对审核权限做进一步细化，如只允许某操作员审核其本部门操作员填制的凭证，而不能审核其他部门操作员填制的凭证时，则应选中此复选框。

③ 出纳凭证必须经由出纳签字。如果选中此复选框，则含有现金、银行科目的凭证必须由出纳人员通过出纳签字功能对其核对签字后才能记账。

④ 允许修改、作废他人填制的凭证。如果选中该复选框，当前操作员可以修改或作废

非本人填制的凭证。

⑤ 明细账查询权限控制到科目。当希望对查询和打印权限做进一步细化时，如只允许某操作员查询或打印某科目明细账，而不能查询或打印其他科目的明细，则应选中此选复选框，然后再到系统菜单"设置"|"明细账权限"中去设置明细账科目的查询权限。

5. "会计日历"选项卡

案例 4-1 续　修改"数量小数位""单价小数位"为 2。

在"会计日历"选项卡中，可以查看各会计期间的起始日期与结束日期，以及启用会计年度和启用日期。此处仅能查看本账套的启用会计年度、启用日期及各会计期间的开始日期和结束日期。

数量、单价小数位设置决定在制单或查账时系统对于数量、单价小数位的显示形式。修改数量小数位、单价小数位为 2。

6. "其他"选项卡

案例 4-1 续　设置部门、个人、项目排序方式为按编码排序。

如果企业有外币业务，则应选择相应的汇率方式为固定汇率或浮动汇率。选择固定汇率时，日常业务按月初汇率处理，月末进行汇兑损益调整；选择浮动汇率时，日常业务按当日汇率折算本位币金额，月末无须进行调整。本例采用系统默认的"固定汇率"。

"部门/个人/项目排序方式"3 个选项组用于设置在查询相关账目时，是按编码排序还是按名称排序。本案例中均选中"按编码排序"单选按钮，如图 4.5所示。

全部设置完成后，单击"确定"按钮返回。

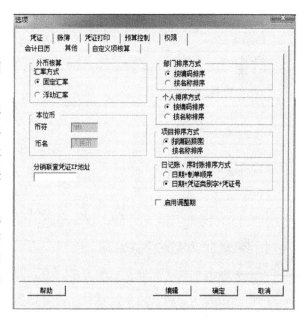

图 4.5　"其他"选项卡

4.2.2　输入期初余额

为了保证业务处理的连续性，在初次使用总账管理子系统时，应将经过整理的总账启用日期前一个月的手工账余额数据输入计算机，以此为起点继续未来的业务处理。在总账管理子系统中主要输入各科目的余额，包括明细科目余额和辅助账余额，总账科目余额自动计算。

计算机信息系统需要的期初数据包括各科目的年初数、建账当前月的借贷方累计发生额及期末余额 4 项数据。由于 4 个数据项之间存在内在联系，因此只需要输入借贷方累计发生额和期末余额，就可以计算出年初数。例如，某企业 2020 年 4 月开始启用总账管理子系统，那么应将该企业 2020 年 3 月末各明细科目的期末余额及 1 至 3 月的累计发生额整理出来，输入到总账管理子系统中，系统将自动计算年初余额。如果科目有辅助核算，还应整理各辅助项目的期初余额。

如果企业选择年初建账，则由于各科目本年无发生额，因此只需要准备各科目期初余额，从而大大简化了数据准备工作。这正是很多企业选择年初建账的原因。年初建账的另外一个优势是年度数据完整，便于今后的数据对比及分析。因此，神州科技公司选择 2020 年 1 月建账，并整理各明细科目余额如表 4.1 所示。

表 4.1　神州科技科目余额表　　　　　　　　　　　　　　　元

科目名称	借贷方向	余　额	辅助核算	备　注
库存现金	借	9 349		
工行人民币户	借	194 385.51		
中行美元户	借	32 240 5 200 美元	外币核算：美元	
应收账款	借	36 160	客户往来	
其他应收款	借	2 000	个人往来	
原材料采购	借	-4 000		
原材料——硬盘	借	8 000 20 盒	数量核算：盒	
库存商品	借	406 000		
固定资产	借	342 500		
累计折旧	贷	62 834.33		
短期借款	贷	300 000		
实收资本	贷	500 000		
未分配利润	贷	142 829.51		

1. 不同性质科目的余额输入

在总账管理子系统的期初余额表中，用不同的颜色区别了 3 种不同性质的科目。显示白色的单元格表示该科目为末级科目，可以输入期末余额；显示为黄色的单元格表示该科目为非末级科目，输入末级科目余额后该科目余额自动汇总生成；显示为蓝色的单元格表示该科目设置了辅助核算，需要双击该单元格进入辅助账期初余额输入界面，辅助账期初余额输入完成并退出后，相应的期初余额自动生成。

（1）输入末级、非辅助核算科目的期初余额

案例 4-2　按表 4.1 所示内容输入末级科目的期初余额。

操作步骤

步骤 1　选择"总账"|"设置"|"期初余额"选项，打开"期初余额录入"对话框。

步骤 2　单击库存现金"期初余额"栏，输入 9349，然后按回车键确认，数字自动靠右对齐。

提醒

①不用输入非末级科目余额、累计发生额，系统将根据其下级明细科目自动汇总生成。

②输入红字余额时，先输入"-"号。

③余额输入错误时，直接输入正确的余额；需要删除时，输入0即可。

④凭证一经记账，期初余额即变为浏览只读状态，不能再修改。

（2）输入外币核算科目期初余额

案例4-3　表4.1中中行美元户的外币存款为5 200美元，汇率为6.2，折合人民币为32 240.00元。"原材料——硬盘"科目的期初余额为8 000元、数量为20盒。

操作步骤

步骤1　中行美元户占了两行，必须先输入第1行本位币期初余额。这里输入32 240。

步骤2　再输入第2行外币余额5 200，如图4.6所示。

步骤3　同理，输入数量核算科目"原材料——硬盘"的期初余额8 000和期初数量余额20。

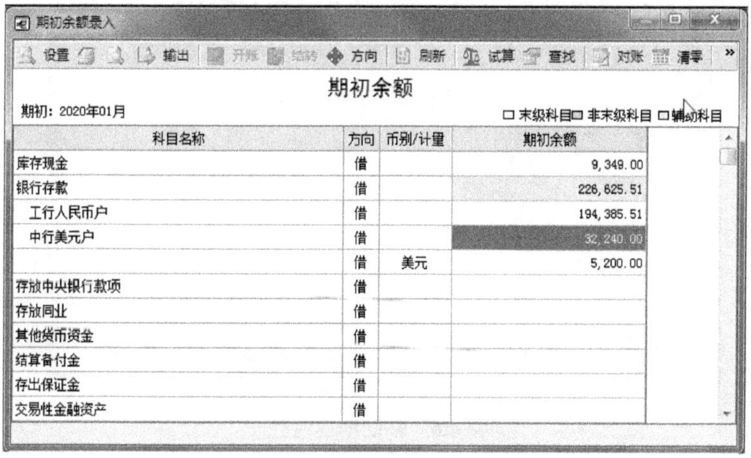

图4.6　输入外币核算科目期初余额

提醒

有外币、数量核算的科目必须先输入本币余额，才能输入外币和数量余额。

（3）输入客户往来科目的期初余额

案例4-4　表4.1中"应收账款"科目的余额为36 160元。经查，10月份转-157号凭证记录天诚科贸2019年10月25日购置路由器欠货款9 040元；11月份转-46号凭证记录博泰数码2019年11月10日购置计算机欠货款27 120元。

操作步骤

步骤1　双击"应收账款"的"期初余额"一栏，打开"辅助期初余额"对话框。

步骤2　单击工具栏上的"往来明细"按钮，打开"期初往来明细"对话框。

步骤3　单击"增行"按钮，按资料输入详细业务信息，如图4.7所示。

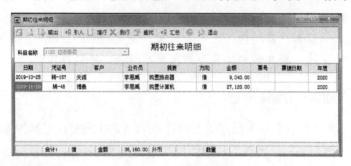

图 4.7　期初往来明细

步骤4　在"期初往来明细"对话框中，单击"汇总"按钮，系统弹出"完成了往来明细到辅助期初表的汇总！"信息提示框。单击"确定"返回。

步骤5　单击"退出"按钮，返回"辅助期初余额"对话框，如图4.8所示。

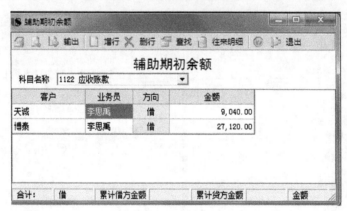

图 4.8　辅助期初余额

步骤6　单击"退出"按钮，返回"期初余额录入"对话框，自动带回"应收账款"的"期初余额"36 160元。

> **提醒**
>
> 设置了辅助核算的科目可以直接输入累计发生额数据。

（4）输入个人往来核算科目余额

案例4-5　表4.1中"其他应收款"科目余额2 000元，经查，12月付-101记录2019年12月16日采购部马云出差借款尚未归还。

视频演示

操作步骤

步骤 1　双击"其他应收款"的"期初余额"一栏，打开"辅助期初余额"对话框。

步骤 2　单击"往来明细"按钮，打开"期初往来明细"对话框。单击"增行"按钮，输入日期为"2019-12-16"，选择凭证号为"付-101"、部门为"采购部"、个人为"马云"、摘要为"出差借款"、方向为"借"、金额为 2 000，如图 4.9 所示。

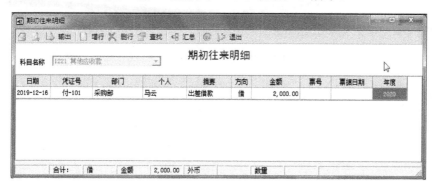

图 4.9　个人往来期初

步骤 3　单击"汇总"按钮，系统弹出"完成了往来明细到辅助期初表的汇总！"信息提示框。单击"确定"返回。

步骤 4　单击"退出"按钮，返回"辅助期初余额"对话框。

步骤 5　单击"退出"按钮，返回"期初余额录入"对话框，自动带回"其他应收款"的"期初余额"2 000 元。

2. 关于科目余额的方向

在手工环境的科目体系中，允许存在上级科目与明细科目余额方向不一致的情况。例如，"应交税金"科目余额的方向为"贷"，而"应交税金——应交增值税——进项税额"科目余额的方向为"借"。在用友 U8 中，上级科目与明细科目的余额方向必须一致。这样，"应交税金"科目及其所有明细科目余额的方向均为"贷"，当期末余额的方向与规定的方向不一致时，输入"－"号表示。

如果需要改变科目余额的方向，可单击工具栏上的"方向"按钮。

3. 期初试算平衡

期初余额输入完成后，单击工具栏上的"试算"按钮，系统按照"资产=负债+所有者权益+收入-费用"的原则进行科目余额的试算平衡，以保证初始数据的正确性。

案例 4-6　进行期初余额试算平衡检查。

操作步骤

步骤 1　在"期初余额录入"对话框中，单击"试算"按钮，打开"期初试算平衡表"对话框，如图 4.10 所示。

步骤 2　查看试算结果，然后单击"确定"按钮退出。

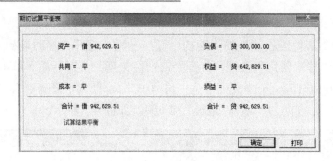

图 4.10　期初试算平衡表

> **提醒**
>
> ① 期初余额试算不平衡，可以填制凭证，但不能记账。
> ② 如果已经记过账，则既不能再输入、修改期初余额，也不能使用结转上年余额功能。

任务 4.3　总账管理子系统日常业务处理实务

在总账管理子系统中，当初始设置完成后，就可以开始进行日常业务处理了。日常业务处理主要包括：填制凭证、审核凭证、记账；查询和打印输出各种凭证、日记账、明细账、总账和各种辅助账。

4.3.1　凭证管理

凭证管理是总账管理子系统日常业务处理的起点，是保证会计信息系统数据正确的关键环节。填制凭证—审核凭证—记账是凭证处理的流程，是必须按顺序进行处理的 3 个步骤。如果在总账管理子系统的"选项"对话框中选中了"出纳凭证必须经由出纳签字"复选框，则出纳签字也是流程中必需的一项内容，其位置在填制凭证和记账之间。

1. 填制凭证

在实际工作中，可以根据经济业务发生时取得的原始凭证直接在计算机上填制记账凭证。填制凭证的功能包括增加凭证、修改凭证、删除凭证、冲销凭证等。

（1）增加凭证

记账凭证的内容一般包括 3 个部分：凭证头部分；凭证正文部分；凭证尾部分。

案例 4-7　1 月 3 日，财务部张欣持现金支票（票号 XJ5680）从工行提现金 22 000 元。

业务特征　"银行存款——工行人民币户"设置了银行账辅助核算。

操作步骤

以 cw02 韩维维的身份登录用友 U8，进行填制凭证的相关操作，登录日期为

"2020-01-31"。

步骤 1　选择"财务会计"|"总账"|"凭证"|"填制凭证"选项，打开"填制凭证"对话框。

步骤 2　单击"增加"按钮，系统自动增加一张空白收款凭证。

步骤 3　输入凭证头部分：在凭证左上角"收"字处单击，再单击"参照"按钮，选择凭证类型为"付　付款凭证"，输入制单日期为"2020.01.03"、附单据数为 1。

 栏目说明

① 凭证类别。既可以输入凭证类别字，也可以参照输入。

② 凭证编号。一般情况下，凭证编号由系统根据凭证类别按月自动编制，即每类凭证每月都从 0001 号开始。系统同时也自动管理凭证页号，规定每页凭证有 5 条记录，当某张凭证不只一页时，系统将自动在凭证号后标上分单号。例如，收-0001 号 0002/0003 表示收款凭证第 0001 号凭证共有 3 张分单，当前光标所在分录在第 2 张分单上。

③ 制单日期。制单日期就是填制凭证的日期。系统自动取进入总账管理子系统前输入的业务日期为记账凭证日期，如果日期不对，可进行修改或参照输入。采用制单序时控制时，日期只能随凭证号递增而增加，即不能逆序。凭证日期应晚于或与系统启用日期相同，早于或与系统日期相同。

④ 附单据数。这是指输入当前凭证所附原始单据张数。

步骤 4　输入凭证正文部分。输入摘要为"从工行提现金"、科目编号为 1001（或单击参照按钮，选择"1001 库存现金"科目）、借方余额为 22 000。然后按回车键，摘要自动带到下一行。

步骤 5　继续输入科目编号 100201，系统自动弹出"辅助项"对话框。

步骤 6　选择"201 现金支票"方式、票号 XJ5680，发生日期默认为制单日期，如图 4.11 所示。然后单击"确定"按钮返回。

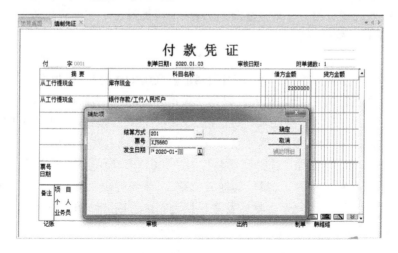

图 4.11　输入带银行账辅助核算科目的凭证

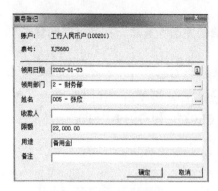

图 4.12 进行票号登记

步骤 7　输入贷方余额为 22 000（或按 "=" 键取借贷方差额到当前光标处），然后单击 "保存" 按钮。

步骤 8　系统弹出 "此支票尚未登记，是否登记？" 信息提示框。单击 "是" 按钮，打开 "票据登记" 对话框。按资料输入各项内容，如图 4.12 所示。

步骤 9　票号登记完成后，单击 "确定" 按钮，系统弹出 "凭证已成功保存！" 信息提示框。单击 "确定" 按钮返回。

凭证尾部分主要标识该凭证的制单人、审核人、记账人信息，由系统根据登录操作员自动记录其姓名。

 栏目说明

① 摘要。输入本笔分录的业务说明，要求简洁明了，不能为空。凭证中的每个分录行都必须有摘要，各行摘要可以不同。可以利用系统提供的常用摘要功能预先设置常用摘要，以规范业务，加快凭证输入速度。

② 科目名称。输入或参照输入末级科目编码，系统自动将其转换为中文名称。也可以直接输入中文科目名称、英文科目名称或助记码。

③ 辅助信息。对于设置了辅助核算的科目，系统会提示输入相应的辅助核算信息。本例输入的结算方式、票号和发生日期是今后进行银行对账的必要信息。

④ 金额。金额就是该笔分录的借方或贷方本币发生额。金额不能为 0，但可以是红字。红字金额以负数形式输入。凭证上的借方金额合计应该与贷方金额合计相等，否则不能保存。

⑤ 在 "查看" 菜单下，可以查看到当前科目的最新余额。

案例 4-8　1 月 5 日，采购部马云出差归来，报销车票及住宿费共计 1 860 元。票据 5 张，余款 140 元交还。

业务特征　"管理费用——差旅费" 科目为部门核算科目，"其他应收款" 科目设置了个人往来辅助核算。

视频演示

操作步骤

步骤 1　增加一张收款凭证，输入凭证日期为 "2020.01.05"、附单据数为 5。

步骤 2　输入凭证第 1 行。输入摘要为 "报销差旅费"，选择科目名称为 "660204 管理费用/差旅费"，系统弹出 "辅助项" 对话框。单击 "参照" 按钮，打开 "部门基本参照" 对话框，从中选择 "采购部"，如图 4.13 所示。然后继续输入其他信息。

步骤 3　输入凭证第 2 行。选择科目名称为 "1001 库存现金"，输入借方金额为 140。

步骤 4　选择科目名称为 "1221 其他应收款"，系统弹出 "辅助项" 对话框。选择部门为 "采购部"、个人为 "马云"，默认发生日期为制单日期，如图 4.14 所示。继续输入其他信息，并保存凭证。

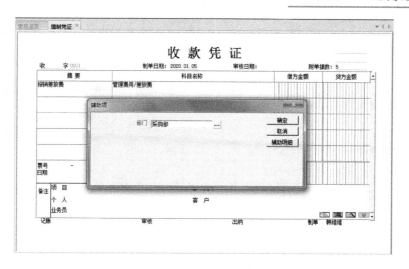

图 4.13　输入带部门辅助核算科目的凭证

图 4.14　输入带个人往来辅助核算科目录入的凭证

提醒

如果不输入部门，只输入个人，系统会根据个人自动带出其所属部门。

案例 4-9　1 月 8 日，收到外商以电汇方式投资 1 万美元。

业务特征　"100202 银行存款/中行美元户"科目为外币辅助核算科目。

操作步骤

步骤 1　增加一张收款凭证，输入凭证日期为"2020.01.08"、附单据数为 1。

步骤 2　输入凭证第 1 行。输入摘要为"收投资款"；科目名称选择"100202 银行存款/中行美元户"，在"辅助项"对话框中选择结算方式为"电汇"，系统自动显示出外币汇率 6.2；输入外币金额为 10 000，系统自动算并显示出本币金额 62 000，如图 4.15 所示。

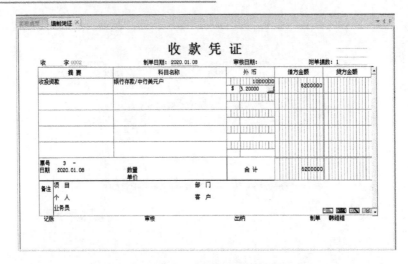

图 4.15　输入带外币辅助核算科目的凭证

步骤 3　继续输入第 2 行信息，选择科目名称为 "4001 实收资本"，并输入其他相关信息。

> ℹ️ **提醒**
>
> 汇率栏中的内容是固定的，不能输入或修改。如果使用浮动汇率，则汇率栏中显示最近的一次汇率，并可以直接在汇率栏中修改。

✏️ **案例 4-10**　1 月 10 日，向友邦公司采购硬盘 50 盒，无税单价为 400 元，增值税税率为 13%。货款未付。

视频演示

业务特征　"140301 材料/硬盘" 科目为数量辅助核算科目，"220201 应付货款" 科目设置了供应商往来核算。

操作步骤

步骤 1　增加一张转账凭证，输入凭证日期为 "2020.01.10"、附单据数为 1。

步骤 2　输入凭证第 1 行。输入摘要为 "购硬盘"，选择科目名称为 "140301 原材料/硬盘"，系统弹出 "辅助项" 对话框。输入数量为 50、单价为 400，如图 4.16 所示。

步骤 3　输入凭证第 2 行。选择科目名称为 "22200101 应交税费/应交增值税/进项税额"，输入借方金额为 2 600。

步骤 4　输入凭证第 3 行。选择科目名称为 "2202 应付账款"，输入辅助项内容，如图 4.17 所示。然后输入其他各项信息，并保存凭证。

> ℹ️ **提醒**
>
> 系统根据 "数量×单价" 自动计算出金额，并将金额先放在借方。如果方向不符，可将光标移动到贷方后，按空格键调整金额方向。

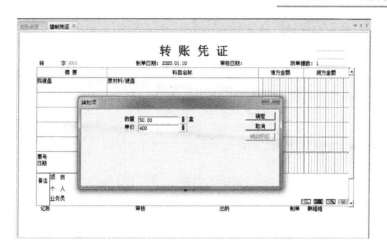

图 4.16   输入带数量辅助核算科目的凭证

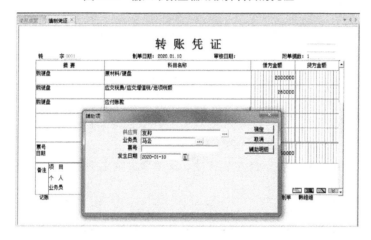

图 4.17   输入带供应商辅助核算科目的凭证

提醒

如果往来单位不属于已定义的往来单位,则应单击往来单位"参照"按钮打开"参照"对话框。然后单击"编辑"按钮,正确输入新往来单位的辅助信息,系统就会自动将其追加到往来单位目录中。

案例 4-11   1 月 15 日,博泰公司以转账支票(票号 3121)支付前欠货款 27 120 元。

业务特征   "1122 应收账款"科目设置了客户往来辅助核算。

操作步骤

步骤 1   增加一张收款凭证,输入凭证日期为"2020.01.15"、附单据数为 1、摘要为"收回前欠款"。

步骤 2   输入第 1 行内容。选择科目名称为"100201 银行存款/工行人民币户",然后输入辅助项信息及金额。

步骤 3　输入第 2 行内容。选择科目名称为"1122 应收账款"，系统弹出"辅助项"对话框。输入辅助项信息，如图 4.18 所示。

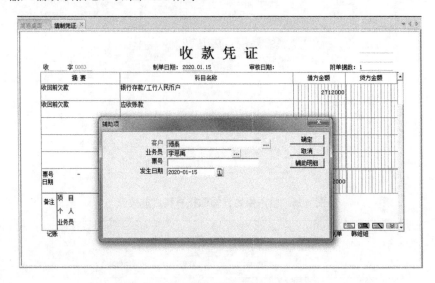

图 4.18　输入带客户辅助核算科目的凭证

案例 4-12　1 月 20 日，销售给博泰公司杀毒软件 10 套。单价为 120 元，金额为 1 200 元，增值税税额为 156 元，价税合计为 1 356 元。

业务特征　"6001 主营业务收入"科目设置了项目辅助核算。

操作步骤

步骤 1　增加一张转账凭证。

步骤 2　输入科目名称为"应收账款"、客户为"博泰"、借方金额为 1 356。

步骤 3　输入科目名称为"主营业务收入"科目后，系统弹出"辅助项"对话框。单击"参照"按钮，打开"参照"对话框，如图 4.19 所示。双击"03 杀毒软件"返回，然后输入贷方金额为 1 200。

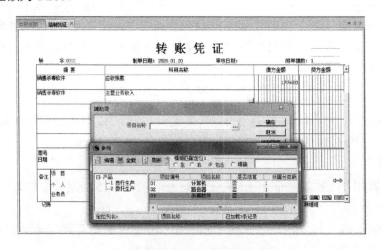

图 4.19　输入带项目辅助核算科目的凭证

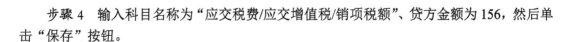

步骤4 输入科目名称为"应交税费/应交增值税/销项税额"、贷方金额为156，然后单击"保存"按钮。

案例4-13 1月25日，企管办报销招待费300元。以现金支付。

请自行填制以下凭证。

借：管理费用——招待费（660205）　　　　　　　　　　　　　　　　　300
　　贷：库存现金（1001）　　　　　　　　　　　　　　　　　　　　　　　300

（2）修改凭证

虽然在凭证输入环节系统提供了多种确保凭证输入正确的控制措施，但仍然无法避免发生错误。为此，系统提供了凭证修改功能，分为有痕迹修改和无痕迹修改两种。

① 无痕迹修改只能针对未审核、未签字凭证。修改凭证时需要在填制凭证状态下找到需要修改的凭证，直接修改即可。可修改的内容包括摘要、科目、辅助项、金额及方向、增删分录等，凭证类别不能修改。

② 对于已记账凭证，如果发现错误，只能采用红字冲销法或补充更正法进行改正。这是一种能够保留审计线索的有痕迹修改。

案例4-14 经检查发现两个问题：1月10日转-0001凭证应为从供应商精英公司购置硬盘，而非从友邦公司购入；1月25日，报销招待费金额应为500元，误录为300元。

操作步骤

步骤1 选择"总账"|"凭证"|"填制凭证"选项，打开"填制凭证"对话框。

步骤2 单击 按钮，找到要修改的凭证"付-0002"，直接修改借贷方金额为500。然后保存此凭证。

步骤3 找到下一张要修改的凭证"转-0001"。将光标定位在"应付账款/应付货款"辅助核算科目行，然后将光标移动到凭证下方的"备注"栏辅助项，待鼠标指针为 时双击，打开"辅助项"对话框。删除"友邦"，重新选择"精英"。

步骤4 单击"保存"按钮。

提醒

① 外部系统传过来的凭证不能在总账管理子系统中进行修改，只能在生成该凭证的子系统中进行修改。

② 如果不选中"允许修改或作废他人填制的凭证"复选框，则不能修改或作废他人填制的凭证。

（3）冲销凭证

对于已记账的凭证，发现有错误，可以制作一张红字冲销凭证。

操作步骤

步骤1 在"填制凭证"对话框中单击"冲销凭证"按钮，打开"冲销凭证"对话框。

步骤2 输入条件：选择"月份""凭证类别"，输入"凭证号"等信息。

步骤 3　单击"确定"按钮，系统自动生成一张红字冲销凭证。

 提醒

> ① 通过红字冲销法增加的凭证，应视同正常凭证进行保存管理。
>
> ② 将错误的凭证冲销后，需要再重新编制正确的凭证。

（4）作废、恢复及整理凭证

如果出现凭证重复输入或凭证上出现不便修改的错误，可以利用系统提供的作废/恢复功能将错误凭证作废。

如果当前凭证已作废，可以单击"作废/恢复"按钮，取消作废标志，将当前凭证恢复为有效凭证。

如果无须保留作废凭证，可通过系统提供的整理凭证功能将标注有"作废"字样的凭证彻底删除，并对未记账凭证进行重新编号，以保证凭证编号的连续性。

案例 4-15　经查验，企管办招待费为个人行为，不予报销，故删除"付-0002"号凭证。

操作步骤

步骤 1　在"填制凭证"对话框中，先查询到要作废的"付-0002"凭证。　　　视频演示

步骤 2　单击"作废/恢复"按钮。

步骤 3　凭证的左上角显示"作废"，表示该凭证已作废，如图 4.20 所示。

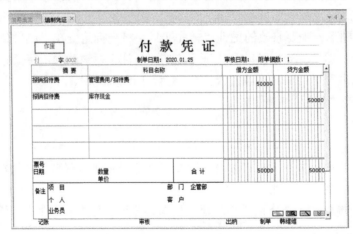

图 4.20　作废凭证

 提醒

> ① 作废凭证仍保留原有凭证的内容及凭证号。
>
> ② 作废凭证不能修改、不能审核。
>
> ③ 作废凭证要参加记账，否则月末无法结账。

步骤4 在"填制凭证"对话框中，单击"整理凭证"按钮，打开"凭证期间选择"对话框。

步骤5 选择要整理的凭证期间为"2020.01"，单击"确定"按钮，打开"作废凭证表"对话框。

步骤6 在要删除的凭证"删除？"一栏双击，如图4.21所示。

步骤7 单击"确定"按钮，系统弹出"是否还需整理凭证断号？"信息提示框。单击"是"按钮，系统将凭证彻底删除，并对凭证进行重新编号处理。

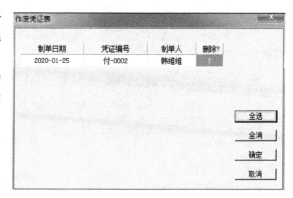

图4.21 作废凭证表

提醒

只能对未记账凭证进行凭证整理。

2. 出纳签字

为加强企业现金收入和支出的管理，出纳人员可通过出纳管理功能对制单人填制的带有现金和银行存款科目的凭证进行检查核对——主要核对收付款凭证上填制的金额是否正确。只有出纳确认无误后，才能进行记账处理。

案例4-16 由出纳cw03张欣对2020年1月份填制的出纳凭证进行出纳签字。

操作步骤

步骤1 在企业应用平台中，单击"重注册"按钮，打开"登录"对话框。

步骤2 以cw03张欣的身份注册重新登录用友U8。

步骤3 选择"财务会计"|"总账"|"凭证"|"出纳签字"选项，打开"出纳签字"的查询条件对话框。

视频演示

步骤4 选中"全部"单选按钮，输入月份为"2020.01"。单击"确定"按钮，打开"出纳签字列表"对话框，其中显示出了所有的出纳凭证，如图4.22所示。

制单日期	凭证编号	摘要	借方金额合计	贷方金额合计	制单人	签字人	系统名	备注	审核日期
2020-01-05	收-0001	报销差旅费	2,000.00	2,000.00	韩维维				
2020-01-08	收-0002	收投资款	62,000.00	62,000.00	韩维维				
2020-01-15	收-0003	收回前欠款	27,120.00	27,120.00	韩维维				
2020-01-03	付-0001	从工行提现金	22,000.00	22,000.00	韩维维				

图4.22 出纳签字列表

步骤 5　双击某一要签字的凭证，打开"出纳签字"的签字对话框。

步骤 6　单击"签字"按钮，凭证底部的"出纳"处自动签上出纳人姓名，如图 4.23 所示。

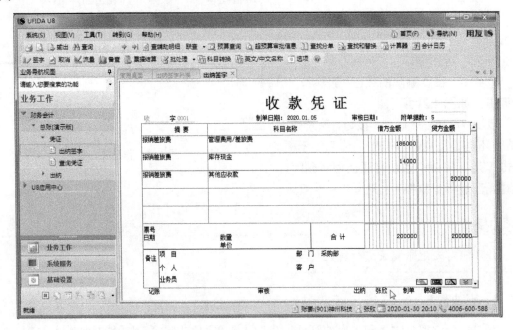

图 4.23　出纳签字

步骤 7　单击按钮，对其他凭证进行出纳签字。最后单击"退出"按钮。

知识点

出纳签字的前提条件

其前提条件是，在总账管理子系统选项设置中选中"出纳凭证必须经由出纳签字"复选框，且在总账管理子系统初始化会计科目设置中指定了现金总账科目和银行总账科目。

提醒

① 出纳签字与审核凭证无先后顺序。

② 已经签字的凭证可由出纳本人单击"取消"按钮取消签字。

③ 可以单击"批处理"按钮下的"成批出纳签字"选项对凭证进行成批签字。

④ 凭证一经签字，就不能被修改、删除。

3. 审核凭证

审核是指由具有审核权限的操作员按照会计制度规定，对制单人填制的凭证进行合法合规性检查。审核无误的凭证可以进入下一个处理过程——记账；审核中如果发现错误，可以利用系统提供的标错功能为凭证标注有错标记，以便制单人能快速查询和更正，待修正后再重新审核。根据会计制度规定，审核与制单不能为同一人。

系统提供了两种审核方式：单张审核和成批审核。

对审核后的凭证，系统提供取消审核的功能。

案例 4-17　由账套主管 cw01 冯涛对 2020 年 1 月填制的凭证进行审核。

操作步骤

步骤 1　在企业应用平台中，单击"重注册"按钮，打开"登录"对话框。以 cw01 冯涛的身份重新登录用友 U8。

步骤 2　选择"财务会计"|"总账"|"凭证"|"审核凭证"选项，打开"凭证审核"对话框。

步骤 3　输入查询条件，单击"确定"按钮，打开"凭证审核列表"对话框。

步骤 4　双击要审核的凭证，打开"审核凭证"对话框。

步骤 5　检查要审核的凭证，无误后单击"审核"按钮，凭证底部的"审核"处自动签上审核人姓名（见图 4.24），并自动显示下一张凭证。

图 4.24　审核凭证

步骤 6　单击"审核"按钮，对其他凭证进行审核。最后单击"退出"按钮。

提醒

　① 作废凭证不能被审核，也不能被标错。

　② 凭证一经审核，不能被修改、删除，只有取消审核签字后才可修改或删除。

　③ 已标记"作废"的凭证不能被审核，需要先取消"作废"标记后才能被审核。

　④ 已标错的凭证不能被审核，需要先取消标错后才能被审核。

　⑤ 可以单击"批处理"按钮下的"成批审核凭证"选项对凭证进行成批审核。

4．记账

在总账管理子系统中，记账凭证经审核后就可以执行记账了。在手工环境下，记账是人工将审核后的凭证平行登记到总账、明细账和日记账，重复转抄过程中难免失误，因此设计了账账核对、账证核对等控制手段保证账簿记录的正确性；在用友 U8 中，记账是按照预先设定的程序自动进行，由记账向导引导记账的过程。

（1）记账

记账过程由系统自动完成，无须人工干预。

案例 4-18 将 2020 年 1 月份已审核凭证进行记账。

操作步骤

步骤 1 选择"财务会计"|"总账"|"凭证"|"记账"选项，打开"记账"对话框。

步骤 2 选择要进行记账的凭证范围，如在付款凭证列表的"记账范围"栏中输入"1-3"。本例单击"全选"按钮，选择所有凭证，如图 4.25 所示。

提醒

> 除可以单击"全选"按钮选择所有未记账凭证外，还可以输入连续编号范围，如"1-9"表示对该类别第 1 至 9 号凭证进行记账，也可以输入不连续的编号，如"3，7"表示仅对第 3 张和第 7 张凭证进行记账。

步骤 3 单击"记账"按钮，系统进行记账之前的检查，然后弹出"期初试算平衡表"对话框。单击"确定"按钮，系统开始登录有关的总账和明细账、辅助账。登记完后，系统弹出"记账完毕!"信息提示框，如图 4.26 所示。

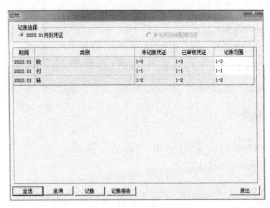

图 4.25　选择本次记账范围　　　　　图 4.26　完成记账

步骤 4 单击"确定"按钮，系统显示记账报告。单击"预览"按钮，显示记账后的科目汇总表，如图 4.27 所示。

科目汇总表

凭证张数：6

科目编码	科目名称	外币名称	数量单位	金额合计 借方	金额合计 贷方	外币合计 借方	外币合计 贷方
1001	库存现金			22,140.00			
1002	银行存款			89,120.00	22,000.00	10,000.00	
100201	工行人民币户			27,120.00	22,000.00		
100202	中行美元户	美元		62,000.00		10,000.00	
1122	应收账款			1,356.00	27,120.00		
1221	其他应收款				2,000.00		
1403	原材料			20,000.00			
140301	硬盘		盒	20,000.00			
2202	应付账款				22,600.00		
2221	应交税费			2,600.00	156.00		
222101	应交增值税			2,600.00	156.00		
22210101	进项税额			2,600.00			
22210102	销项税额				156.00		
4001	实收资本				62,000.00		
6001	主营业务收入				1,200.00		
6602	管理费用			1,860.00			
660204	差旅费			1,860.00			
合计				137,076.00	137,076.00	10,000.00	

单位：北京神州科技有限责任公司　　　　制表：冯涛　　　　打印日期：2020-01-30

图4.27　记账后的科目汇总表

提醒

① 如果是第1次记账，需要检查输入的期初余额是否平衡。期初余额不平，不允许记账。

② 上月未记账或结账，本月不能记账。

③ 未审核凭证不能记账；作废凭证不需要审核可直接记账。

④ 记账之前，系统将自动进行备份，保存记账前数据，一旦记账过程异常中断，可以利用这个备份将系统恢复到记账前状态。

（2）取消记账

由于某些原因，如记账后发现本月凭证有误需要修改，则此时可以利用恢复记账功能将已记账凭证恢复到未记账状态。然后取消审核和出纳签字，再将修改之后的凭证重新审核、记账。

只有账套主管才有权限进行恢复到记账前状态的操作。

视频演示

案例4-19　将2020年1月份已审核凭证进行记账。

操作步骤

步骤1　选择"财务会计"|"总账"|"期末"|"对账"选项，打开"对账"对话框。

步骤2　按Ctrl+H组合键，系统弹出"恢复记账前状态功能已被激活。"信息提示框，如图4.28所示。单击"确定"按钮返回，在"凭证"选项下显示"恢复记账前状态功能"子选项。

步骤3　单击"确定"按钮，然后单击"退出"按钮。

步骤4　选择"财务会计"|"总账"|"凭证"|"恢复记账前状态"选项，打开"恢复

记账前状态"对话框。

步骤 5　选中"最近一次记账前状态"单选按钮，如图 4.29 所示。

图 4.28　激活恢复记账前状态功能　　　　图 4.29　恢复记账前状态

步骤 6　单击"确定"按钮，系统弹出"请输入主管口令"信息提示框。

步骤 7　输入主管口令，单击"确定"按钮。稍候，系统弹出"恢复记账完毕！"信息提示对话框。单击"确定"按钮。

提醒

① 非主管人员不能进行恢复记账前状态的操作。

② 已结账月份，不能恢复记账前状态。

③ 如果在"对账"对话框中再次按下 Ctrl+H 组合键，则隐藏恢复记账前状态功能。

（3）重新记账

如果执行了恢复记账前状态功能，需要进行重新记账处理。

5. 查询凭证

总账管理子系统的填制凭证功能不仅可以输入各账簿数据，还提供了强大的信息查询功能。在凭证界面中有些信息是可直接看到的，如摘要、科目名称、金额等，有些信息是通过某些操作间接获得的，如各分录的辅助信息、当前分录行号、当前科目最新余额、外部系统制单信息等。

案例 4-20　查询 2020 年 1 月收-0002 凭证。

操作步骤

步骤 1　选择"财务会计"|"总账"|"凭证"|"查询凭证"选项，打开"凭证查询"

对话框（"在填制凭证"对话框中单击"查询"按钮也可以打开"凭证查询"对话框）。

步骤 2 从"凭证类别"下拉列表框中选择"收 收款凭证"，选择月份为 2020 年 1 月，输入凭证号为 0002，如图 4.30 所示。

步骤 3 单击"确定"按钮，打开"查询凭证列表"对话框。列表中显示了要查找的凭证记录，双击该记录，即可打开该凭证。

图 4.30 设置凭证查询条件

步骤 4 在凭证的右下方有 3 个图标：单击 图标，将显示光标所在当前分录是凭证中的第几条分录；单击 图标，将显示生成该分录的原始单据类型、单据日期和单据编号；单击 图标，将显示当前科目的自定义。如果当前凭证为外部系统生成的凭证，可将鼠标指针移到记账凭证的标题处单击，系统即可显示当前凭证来自哪个系统、凭证反映的业务类型和业务号。

步骤 5 当光标位于凭证某分录科目时，选择"联查"|"联查明细账"命令，系统将显示该科目的明细账；如果该科目有辅助核算，单击"查辅助明细"按钮，系统将显示该科目的辅助明细账；如果当前凭证由外部系统制单生成，单击"联查"按钮下的"联查原始单据"选项，系统将显示生成这张凭证的原始单据。

> **ℹ️ 提醒**
>
> 在"联查"按钮的菜单下，可以根据当前科目联查明细账。如果是外部系统传递过来的凭证，还可以联查到生成该凭证的原始单据。

6. 科目汇总

科目汇总是指按条件对记账凭证进行汇总并生成一张凭证汇总表。进行汇总的凭证既可以是已记账凭证，也可以是未记账凭证，因此财务人员可在凭证未全部记账前，随时查看企业目前的经营状况及其他财务信息。

7. 常用摘要和常用凭证

（1）常用摘要

摘要既是关于企业经济业务的简要说明，也是输入凭证时唯一需要输入汉字的项目。从某种程度上说，摘要的内容是制单规范化的重要内容之一，而凭证的输入速度在很大程度上取决于摘要的输入速度。有鉴于此，系统中提供了设置常用摘要的功能，用于将企业经常发生的业务摘要事先存储起来，以便在制单时调用，加快输入速度，提高规范化。

案例 4-21 由账套主管 cw01 冯涛设置常用摘要"01 从工行提现金"，相关科目设置为 1001。

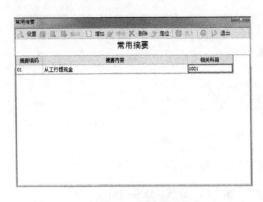

图 4.31　常用摘要

操作步骤

步骤 1　在企业应用平台中，单击"重注册"按钮，打开"登录"对话框。以 cw01 冯涛的身份重新登录用友 U8。

步骤 2　在企业应用平台的"基础设置"中，选择"基础档案"|"其他"|"常用摘要"命令，打开"常用摘要"对话框。

步骤 3　单击"增加"按钮，输入摘要编码为 01、摘要内容为"从工行提现金"，选择相关科目为 1001，如图 4.31 所示。

（2）常用凭证

对于经常发生的业务，也可以设置凭证模板，预先把凭证类别、摘要、科目等要素存储起来——称为常用凭证。当业务发生时，直接调用常用凭证，再补充输入其他内容，如金额，就可以提高业务处理的规范化和业务处理效率。

4.3.2　账簿管理

企业发生的经济业务在经过制单、审核、记账等程序后，就形成了正式的账簿。账簿管理包括账簿的查询和打印。在用友 U8 中，账簿分为基本会计核算账簿和辅助核算账簿。

1. 基本会计核算账簿

基本会计核算账簿包括总账查询、发生额及余额表、明细账查询、多栏账查询、日记账查询、日报表查询等。

（1）总账查询

总账查询不但可以查询各总账科目的年初余额、各月发生额合计和月末余额，而且还可查询所有二至六级明细科目的年初余额、各月发生额合计和月末余额。

 案例 4-22　查询管理费用总账。

操作步骤

步骤 1　选择"财务会计"|"总账"|"账表"|"科目账"|"总账"选项，打开"总账查询条件"对话框。

步骤 2　在"科目"文本框中选择或输入 6602。

> ### 提醒
>
> ① 如果科目范围为空，系统默认查询所有的科目。
>
> ② 如果选中"包含未记账凭证"复选框，则未记账凭证的数据也包含在账簿资料中。
>
> ③ 单击"保存"按钮，可以把当前查询条件保存在"我的账簿"中。

步骤 3　单击“确定”按钮，显示三栏式总账，如图 4.32 所示。

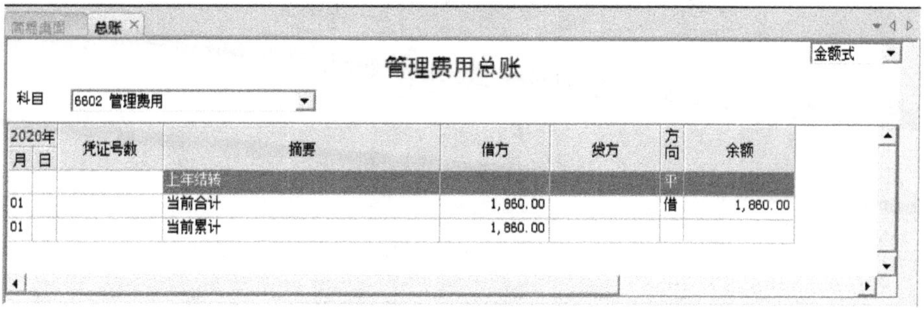

2020年 月	日	凭证号数	摘要	借方	贷方	方向	余额
			上年结转			平	
01			当前合计	1,860.00		借	1,860.00
01			当前累计	1,860.00			

图 4.32　管理费用总账

步骤 4　单击“明细”按钮，可查看管理费用科目的明细账。

提醒

① 如果所查询的科目设置了数量辅助核算，可以从“账页格式”下拉列表框中选择“数量金额式”，即可显示数量金额式总账。

② 如果所查询的科目设置了外币辅助核算，可以从“账页格式”下拉列表框中选择“外币金额式”，即可显示外币金额式总账。

(2) 发生额及余额表

总账是按照总账科目分页设账的，在查询一定范围或全部科目的发生额及余额时就会略显不便。发生额及余额表用于查询、统计各级科目的本月发生额、累计发生额和余额等，可输出某月或者某几个月的所有总账科目或明细科目的期初余额、本期发生额、累计发生额、期末余额。

提醒

在实行计算机记账后，建议采用发生额及余额表代替总账。

案例 4-23　查询包括未记账凭证和末级科目在内的发生额及余额表。

操作步骤

步骤 1　选择“财务会计”|“总账”|“账表”|“科目账”|“余额表”选项，打开“发生额及余额查询条件”对话框。

步骤 2　选中“末级科目”和“包含未记账凭证”复选框，如图 4.33 所示。

步骤 3　单击“确定”按钮，打开“发生额及余额表”对话框，如图 4.34 所示。

步骤 4　单击“累计”按钮，系统会自动增加显示累计发生额。将光标定位在设置了辅助核算的科目所在行，然后单击“专项”按钮，可打开该科目的辅助账。

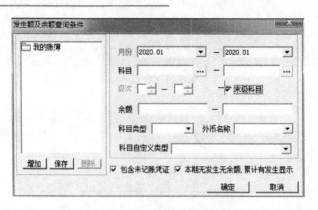

图 4.33　发生额及余额表查询条件

发生额及余额表

月份：2020.01-2020.01

科目编码	科目名称	期初余额		本期发生		期末余额	
		借方	贷方	借方	贷方	借方	贷方
1001	库存现金	9,349.00		22,140.00		31,489.00	
100201	工行人民币户	194,385.51		27,120.00	22,000.00	199,505.51	
100202	中行美元户	32,240.00		62,000.00		94,240.00	
1122	应收账款	36,160.00		1,356.00	27,120.00	10,396.00	
1221	其他应收款	2,000.00			2,000.00		
140301	硬盘	8,000.00		20,000.00		28,000.00	
1405	库存商品	406,000.00				406,000.00	
1601	固定资产	342,500.00				342,500.00	
1602	累计折旧		84,005.00				84,005.00
资产小计		1,030,634.51	84,005.00	132,616.00	51,120.00	1,112,130.51	84,005.00
2001	短期借款		300,000.00				300,000.00
2202	应付账款				22,600.00		22,600.00
22210101	进项税额			2,600.00		2,600.00	
22210102	销项税额				156.00		156.00
负债小计			300,000.00	2,600.00	22,756.00	2,600.00	322,756.00
4001	实收资本		500,000.00		62,000.00		562,000.00
410415	未分配利润		146,629.51				146,629.51
权益小计			646,629.51		62,000.00		708,629.51
6001	主营业务收入				1,200.00		1,200.00
660204	差旅费			1,860.00		1,860.00	
损益小计				1,860.00	1,200.00	1,860.00	1,200.00
合计		1,030,634.51	1,030,634.51	137,076.00	137,076.00	1,116,590.51	1,116,590.51

图 4.34　发生额及余额表

（3）明细账查询

明细账查询用于查询各明细账户的年初余额、各月发生额和月末余额等，在查询过程中可以包含未记账凭证。明细账包括 3 种账簿查询类型：普通明细账、按科目排序明细账和月份综合明细账。

① 普通明细账是按科目查询，按发生日期排序的明细账。

② 按科目排序明细账是按非末级科目查询、按其有发生额的末级科目排序的明细账。

③ 月份综合明细账是按非末级科目查询，包含非末级科目总账数据及末级科目明细数据的综合明细账。

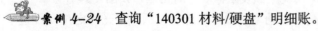 **案例 4-24**　查询"140301 材料/硬盘"明细账。

操作步骤

步骤 1　选择"财务会计"|"总账"|"账表"|"科目账"|"明细账"选项，打开"明

细账查询条件"对话框。

步骤 2　输入或选择科目为 140301，然后单击"确定"按钮。

步骤 3　从"账页格式"下拉列表框中选择"数量金额式"，可显示数量金额式明细账查询结果，如图 4.35 所示。

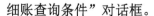

图 4.35　原材料明细账查询结果

（4）多栏账查询

多栏账查询用于查询多栏明细账。在查询多栏账之前，必须先定义多栏账栏目。进行多栏账栏目定义有两种定义方式，即自动编制栏目和手动编制栏目。一般先进行自动编制再进行手动调整，以提高效率。

 案例 4-25　查询"6602 管理费用"多栏账。

操作步骤

步骤 1　选择"财务会计"|"总账"|"账表"|"科目账"|"多栏账"选项，打开"多栏账"对话框。

步骤 2　单击"增加"按钮，打开"多栏账定义"对话框。

步骤 3　从"核算科目"下拉列表框中选择"6602 管理费用"。然后单击"自动编制"按钮，系统自动把管理费用下的明细科目作为多栏账的下级栏目，如图 4.36 所示。

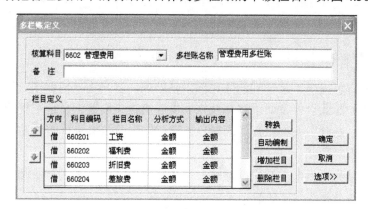

图 4.36　管理费用多栏账定义

步骤 4　单击"确定"按钮，返回"多栏账定义"对话框。

步骤 5　单击"查询"按钮，打开"多栏账查询"对话框。

步骤 6　单击"确定"按钮，系统显示管理费用多栏账查询结果，如图 4.37 所示。

多栏账

多栏	管理费用多栏账								月份: 2020.01-2020.01		
2020年		凭证号数	摘要	借方	贷方	方向	余额	借方			
月	日							工资	福利费	折旧费	差旅费	招待费
01	05	收-0001	报销差旅费	1,860.00		借	1,860.00				1,860.00
01			当前合计	1,860.00		借	1,860.00				1,860.00
01			当前累计	1,860.00		借	1,860.00				1,860.00

图 4.37　管理费用多栏账查询结果

知识点

综合多栏账的意义

综合多栏账是在原多栏账的基础上新增一个账簿查询方式形成的。它除了可以以科目为分析栏目查询明细账，还可以以辅助项及自定义项为分析栏目查询明细账，并可完成多组借贷栏目在同一账表中的查询。其目的主要是完成产品销售、库存、成本明细账的横向联合查询，并提供简单的计算功能，以方便用户对产品进销存状况进行及时了解。

（5）日记账查询

日记账查询主要用于查询除现金日记账、银行日记账以外的其他日记账。现金日记账、银行日记账在现金管理中查询。

（6）日报表查询

日报表查询用于查询输出某日所有科目的发生额及余额情况（不包括现金、银行存款科目）。

此外，系统还提供与现金流量有关的报表查询。

2.　辅助核算账簿

辅助核算账簿包括个人往来辅助账、部门辅助账、客户往来辅助账、供应商往来辅助账、项目辅助账。除此以外，如果客户往来及供应商往来设置为在总账管理子系统核算，那么在总账管理子系统中还可以查询到客户往来和供应商往来科目的情况。

（1）个人往来辅助账

个人往来辅助账提供个人往来余额表、个人往来明细账、个人往来清理、个人往来催款和个人往来账龄分析等主要账表。

案例 4-26　查询采购部马云个人往来记录情况。

操作步骤

步骤 1　选择"财务会计"|"总账"|"账表"|"个人往来账"|"个人往来清理"选项，打开"个人往来两清条件"对话框。

步骤 2　选择个人为"马云"，选中"显示已两清"复选框。然后单击"确定"按钮，打开"个人往来两清"对话框。

步骤 3　单击"勾对"按钮，系统进行勾对，完成后打开"自动勾对结果"对话框。

步骤 4　单击"取消"按钮，系统将在自动勾对上的记录的"两清"栏打上两清标记"○"，如图 4.38 所示。

图 4.38　个人往来两清

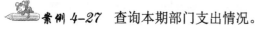**提醒**

① 两清表示往来业务已结清。

② 勾对是对已结清的业务打上两清标记。

（2）部门辅助账

部门辅助账提供部门总账、部门明细账、部门收支分析等主要账表。

案例 4-27　查询本期部门支出情况。

操作步骤

步骤 1　选择"财务会计"|"总账"|"账表"|"部门辅助账"|"部门收支分析"选项，打开"部门收支分析条件"对话框。

步骤 2　单击 ≫ 按扭选择所有科目，然后单击"下一步"按钮。

步骤 3　单击 ≫ 按扭选择所有部门，然后单击"下一步"按钮。

步骤 4　选择起止月份均为"2020.01"，然后单击"完成"按钮，打开"部门收支分析"对话框。

步骤 5　单击"过滤"按钮，打开"过滤条件"对话框。选中"借方"单选按钮，然后单击"确定"按钮。"部门收支分析"对话框只显示本期各部门的支出情况，如图 4.39 所示。

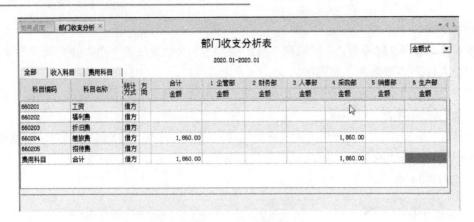

图 4.39 部门收支分析表

（3）客户往来辅助账

客户往来辅助账中提供客户往来余额表、客户往来明细账、客户往来两清、客户往来借款单、客户往来账龄分析等。

案例 4-28 查询客户"博泰"往来两清情况。

操作步骤

步骤 1 选择"财务会计"|"总账"|"账表"|"客户往来辅助账"|"客户往来两清"选项，打开"客户往来两清"对话框。

步骤 2 选择科目为"1122 应收账款"、客户为"002 博泰"。然后单击"确定"按钮，打开"客户往来两清"对话框，如图 4.40 所示。

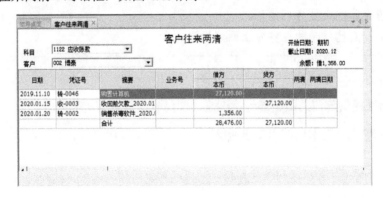

图 4.40 客户往来两清

步骤 3 单击"自动"按钮，系统进行勾对，并自动删除已两清的记录。

（4）供应商往来辅助账

供应商往来辅助账中提供供应商往来余额表、供应商往来明细账、供应商往来两清、供应商往来对账单、供应商往来账龄分析等。

（5）项目辅助账

项目辅助账主要用于生产成本、在建工程等业务的核算，以项目为中心为用户提供各项目的成本、费用、收入、往来等汇总与明细情况及项目计划执行报告等。针对不同的企业类型，项目的概念有所不同，项目辅助账可以是科研课题、专项工程、产成品成本、旅游团队、合同、订单等。

项目辅助账是应用最为灵活的一种辅助核算。利用项目管理，可以轻松实现按项目归集收入、成本（费用）的管理目标。项目辅助账包括：设置项目、按项目归集成本和费用、项目辅助账查询等；项目总账、项目明细账和项目统计分析。

4.3.3 出纳管理

出纳管理是总账管理子系统为出纳人员提供的一套管理工具，主要包括现金日记账和银行日记账管理、银行对账及支票登记簿，并可对银行长期未达账提供审计报告。

1. 日记账管理

日记账管理提供对现金日记账、银行日记账和资金日报表的查询。

（1）查询日记账

查询日记账包括对现金日记账和银行日记账的查询。

案例 4-29 查询神州科技 2020 年 1 月的银行日记账。

操作步骤

步骤 1 以 cw03 张欣的身份登录用友 U8，登录日期为“2020-01-31”。

步骤 2 选择“财务会计”|“总账”|“出纳”|“银行日记账”选项，打开“银行日记账查询条件”对话框。

步骤 3 选择科目为“1002 银行存款”，单击“确定”按钮，打开“银行日记账”对话框，如图 4.41 所示。

银行日记账　　金额式

科目 1002 银行存款　　月份：2020.01-2020.01

2020年 月	日	凭证号数	摘要	结算号	对方科目	借方	贷方	方向	余额
			上年结转					借	226,625.51
01	03	付-0001	从工行提现金_201_XJ5680_2020.01.03	现金支票-XJ5680	1001		22,000.00	借	204,625.51
01	03		本日合计				22,000.00	借	204,625.51
01	08	收-0002	收投资款_3_2020.01.08	电汇	4001	62,000.00		借	266,625.51
01	08		本日合计			62,000.00		借	266,625.51
01	15	收-0003	收回前欠款_202_3121_2020.01.15	转账支票-3121	1122	27,120.00		借	293,745.51
01	15		本日合计			27,120.00		借	293,745.51
01			当前合计			89,120.00	22,000.00	借	293,745.51
01			当前累计			89,120.00	22,000.00	借	293,745.51

图 4.41 银行日记账

提醒

如果本月尚未结账，银行日记账最下面两行显示“当前合计”“当前累计”字样；如果本月已经结账，则显示“本月合计”“本年累计”字样。

（2）查询日报表

资金日报表是反映现金、银行存款日发生额及余额情况的报表。在手工方式下，资金日报表由出纳员逐日填写，反映当日营业终了时现金、银行存款的收支情况及余额；在信息化方式下，资金日报表主要用于查询、输出或打印资金日报表，提供当日借、贷金额合计和余额，以及发生的业务量等信息。

 案例 4-30 查询神州科技 2020 年 1 月 8 日资金日报。

操作步骤

步骤 1　选择"财务会计"|"总账"|"出纳"|"资金日报"选项，打开"资金日报表查询条件"对话框。

步骤 2　选择日期为"2020.01.08"，单击"确定"按钮，打开"资金日报表"对话框，如图 4.42 所示。

资金日报表

日期:2020.01.08

科目编码	科目名称	币种	今日共借	今日共贷	方向	今日余额	借方笔数	贷方笔数
1002	银行存款		62,000.00		借	266,625.51	1	
合计			62,000.00		借	266,625.51	1	
		美元	10,000.00		借	15,200.00	1	

图 4.42　资金日报表

步骤 3　单击"日报"按钮，显示当前科目的日报单。

2. 银行对账

银行对账是出纳管理的一项很重要的工作，此项工作通常在期末进行。银行对账的目的是准确掌握银行存款的余额。银行对账主要包括以下业务。

（1）输入银行对账期初数据

通常许多企业在使用总账管理子系统时，先不使用银行对账功能。例如，某企业 2020 年 1 月开始使用总账管理子系统，而银行对账功能是在 5 月份开始使用的，那么银行对账就应该有一个启用日期（启用日期应为使用银行对账功能前最后一次手工对账的截止日期），并在此输入最后一次对账企业方与银行方的调整前余额，以及启用日期之前的单位日记账和银行对账单的未达账项。

 案例 4-31 神州科技从 2020 年 1 月 1 日启用银行对账。单位日记账工行人民币户调整前余额为 194 385.51 元，未达账项一笔，为 2019 年 12 月 28 日发生的企业已收银行未收 20 000 元；银行对账单调整前余额为 174 385.51 元，没有未达账项。

操作步骤

步骤 1　选择"财务会计"|"总账"|"出纳"|"银行对账"|"银行对账期初录入"选项，打开"银行科目选择"对话框。

步骤 2　选择"工行人民币户（100201）"科目，然后单击"确定"按钮，打开"银行对账期初"对话框。

步骤 3　输入单位日记账的调整前余额为 194 385.51、银行对账单的调整前余额为 174 385.51。

步骤 4　单击"日记账期初未达项"按钮，打开"企业方期初"窗口。

步骤 5　单击"增加"按钮，输入凭证日期为"2019.12.28"、借方金额为 20 000。然后单击"保存"按钮。

步骤 6　单击"退出"按钮，返回"银行对账期初"对话框。调整后余额平衡，如图 4.43 所示。

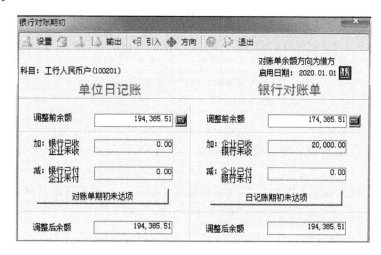

图 4.43　银行对账期初

 提醒

期初数据输入完成后，不要再随意调整银行对账的启用日期。

（2）输入银行对账单

要实现计算机自动对账，在每月月末对账前须将银行开出的银行对账单输入计算机中。

案例 4-32　2020 年 1 月末取得银行对账单，如表 4.2 所示。

表 4.2　银行对账单

元

日　期	结算方式	票　号	借方金额	贷方金额
2020.01.03	现金支票	XJ5680		22 000
2020.01.16	转账支票	3121	27 120	
2020.01.22	转账支票	5557	9 980	

操作步骤

步骤 1　选择"财务会计"|"总账"|"出纳"|"银行对账"|"银行对账单"选项，打开"银行科目选择"对话框。

步骤 2　选择科目为"工行人民币户（100201）"科目，然后单击"确定"按钮，打开"银行对账单"对话框。

步骤 3　单击"增加"按钮，按表 4.2 所示内容输入各项记录，如图 4.44 所示。

步骤 4　单击"保存"按钮，再单击"退出"按钮。

科目：工行人民币户(100201)				银行对账单		对账单账面余额:189,485.51
日期	结算方式	票号	借方金额	贷方金额	余额	
2020.01.03	201	XJ5680		22,000.00	152,385.51	
2020.01.16	202	3121	27,120.00		179,505.51	
2020.01.22	202	5557	9,980.00		189,485.51	

□ 已勾对　□ 未勾对

图 4.44　银行对账单

𝒊提醒

① 银行对账单期初余额已输入在银行对账期初中，此处只输入日常发生的业务数据。

② 只需要输入每笔业务的借方金额或贷方金额，系统就会自动计算余额。

（3）进行银行对账

银行对账采用自动对账与手工对账相结合的方式。

① 自动对账就是由计算机根据对账依据将银行日记账未达账项与银行对账单进行自动核对、勾销。对账依据通常是"结算方式+结算号+方向+金额"或"方向+金额"。对于已核对上的银行业务，系统将自动在银行存款日记账和银行对账单双方标上两清标志，并视为已达账项；否则，视其为未达账项。由于自动对账是以银行存款日记账和银行对账单双方对账依据完全相同为条件，所以为了保证自动对账的正确和彻底，必须保证对账数据的规范合理。

② 手工对账是对自动对账的补充。采用自动对账后，可能还有一些特殊的已达账没有对出来，而被视为未达账项，为了保证对账更彻底正确，可通过手工对账进行勾销调整。

案例 4-33　先利用自动对账功能进行自动对账，再进行手工对账。

操作步骤

步骤 1　选择"财务会计"|"总账"|"出纳"|"银行对账"|"银行对账"选项，打开"银行科目选择"对话框。

步骤 2　选择科目为"工行人民币户（100201）"，系统默认选中"显示

视频演示

已达账"复选框。然后单击"确定"按钮,打开"银行对账"对话框,如图 4.45 所示。

图 4.45　银行对账——未对账前

步骤 3　单击"对账"按钮,打开"自动对账"对话框。

步骤 4　选择截止日期为"2020-01-31","方向相同,金额相同"为默认必选条件。默认保留系统对账条件,如图 4.46 所示。

步骤 5　单击"确定"按钮,系统进行自动对账,并显示自动对账的结果,如图 4.47 所示。

步骤 6　根据实际情况对自动对账结果进行手工更改。

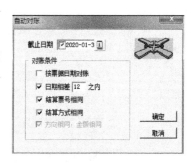

图 4.46　自动对账条件设置

图 4.47　银行对账的结果

提醒

① 系统自动对账的结果是在已达账项的"两清"栏打上"〇"标志。
② 手工对账的结果是在已达账项的"两清"栏打上"Y"标志。

(4)余额调节表的查询输出

在对银行账进行两清勾对后,计算机自动整理汇总未达账项和已达账项,生成银行存款余额调节表,以检查对账是否正确。该银行存款余额调节表为截止到对账截止日期的余额调节表,如果无对账截止日期,则为最新余额调节表。如果银行存款余额调节表显示账面余额不平，应检查“银行对账期初录入”对话框中的相关项目是否平衡，“银行对账单”对话框中的输入是否正确，“银行对账”对话框中的勾对是否正确、对账是否平衡。如果不正确，应进行调整。

案例 4-34 生成银行存款余额调节表。

操作步骤

步骤 1　选择“财务会计”|“总账”|“出纳”|“银行对账”|“余额调节表查询”选项，打开“银行存款余额调节表”对话框。

步骤 2　单击“查看”按钮，可查看详细的银行存款余额调节表，如图 4.48 所示。

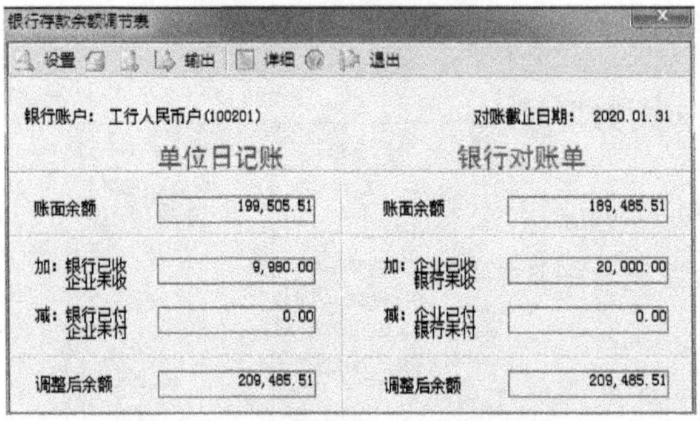

图 4.48　详细的银行存款余额调节表

（5）对账结果查询

对账结果查询主要用于查询单位日记账和银行对账单的对账结果。它是对余额调节表的补充，可进一步了解对账后对账单上勾对的明细情况（包括已达账项和未达账项），从而进一步查询对账结果。检查无误后，可通过核销银行账来核销已达账。

银行对账不平时，不能使用核销功能。核销不影响银行日记账的查询和打印。核销错误时可以进行反核销。

案例 4-35 查询银行对账的勾对情况。

操作步骤

步骤 1　选择“财务会计”|“总账”|“出纳”|“银行对账”|“查询对账勾对情况”选项，打开“银行科目选择”对话框。

步骤 2　选择科目为“工行人民币户（100201）”，选中“全部显示”单选按钮，然后单击“确定”按钮，打开“查询银行勾对情况”对话框，如图 4.49 所示。

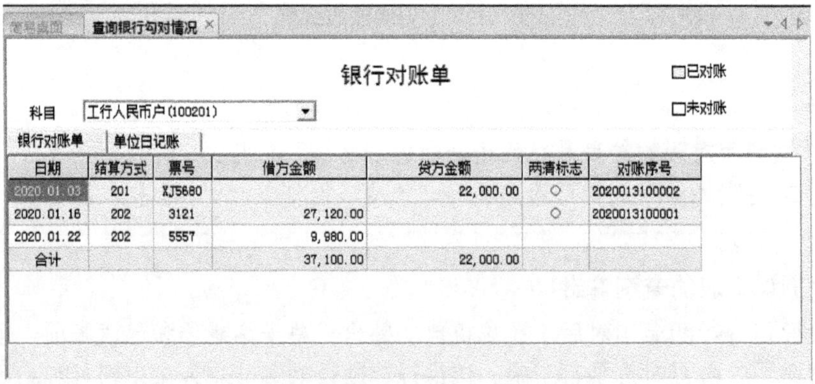

日期	结算方式	票号	借方金额	贷方金额	两清标志	对账序号
2020.01.03	201	XJ5680		22,000.00	○	2020013100002
2020.01.16	202	3121	27,120.00		○	2020013100001
2020.01.22	202	5557	9,980.00			
合计			37,100.00	22,000.00		

图 4.49　查询银行勾对情况

（6）核销银行账

核销银行账用于将核对正确并确认无误的已达账删除。对于一般用户来说，在银行对账正确后，如果想将已达账删除并只保留未达账时，可使用本功能。

案例 4-36　核销已达账。

操作步骤

步骤 1　选择"财务会计"|"总账"|"出纳"|"银行对账"|"核销银行账"选项，打开"核销银行账"对话框。

步骤 2　选择科目为"工行人民币户（100201）"，单击"确定"按钮，系统弹出"您是否确实要进行银行账核销？"信息提示框。

步骤 3　单击"是"按钮，系统弹出"银行账核销完毕！"信息提示框。单击"确定"按钮返回。

提醒

① 如果银行对账不平衡，则不要使用本功能，否则将造成以后对账错误。

② 本功能不影响银行日记账的查询和打印。

③ 按 Alt+U 组合键可以进行反核销。

（7）长期未达账项的审计

长期未达账项的审计用于查询至截止日期为止未达账天数超过一定天数的银行未达账项，以便企业分析长期未达账原因，避免资金损失。

案例 4-37　进行未达账项的审计。

操作步骤

步骤 1　选择"财务会计"|"总账"|"出纳"|"长期未达账审计"选项，打开"长期未达账审计条件"对话框。

步骤 2　输入截止日期为"2020-01-31"、至截止日期未达天数超过 10 天，然后单击"确定"按钮，进入"长期未达审计"对话框。

3. 支票登记簿

在手工环境下，企业通常设有支票登记簿，用来登记支票领用情况；在用友 U8 中，也提供了支票登记簿功能，供详细登记支票领用人、领用日期、支票用途、是否报销等情况。

使用支票登记簿时，要注意以下几点。

① 只有在会计科目中设置了银行账辅助核算的科目才能使用支票登记簿。

② 只有在总账管理子系统的选项设置中选中"支票控制"复选框，才能选择登记银行科目。

③ 领用支票时，银行出纳员必须使用支票登记功能据实登记领用日期、领用部门、领用人、支票号、备注等。

④ 支票支出后，经办人持原始单据（发票）报销，会计人员据此填制记账凭证。在输入该凭证时，系统要求输入该支票的结算方式和支票号。填制完成该凭证后，系统自动在支票登记簿中将支票写上报销日期，该号支票即为已报销。对报销的支票，系统用不同的颜色区分。

⑤ 支票登记簿中的“报销日期”栏一般是由系统自动填写的。但对于有些已报销而由于人为原因造成系统未能自动填写报销日期的支票，可进行手工输入。

⑥ 已报销的支票不能进行修改。可以取消报销标志，再行修改。

在实际应用中，如果要求领用人亲笔签字，则最好不使用支票登记簿，否则会增加输入的工作量。

案例 4-38 2020 年 1 月 25 日，采购部马云申请转账支票一张，票号为 6897、限额为 15 000 元，用于购买硬盘。

操作步骤

步骤 1 选择“财务会计”|“总账”|“出纳”|“支票登记簿”选项，打开“银行科目选择”对话框。

步骤 2 选择科目为“100201 工行人民币户”，然后单击“确定”按钮，打开“支票登记簿”对话框。

步骤 3 单击“增加”按钮，输入领用日期为“2020.01.25”、领用部门为“采购部”、领用人为“马云”、支票号为 6897、预计金额为 15 000、用途为“购置硬盘”，如图 4.50 所示。然后单击“保存”按钮。

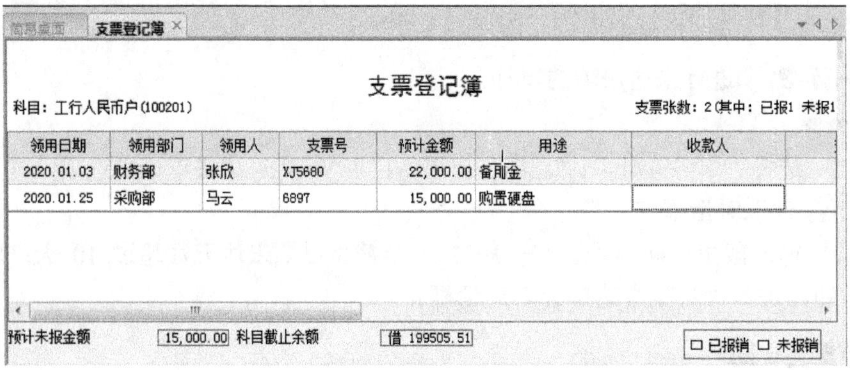

领用日期	领用部门	领用人	支票号	预计金额	用途	收款人
2020.01.03	财务部	张欣	XJ5680	22,000.00	备用金	
2020.01.25	采购部	马云	6897	15,000.00	购置硬盘	

图 4.50 支票登记簿

任务 4.4 总账管理子系统期末处理实务

每个会计期末会计人员都需要完成一些特定的工作，主要包括期末转账处理、试算平衡、对账、结账等。与日常业务相比，期末处理的业务数量不多，但种类繁杂且时间紧迫。在信息化环境下，由于各会计期间的许多期末处理业务具有较强的规律性，且方法很少改变，如费用计提、分摊的方法等，由计算机来处理这些有规律的业务，不但节省会计人员的工作量，也可以加强财务核算的规范化。

4.4.1　转账的概念

转账分为外部转账和内部转账：外部转账是指将其他专项核算子系统生成的凭证转入总账管理子系统中——外部转账一般由系统自动完成；内部转账是指在总账管理子系统内部把某个或某几个会计科目中的余额或者本期发生额结转到一个或多个会计科目中。

转账定义是把凭证的摘要、会计科目、借贷方向及金额的计算公式预先设置成凭证模板——称为自动转账分录，待需要转账时调用相应的自动转账分录生成凭证即可。

自动转账分录可以分为独立自动转账分录和相关自动转账分录：独立自动转账分录要转账的业务数据与本月其他经济业务无关，如按短期借款期初余额计提本期应负担的短期借款利息；相关自动转账分录要转账的业务数据与本月其他经济业务相关，如结转生产成本前应完成制造费用的结转。

系统提供 5 种类型的转账定义：自定义转账、对应结转、销售成本结转、汇兑损益结转、期间损益结转。

1. 自定义转账

自定义转账是适用范围最大的一种转账方式，可以完成的转账业务主要有以下 5 种。

① 费用分配的结转，如工资分配等。

② 费用分摊的结转，如制造费用等。

③ 税金计算的结转，如增值税等。

④ 提取各项费用的结转，如提取福利费等。

⑤ 各项辅助核算的结转。

案例 4-39　自定义凭证：计提短期借款利息（年利率 8%）。其会计分录如下。

借：财务费用（6603）　　　　　　JG( )

　　贷：应付利息 （2231）　　短期借款（2001）科目的期初余额×0.08/12

操作步骤

步骤 1　以会计 cw02 韩维维的身份登录企业应用平台，登录日期为 2020-01-31。

步骤 2　选择"财务会计"|"总账"|"期末"|"转账定义"|"自定义转账"选项，打开"自定义转账设置"对话框。

步骤 3　单击"增加"按钮，打开"转账目录"对话框。

步骤 4　输入转账序号为 0001、转账说明为"计提短期借款利息"，选择凭证类别为"转 转账凭证"，如图 4.51 所示。

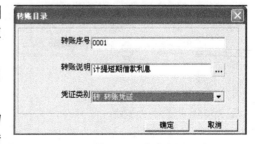

图 4.51　转账目录

i 提醒

转账序号不是凭证号，只是该张转账凭证的代号。转账凭证的凭证号在每月转账时自动产生。一张转账凭证对应一个转账编号，转账编号可任意定义，但只能输入数字1至9，且不能重号。

步骤5　单击"确定"按钮，继续定义转账凭证分录信息。

步骤6　单击"增行"按钮，确定分录的借方信息。选择科目编码为6603、方向为"借"，输入金额公式为"JG()"，如图4.52所示。

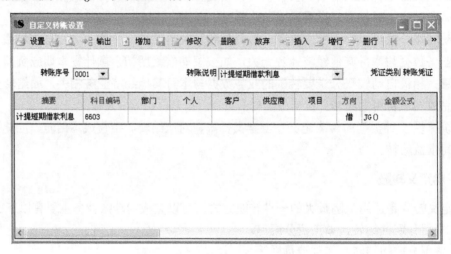

图4.52　定义转账分录借方信息

i 提醒

① 输入转账计算公式有两种方法：一是直接输入计算公式；二是用引导方式输入公式。

② JG()含义为取对方科目计算结果。其中的"()"必须为英文符号，否则系统会提示"金额公式不合法：未知函数名"。

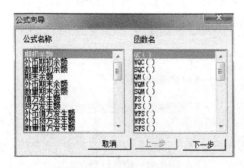

图4.53　选择函数

步骤7　单击"增行"按钮，确定分录的贷方信息。选择科目编码为 2231、方向为"贷"；在"金额公式"栏单击"参照"按钮，打开"公式向导"对话框，选择"期初余额""QC()"，如图4.53所示。

步骤8　单击"下一步"按钮，选择科目为2001。

步骤9　单击"完成"按钮，返回"金额公式"栏。继续输入"*0.08/12"，如图4.54所示。

步骤10　单击"保存"按钮，完成转账凭证定义。

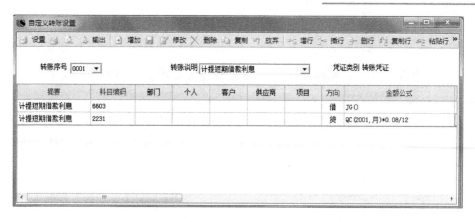

图 4.54 定义完成转账分录的贷方信息

2. 对应结转

对应结转不仅可进行两个科目的一对一结转，还可以进行科目的一对多结转。对应结转的科目可以为上级科目，但其下级科目的科目结构必须与其一致，即具有相同的明细科目。如果涉及辅助核算，则对应结转的两个科目的辅助账类也必须一一对应。

本功能只能结转期末余额，如果要结转发生额，就必须在自定义结转中设置。

3. 销售成本结转

销售成本结转主要用来辅助没有启用购销存管理子系统的企业完成销售成本的计算和结转。其原理是将月末商品销售数量（根据主营业务收入数量确定）乘以库存商品的平均单价，计算各种产品的销售成本，然后从库存商品的贷方转入主营业务成本的借方。在进行销售成本结转时，库存商品、主营业务收入和主营业务成本 3 个科目必须设有数量辅助核算，且这 3 个科目的下级科目必须一一对应。

4. 汇兑损益结转

汇兑损益结转用于期末自动计算外币账户的汇兑损益，并在转账生成中自动生成汇兑损益转账凭证。汇兑损益只处理以下外币账户：外汇存款账户；外币现金账户；外币结算的各项债权、债务类账户，不包括所有者权益类账户、成本类账户和损益类账户。

为了保证汇兑损益计算正确，输入某月的汇兑损益凭证时必须将本月的所有未记账凭证先记账。

汇兑损益入账科目不能是辅助账科目或有数量外币核算的科目。

5. 期间损益结转

期间损益结转用于在一个会计期间终了时将损益类科目的余额结转到本年利润科目中，从而及时反映企业利润的盈亏情况。期间损益结转主要是损益类科目的结转。

案例 4-40 定义期间损益结转凭证。

操作步骤

步骤 1 选择"财务会计"|"总账"|"期末"|"转账定义"|"期间损益"选项，打开

"期间损益结转设置"对话框。

步骤 2 选择凭证类别为"转 转账凭证"、本年利润科目为 4103，如图 4.55 所示。

图 4.55 定义期间损益结转凭证

步骤 3 单击"确定"按钮。

 提醒

① 如果损益科目与本年利润科目都有辅助核算，则辅助账类必须相同。

② 损益科目结转表中的本年利润科目必须为末级科目，且为本年利润入账科目的下级科目。

4.4.2 转账生成

定义完转账凭证后，每月月末只须使用转账生成功能即可由计算机快速生成转账凭证。在此生成的转账凭证将自动追加到未记账凭证中去，通过审核、记账后才能真正完成结转工作。

由于转账凭证中定义的公式基本上取自账簿，因此在进行月末转账之前，必须将所有未记账凭证全部记账，否则生成的转账凭证中的数据可能不准确。特别是对于一组相关转账分录，必须按顺序依次进行转账生成、审核、记账。

案例 4-41 生成计提短期借款利息自定义转账凭证。

操作步骤

步骤 1 选择"财务会计"|"总账"|"期末"|"转账生成"选项，打开"转账生成"对话框。

步骤 2 选中 "自定义转账" 单选按钮, 单击 "全选" 按钮, 如图 4.56 所示。

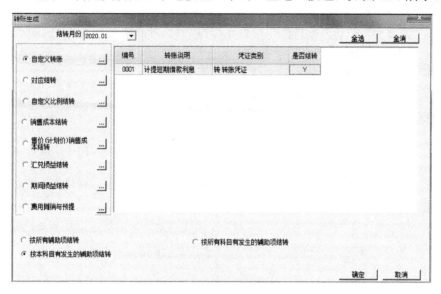

图 4.56 转账生成

步骤 3 单击 "确定" 按钮, 系统生成转账凭证。

步骤 4 单击 "保存" 按钮, 系统自动将当前凭证追加到未记账凭证中, 凭证左上角出现 "已生成" 标志, 如图 4.57 所示。

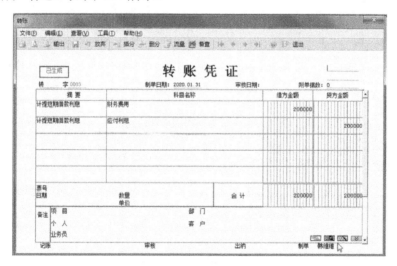

图 4.57 生成的自定义转账凭证

 提醒

结转月份必须为当前会计月。

生成的凭证为未记账凭证, 需要经过审核、记账才能进行期间损益结转。

提醒

单击"重注册"按钮，更换操作员为 cw01冯涛，对刚转账生成的凭证进行审核、记账处理，以保证期间损益科目数据的完整性。

案例 4-42 生成期间损益结转凭证。

操作步骤

步骤 1 选择"财务会计"|"总账"|"期末"|"转账生成"选项，打开"转账生成"对话框。

步骤 2 选中"期间损益结转"单选按钮，单击"全选"按钮，再单击"确定"按钮，生成转账凭证。

步骤 3 单击"保存"按钮，如图 4.58 所示。系统自动将当前凭证追加到未记账凭证中。

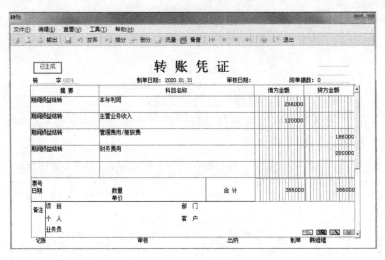

图 4.58 生成的期间损益结转凭证

提醒

单击"重注册"按钮，更换操作员为 cw01冯涛，对刚转账生成的凭证进行审核、记账处理，以保证数据的完整性。

4.4.3 对账

对账是对账簿数据进行核对，以检查记账是否正确，以及账簿是否平衡。它主要是通过核对总账与明细账、总账与辅助账数据来完成账账核对。

试算平衡就是将系统中设置的所有科目的期末余额按会计平衡公式"借方余额=贷方余额"进行平衡检验，并输出科目余额表及是否平衡的信息。

一般来说，实行计算机记账后，只要记账凭证输入正确，计算机自动记账后各种账簿都应是正确、平衡的。但由于非法操作、计算机病毒或其他原因，有时可能会造成某些数据被破坏，从而引起账账不符，因此为了保证账证相符、账账相符，应经常使用本功能进行对账，至少一个月一次。对账一般可在月末结账前进行。

案例 4-43 对 2020 年 1 月份业务进行对账。

操作步骤

步骤 1 选择"财务会计"|"总账"|"期末"|"对账"选项，打开"对账"对话框。

步骤 2 将光标定位在要进行对账的月份"2020.01"，单击"选择"按钮。

步骤 3 单击"对账"按钮，开始自动对账，并显示对账结果是否正确，如图 4.59 所示。

图 4.59 对账

步骤 4 单击"试算"按钮，可以对各科目类别余额进行试算平衡。

4.4.4 结账

每月月底都要进行结账处理。结账实际上就是计算和结转各账簿的本期发生额与期末余额，并终止本期的账务处理工作。

每月只能结账一次。结账完成后不能再进行本月业务处理，科目期末余额自动转到下个会计期间作为期初余额。

1. 结账前的工作

在结账之前要做以下检查。

① 检查本月业务是否全部记账，有未记账凭证时不能结账。

② 月末结转必须全部生成并记账，否则本月不能结账。

③ 检查上月是否已结账，如果上月未结账，则本月不能记账。

④ 核对总账与明细账、主体账与辅助账、总账管理子系统与其他子系统的数据是否已一致，不一致时不能结账。

⑤ 损益类账户是否全部结转完毕，未结转完毕本月不能结账。

⑥ 如果与其他子系统联合使用，其他子系统是否已结账。如果没有，则本月不能结账。

2. 结账与反结账

结账前系统自动进行数据备份，结账处理就是计算本月各账户发生额合计和本月账户期末余额并将余额结转到下月作为下月月初余额。结账完成后不得再输入本月的凭证。

案例 4-44 对 2020 年 1 月的业务进行结账处理。

操作步骤

步骤 1　选择"财务会计"|"总账"|"期末"|"结账"选项，打开"结账——开始结账"对话框。

步骤 2　单击要结账月份"2020.01"，再单击"下一步"按钮，打开"结账——核对账簿"对话框。

步骤 3　单击"对账"按钮，系统对要结账的月份进行账账核对。对账结束，显示"对账完毕"。

步骤 4　单击"下一步"按钮，系统显示"2020 年 01 月工作报告"，如图 4.60 所示。

视频演示

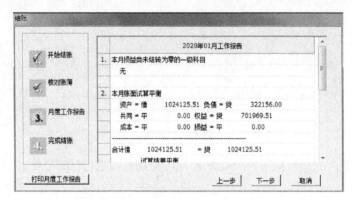

图 4.60　结账——月度工作报告

步骤 5　查看工作报告后，单击"下一步"按钮。然后单击"结账"按钮，如果符合结账要求，系统将进行结账，否则不予结账。结账后，在"是否结账"一栏打上"Y"标记。

如果结账以后发现本月还有未处理的业务或其他情况，可以进行反结账，取消本月的结账标记。然后进行修正，再进行结账工作。

案例 4-45 对 2020 年 1 月的业务进行反结账处理。

操作步骤

步骤 1　以账套主管的身份选择"财务会计"|"总账"|"期末"|"结账"选项，打开"结账——开始结账"对话框。

步骤 2　按下 Ctr+Shift+F6 组合键，系统弹出"确认口令"对话框。

步骤 3　输入主管口令 111111，单击"确定"按钮，系统进行反结账处理，2020 年 1 月份的是否结账标志"Y"取消。

一、思考题

1. 解释凭证选项中"制单序时控制"的含义是什么。

2. 如果企业 2020 年 5 月启用总账管理子系统，需要准备哪些期初数据？

3. 如果中行美元户设置了美元辅助核算，输入余额时应注意哪些问题？

4. 如果在输入期初余额时发现会计科目错误，应该如何处理？

5. 如果期初余额试算不平，可以开始输入 1 月份的凭证吗？

6. 如果凭证采用自动编号方式，举例说明凭证的编号规则是什么。

7. 如果凭证中用到设置了辅助核算的科目，不同的辅助核算需要输入哪些不同的辅助内容？

8. 在填制凭证界面，能联查到哪些相关信息？

9. 修改未记账凭证有什么条件吗？如何修改已记账凭证？

10. 什么情况下会用到红字冲销法冲销凭证？

11. 已审核凭证还能修改吗？

12. 能否无痕迹删除凭证？如何删除？

13. 如果你是出纳，在总账管理子系统中经常要使用哪些功能？

14. 凭证审核有哪些要求？

15. 每月只能记一次账吗？如果记账过程中异常断电，数据是否会丢失？

16. 何时会用到反记账？如何进行反记账处理？

17. 能查询到现金日记账的前提条件是什么？

18. 如何进行自定义结转？

19. 利用自动转账生成的凭证已经自动记账了吗？

20. 结账是否必须逐月进行？是否可以反结账？

二、操作题

1. 完成《会计信息化实训》（用友 U8 V10.1）中的"实验三 总账管理子系统初始化设置"。

2. 完成《会计信息化实训》（用友 U8 V10.1）中的"实验四 总账管理子系统日常业务处理"。

3. 完成《会计信息化实训》（用友 U8 V10.1）中的"实验五 总账管理子系统期末处理"。

项目 5

编制财务报表

知识目标

1. 了解财务报表子系统的主要功能。
2. 认知报表格式设计的主要工作。
3. 认知报表数据处理的主要工作。
4. 掌握自定义报表的基本工作流程。
5. 理解报表模板的作用。
6. 识别常用报表公式的含义。

技能目标

1. 掌握自定义报表的基本操作。
2. 学会利用报表模板生成资产负债表、利润表。
3. 掌握常用报表公式的定义方式。

　　会计作为一个以提供财务信息为主的管理信息系统，目的是向企业内外的信息使用者提供相关会计信息，表现形式为财务报告及各类管理报表。会计信息使用者可以分为国家宏观管理部门、企业的投资者和债权人、企业的管理者、职工及其他与企业有相关利益关系的群体。不同的会计信息使用者对会计信息的关注重点是有区别的。对外部信息使用者来说，企业必须于每个会计期末编制并在规定时间内上报 3 张报表：反映企业特定时点财务状况的资产负债表、反映企业特定会计期间经营成果的利润表和反映企业特定会计期间现金流动情况的现金流量表。这 3 张报表也称为基本财务报表。对于企业管理者来说，以上报表所提供的会计信息是远远不能满足其管理分析需求的，他们往往需要了解每一个业务部门、每一项业务活动、每一位员工、每一个产品对企业总体的价值贡献。这就需要编制各种形式的内部管理报表。

任务 5.1　财务报表子系统认知

5.1.1　财务报表子系统的基本功能

　　UFO报表是用友U8中的一个子系统(以下称财务报表子系统)。与通用电子表格软件,如 Excel 相比，财务报表子系统能轻松实现与总账管理子系统及其他业务管理子系统的对接，即数据共享和集成。虽然报表中的数据可以从总账管理子系统及其他业务管理子系统中获得，但并不意味着财务报表子系统能自动提供所需要的报表。准确地说，财务报表子系统只提供了制作报表的工具及一些常见的模板，需要使用者利用这套工具，设计并制作出符合不同群体要求的报表。

财务报表子系统的基本功能就是按需求设计报表的格式、编制并输出报表，并对报表进行审核、汇总，挖掘数据的价值，以生成各种分析图表。财务报表子系统的功能可分为以下几项。

1. 文件管理功能

财务报表子系统中提供了各类文件的管理功能。除能完成一般的文件管理外，财务报表子系统的数据文件还能够转换为不同的文件格式，如文本文件、MDB 文件、XLS 文件等。此外，通过财务报表子系统提供的导入和导出功能，可以实现与其他流行财务软件的数据交换。

2. 格式设计功能

财务报表子系统提供的格式设计功能包括设置报表尺寸、组合单元格、画表格线、调整行高列宽、设置字体和颜色、设置显示比例等。同时，财务报表子系统还内置了 11 种套用格式和 19 个行业的标准财务报表模板，包括最新的现金流量表，从而方便用户制作标准报表。对于用户单位内部常用的管理报表，财务报表子系统还提供了自定义模板功能。

3. 公式设计功能

财务报表子系统提供了绝对单元格公式和相对单元格公式，可以方便、迅速地定义计算公式、审核公式、舍位平衡公式。财务报表子系统还提供了种类丰富的函数，在系统向导的引导下可以轻松地从总账管理子系统及其他子系统中提取数据，生成报表。

4. 数据处理功能

财务报表子系统的数据处理功能可以固定的格式管理大量数据不同的表页，并在每张表页之间建立有机的联系。此外，还提供了表页的排序、查询、审核、舍位平衡、汇总功能。

5. 图表功能

财务报表子系统可以很方便地对数据进行图形组织和分析，制作包括直方图、立体图、圆饼图、折线图等多种分析图表，并能编辑图表的位置、大小、标题、字体和颜色，然后打印输出。

5.1.2　财务报表编制的基本概念及基本原理

在编制财务报表之前，先了解一下财务报表子系统的相关概念。

1. 报表结构

首先，通过图 5.1 所示的报表来分析一下报表的构成。

| 资产负债表 | | | | 表题 |

编制单位：　　　　　　　　　　　　2020 年 1 月 31 日　　　　　　　　　　单位：元　　　表头

资产项目	行　次	期初金额	期末余额	
流动资产：				
货币资金	1	20 000.00		表体
应收账款		438 980.00		
……		……		
资产合计		6 753 241.45		

会计主管：　　　　　　　　　　　制表人：　　　　　　　　　　　　　　　　　　　表尾

图 5.1　报表的构成

一般情况下，报表的格式由 4 个基本要素组成：表题、表头、表体和表尾。

2. 格式状态和数据状态

除了上面标注的把一张报表按结构分为表题、表头、表体和表尾外，还可以有另外一种思路：按项目把报表分为每月基本固定不变的项目（如图 5.1 中的表题、编制单位、资产项目、行次、表尾等）和每月变动的项目（如期初金额、期末余额、编报日期）。由此，编制报表的工作也相应地分为两大部分：格式设计和数据处理。这两部分的工作是在不同的状态下进行的，分别对应于格式状态和数据状态。

① 在格式状态下主要完成报表表样的设计。例如，设定表尺寸，行高列宽，画表格线，设置单元格属性和单元格风格，设置报表关键字及定义组合单元格，定义报表的计算公式、审核公式及舍位平衡公式。在格式状态下，所看到的是报表的格式，报表的数据全部隐藏。在格式状态下所做的操作对本报表所有表页发生作用，并且不能进行数据的输入、计算等操作。

② 在数据状态下可以管理报表的数据。例如，输入关键字、输入数据、自动计算、对表页进行管理、审核、舍位平衡、制作图形、汇总报表等。在数据状态下不能修改报表的格式，看到的是报表的全部内容，包括格式和数据。

报表工作区的左下角有一个"格式/数据"按钮，单击这个按钮可以在格式状态和数据状态之间切换。

3. 二维表和三维表

确定某一数据位置的要素称为维。在一张有方格的纸上填写一个数，这个数的位置可通过行和列（二维）来描述。

如果将一张有方格的纸称为表，那么这个表就是二维表，通过行（横轴）和列（纵轴）可以找到这个二维表中任何位置的数据。

如果将多个相同的二维表叠在一起，找到某一个数据的要素需要增加一个，即表页号（Z 轴）。这一叠表称为一个三维表。

如果将多个不同的三维表放在一起，要从这多个三维表中找到一个数据，又需要增加一个要素，即表名。三维表的表间操作即为四维运算。因此，在财务报表子系统中确定一个数据的所有要素为：〈表名〉〈列〉〈行〉〈表页〉。例如，利润表第 2 页的 C5 单元格表示为：

"利润表"->C5@2。

4. 报表文件及表页

报表在计算机中以文件的形式保存并存放。每个文件都有一个唯一的文件名，如"利润表.rep"，其中 rep 是财务报表子系统的文件类型。

财务报表子系统中的报表最多可容纳 99 999 张表页，每一张表页都是由许多单元格组成的。一个报表文件中的所有表页具有相同的格式，但其中的数据不同。表页在报表中的序号在表页的下方以标签的形式出现，称为"页标"。页标用"第 1 页"—"第 99999 页"表示。例如，当前表的第 2 页，可以表示为"@2"。

5. 单元格及单元格属性

单元格是组成报表的最小单位，单元格名称由所在列、行标识，行号用数字 1 至 9 999 表示，列标用字母 A 至 IU 表示。例如，C8 表示第 3 列与第 8 行交叉的那个单元格。单元格属性包括单元格类型及单元格格式。

(1) 单元格类型

单元格类型是指单元格中可以存放的数据的类型。数据类型有数值型数据、字符型数据和表样型数据 3 种，相应地有数值型单元格、字符型单元格和表样型单元格。

① 数值型单元格用于存放报表的数据，在数据状态下可以直接输入或由单元格中存放的单元格公式运算生成。建立一个新表时，所有单元格的类型默认为数值型。

② 字符型单元格也是报表的数据，也在数据状态下输入。字符型单元格的内容可以是汉字、字母、数字及各种键盘可输入的符号组成的一串字符。一个单元格中最多可输入 63 个字符或 31 个汉字。字符型单元格的内容也可由单元格公式生成。

③ 表样型单元格是报表的格式，用以定义一个没有数据的空表所需的所有文字、符号或数字。一旦单元格被定义为表样型，那么在其中输入的内容对所有表页都有效。表样型单元格在格式状态下输入和修改，在数据状态下不允许修改。

(2) 单元格格式

单元格格式用于设定单元格中数据的显示格式，如字体大小或颜色设置、对齐方式、单元格边框线设置等。

6. 区域与组合单元格

由于一个单元格只能输入有限个字符，而在实际工作中有的单元格有超长输入的情况，所以这时可以采用组合单元格来解决。组合单元格由相邻的两个或更多的单元格组成，这些单元格必须是同一种单元格类型（表样、数值、字符）。财务报表子系统在处理报表时将组合单元格视为一个单元格，既可以组合同一行相邻的几个单元格，也可以组合同一列相邻的几个单元格，还可以把一个多行多列的平面区域设为一个组合单元格。组合单元格的名称可以用区域的名称或区域中的单元格的名称来表示。例如，把 B2 到 B3 定义为一个组合单元格，这个组合单元格可以用 B2、B3 或 B2:B31 表示。

区域由一张表页上的一组单元格组成，自起点单元格至终点单元格是一个完整的长方形矩阵。在财务报表子系统中，区域是二维的，最大的区域是一个表的所有单元格（整个表页），最小的区域是一个单元格。例如，A6 到 C10 的长方形区域表示为 A6:C10。起点单元格与终点单元格用英文"："连接。

7. 关键字

关键字是一种特殊的数据单元格，可以唯一标识一个表页，用于在大量表页中快速选择表页。例如，一个资产负债表的表文件可存放一年 12 个月的资产负债表（甚至多年的多张表），要对某一张表页的数据进行定位，就要设置一些定位标志，这在财务报表子系统中被称为关键字。

财务报表子系统中共提供了以下 6 种关键字。

① 单位名称。单位名称为字符型（最多 30 个字符），是该报表表页编制单位的名称。

② 单位编号。单位编号为字符型（最多 10 个字符），是该报表表页编制单位的编号。

③ 年。年为数值型（1904—2100），是该报表表页反映的年度。

④ 季。季为数值型（1—4），是该报表表页反映的季度。

⑤ 月。月为数值型（1—12），是该报表表页反映的月份。

⑥ 日。日为数值型（1—31），是该报表表页反映的日期。

除此之外，财务报表子系统还增加了一个自定义关键字。

5.1.3 财务报表编制的流程

不同的财务报表编制的流程有所不同：对外财务报表可以调用报表模板快速生成；内部管理报表需要先进行财务报表格式定义。

财务报表编制的基本操作流程如图 5.2 所示。

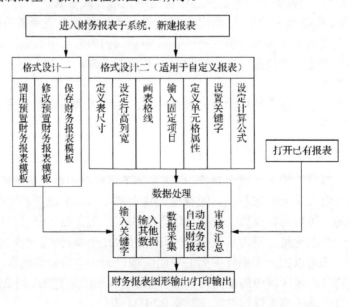

图 5.2 财务报表编制的基本操作流程

5.1.4　定义财务报表公式

由于各种财务报表的数据之间存在着密切的逻辑关系，所以对财务报表中各种数据的采集、运算和钩稽关系的检测就会用到不同的公式。财务报表的公式主要有计算公式、审核公式和舍位平衡公式。其中，计算公式必须进行设置，而审核公式和舍位平衡公式则根据实际需要进行设置。

1. 计算公式

财务报表中的数据可能有不同的来源：有些数据需要手工输入，如在资产负债表中直接输入各项目的数据；有些数据是由其他财务报表的项目运算得到的，如"固定资产净值""所有者权益合计""税后利润"等项目；有些数据是从其他财务报表中获取的，如"期末未分配利润"项目；有些数据可以从总账管理子系统中直接提取。除了手工输入的数据，其他数据都需要通过定义计算公式来得到。

计算公式可以直接定义在财务报表的单元格中，这样的公式称为单元格公式。单元格公式定义在财务报表的数值型或字符型单元格内，用来建立表内各单元格之间、财务报表和财务报表之间或财务报表子系统和其他子系统之间的运算关系。

单元格公式在格式状态下定义，方法是：在财务报表中选择要定义公式的单元格，按"="号键，打开"定义公式"对话框，在其中输入单元格公式。如果定义的公式符合语法规则，单击"确认"按钮后公式即可写入单元格中；如果公式有语法错误，则会提示错误。一个单元格中如果定义了单元格公式，则在格式状态下单元格中显示"公式单元"这 4 个汉字，单元格公式显示在编辑栏中；在数据状态下，单元格中显示公式的计算结果，单元格公式显示在编辑栏中。

财务报表中的很多数据都来自于账簿，从账簿中获取数据是通过函数实现的，函数在计算公式中占有重要的位置。

按照函数的用途不同，函数分为账务函数、其他业务系统取数函数、统计函数、数学函数、日期时间函数、本表他页取数函数等。下面举例说明常用函数的用法。

（1）账务函数

账务函数通常用来采集总账管理子系统中的数据，因此使用较为频繁。

常用账务函数如表 5.1 所示。

表 5.1　常用账务函数

函数意义	中文函数名	函数名
取对方科目发生数	对方科目发生	DFS
取某科目本期发生数	发生	FS
取汇率	汇率	HL
取某科目借、贷方发生净额	净额	JE
取某科目累计发生额	累计发生	LFS
取某科目期初余额	期初	QC
取某科目期末余额	期末	QM

（续表）

函数意义	中文函数名	函数名
取对方科目数量发生数	数量对方科目发生	SDFS
取某科目本期数量发生数	数量发生	SFS
取某科目借、贷方数量发生净额	数量净额	SJE
取某科目数量累计发生数	数量累计发生	SLFS
取某科目数量期初数	数量期初	SQC
取某科目数量期末数	数量期末	SQM
取符合指定条件的数量发生数	数量条件发生	STFS
取符合指定条件的发生数	条件发生	TFS
取对方科目外币发生额	外币对方科目发生	WDFS
取某科目本期外币发生额	外币发生	WFS
取某科目借、贷方外币发生净额	外币净额	WJE
取某科目外币累计发生额	外币累计发生	WLFS
取某科目外币期初余额	外币期初	WQC
取某科目外币期末余额	外币期末	WQM
取符合指定条件的外币发生额	外币条件发生	QTFS

（2）统计函数

统计函数一般用于财务报表数据的统计工作，如财务报表中的"合计"项。常用的统计函数如下。

函数	固定区	可变区	立体方向
合计函数	PTOTAL	GTOTAL	TOTAL
平均值函数	PAVG	GAVG	AVG
计数函数	PCOUNT	GCOUNT	COUNT
最小值函数	PMIN	GMIN	MIN
最大值函数	PMAX	GMAX	MAX

（3）本表他页取数函数

本表他页取数函数用于从同一财务报表文件的其他表页中采集数据。

很多财务报表数据是从以前的历史记录中取得的，如本表其他表页。当然，这类数据可以通过查询历史资料取得，但是查询既不方便，又会由于抄写错误而引起数据的失真。而如果在计算公式中进行取数设定，则既减少了工作量，又节约了时间，同时数据的准确性也得到了保障。这就需要用到表页和表页之间的计算公式。

① 取确定页号表页的数据

当所取数据所在的表页页号已知时，用以下格式可以方便地取得本表他页的数据。

<目标区域> = <数据源区域> @ <页号>

例如，下面的单元格公式令各页 B2 单元格均取当前表第 1 页 C5 单元格的值。

B2=C5@1

② 按一定关键字取数

SELECT()函数常用于从本表他页取数计算。

例如，在损益表中，"累计数=本月数+同年上月累计数"表示为：

D=C+SELECT（D,年@=年 and 月@=月+1）

（4）从其他财务报表取数计算

财务报表和财务报表之间的计算公式分为取他表确定页号表页的数据和用关联条件从他表取数。

① 取他表确定页号表页的数据

用以下格式可以方便地取得已知页号的他表表页数据。

<目标区域> = "<他表表名>" –> <数据源区域>[@ <页号>]

其中，当<页号>缺省时为本表各页分别取他表各页数据。

② 用关联条件从他表取数

当从他表取数时，已知条件并不是页号，而是希望按照年、月、日等关键字的对应关系来取他表数据，就必须用到关联条件。

表页关联条件的意义是建立本表和他表之间以关键字或某个单元格为联系的默契关系。

从他表取数的关联条件的格式为：

RELATION <单元 | 关键字 | 变量 | 常量> WITH "<他表表名>"–> <单元格 | 关键字 | 变量 | 常量>

2. 审核公式

在经常使用的各类财务报表中，每个数据都有明确的经济含义，并且各个数据之间一般都有一定的钩稽关系。为了确保报表编制的准确性，我们经常利用这种财务报表间或财务报表内数据的钩稽关系对报表进行正确性检查。一般来说，称这种检查为数据的审核。为此，财务报表子系统特意提供了数据的审核公式。将财务报表数据之间的钩稽关系用公式表示出来，称之为审核公式。

审核公式的一般格式为：

<表达式><逻辑运算符><表达式>[MESS"说明信息"]

3. 舍位平衡公式

对于集团公司，在对下属单位的财务报表进行汇总时，有可能会遇到下属单位报送的财务报表的计量单位不统一，或者汇总完成后汇总表的数据按现有金额单位衡量过大的问题。这时需要将财务报表的数据单位进行转换，如将"元"转化为"千元"或"万元"，称为舍位操作。舍位之后，财务报表中原有的平衡关系可能会因为小数位的四舍五入而被破坏，因此需要对数据重新进行调整。在财务报表子系统中，这种用于对财务报表数据舍位及重新调整财务报表舍位之后平衡关系的公式，称为舍位平衡公式。

定义舍位平衡公式时，需要指明要舍位表名、舍位范围、舍位位数和平衡公式几项，如图 5.3 所示。

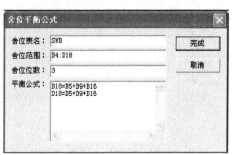

图 5.3　定义舍位平衡公式

> **提醒**
>
> ① 每个公式一行，各公式之间用逗号 "，"（半角）隔开，最后一个公式不用写逗号，否则公式无法执行。
> ② 等号左边只能为一个单元格（不带页号和表名）。
> ③ 舍位平衡公式中只能使用 "+" "-" 符号，不能使用其他运算符及函数。

任务 5.2 财务报表编制实务

从图 5.2 中可以看出，编制财务报表分为两种情况：如果财务报表此前已定义，直接打开财务报表文件进入数据处理状态生成报表即可；如果是第 1 次利用财务报表子系统编制财务报表，就需要从格式设计开始。根据财务报表是对外财务报表还是内部管理报表，又分为两种处理方式：自定义财务报表和利用报表模板编制财务报表。

5.2.1 自定义财务报表

对于企业来说，数量最大的当数企业内部管理报表。由于各企业所属行业不同、管理需求不同，因此内部管理报表差异性很大，需要利用自定义财务报表功能进行设计。下面以制作部门综合费用明细表为例介绍自定义财务报表的操作。

部门综合费用明细表

编制单位：神州科技公司　　　　　　　　　　年　月　　　　　　　　　　单位：元

部 门	折旧费	差旅费	招待费	……	……	合 计
企管部						
人事部						
财务部						
采购部						
销售部						
生产部						
……						
合 计						

会计主管：　　　　　　　　　　　　　　　　　　　制表人：

制作部门综合费用明细表的操作流程如下。

1. 创建新表

创建新表是指在用友 U8 中建立新的报表文件。

提醒

进行本项目案例练习之前，以系统管理员的身份在系统管理中引入"总账日常业务"账套。

案例 5-1　建立一个"部门综合费用明细表"文件。

操作步骤

步骤 1　以账套主管 cw01 冯涛的身份登录用友 U8 企业应用平台，选择"财务会计"|"UFO 报表"选项，打开"UFO 报表"窗口。

步骤 2　选择"文件"|"新建"命令，系统自动显示一张空白表 report1，并自动进入格式状态。

步骤 3　选择"文件"|"保存"命令，打开"另存为"对话框。输入文件名"部门综合费用明细表"，并保存在指定文件夹中。

2. 设计财务报表格式

财务报表格式设计在格式状态下进行，财务报表格式设计决定了财务报表的外观和结构。财务报表格式设计的具体内容包括：设计财务报表尺寸；定义财务报表行高、列宽；画表格线；定义组合单元格；输入表头、表体和表尾内容；定义显示风格；定义单元格属性，等等。

（1）定义财务报表尺寸

定义财务报表尺寸是指定义一张表格包括几行几列。计算行数时应包括表题、表头、表体、表尾 4 个部分。

案例 5-2　神州科技公司下设 7 个部门，有 5 个费用项目，则财务报表尺寸应为 12行 7 列。

操作步骤

步骤 1　选择"格式"|"表尺寸"命令，打开"表尺寸"对话框。

步骤 2　在"行数"文本框中输入 12，在"列数"文本框中输入 7，如图 5.4 所示。

步骤 3　单击"确认"按钮，屏幕上只保留 12行 7 列，其余部分为灰色。

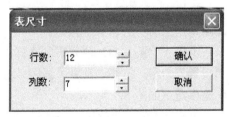

图 5.4　定义表尺寸

提醒

如果在设计过程中发现表尺寸有误，可以通过"编辑"菜单下的"插入"和"删除"命令增减行数或列数。

（2）设置组合单元格和财务报表标题

一般情况下，财务报表标题在整个财务报表中处于居中位置，采用的字体较财务报表中一般项目的字体醒目。

案例 5-3　财务报表标题为"部门综合费用明细表"，字体为黑体、16 号字，在财务报表上居中。

操作步骤

步骤 1　在 A1 单元格输入财务报表标题"部门综合费用明细表"。

图 5.5　组合单元格

步骤 2　单击行号 1 或选择 A1:G1 区域，选择"格式"｜"组合单元"命令，打开"组合单元"对话框，如图 5.5 所示。

步骤 3　单击"整体组合"或"按行组合"按钮，将 A1:G1 组合为一个单元格。

步骤 4　单击工具栏中的"居中"按钮，将财务报表标题居中放置。

步骤 5　选择"格式"｜"单元属性"命令，设置表头字体为黑体、16 号字，然后单击"确认"按钮。

（3）设置表头和关键字

表头中包括编报单位、编报日期和金额单位。

如果编报单位和金额单位每月都是固定的，可以直接输入，作为表样型数据固定下来；编报日期是系统从数据库中不同数据表取数的依据，需要作为关键字处理。

案例 5-4　设置表头和关键字"年""月"。

操作步骤

步骤 1　组合 A2 至 C2 单元格，输入"编报单位：神州科技公司"，然后单击工具栏中的"左对齐"按钮。

视频演示

步骤 2　在 G2 单元格中，输入"单位：元"，然后单击工具栏中的"右对齐"按钮。

步骤 3　单击 D2 单元格，选择"数据"｜"关键字"｜"设置"命令，打开"设置关键字"对话框。选中"年"单选按钮，如图 5.6 所示。

步骤 4　单击"确定"按钮退出，D2 单元格显示红色"年"字，其中的×××标注了日期显示的位置。

步骤 5　单击 E2 单元格，设置关键字"月"。

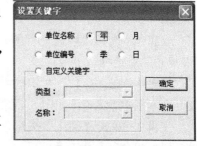

图 5.6　设置关键字"年"

**知识点**

正确设置关键字的方法

① 关键字的显示位置在格式状态下设置，关键字的值则在数据状态下输入。

② 每张报表可以定义多个关键字。但一个关键字在一张报表中只能定义一次。

③ 如果在同一个单元格或组合单元格中设置了两个关键字，两个关键字会重叠在一起，这时需要对关键字的位置进行调整。其方法是：选择"数据"|"关键字"|"偏移"命令，打开"定义关键字偏移"对话框，在需要调整位置的关键字后面输入偏移量，输入负数表示向左偏移，输入正数表示向右偏移。

④ 如果关键字位置设置错误，可以选择"数据"|"关键字"|"取消"命令，取消关键字设置。

(4) 设计表栏，定义行高列宽

表栏一般为表体中第 1 行和第 1 列，定义了财务报表中的项目及主要反映的内容，因此表栏字体及行、列格式通常与表内项目存在一些差异。

表栏中的文字一般属于表样内容，每月固定不变，在格式状态下正常输入即可。

设置行高、列宽时应以能够清晰显示本行最高的数据和本列最长的数据为基本标准。

 案例 5-5 设置第 1 行行高为 8 毫米。

操作步骤

步骤 1 选中第 1 行，选择"格式"|"行高"命令，打开"行高"对话框。

步骤 2 在"行高"文本框中输入设定的行高值 8 毫米，如图 5.7 所示。然后单击"确认"按钮。

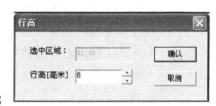

图 5.7 设置行高

ℹ️ 提醒

> 将鼠标指针对准两行之间（或两列之间）的分隔线，待鼠标指针变形后，直接拖动到合适位置后放开，也可改变行高或行宽。

(5) 画表格线

在财务报表子系统的界面，虽然可以看到屏幕上有表格线，但其实是不存在的，仅仅是为了做表方便设置的显示效果。如果希望财务报表中表体部分的数据之间用网线分开，需要自己设置表格线。

 案例 5-6 为部门综合费用明细表设置表格线。

操作步骤

步骤 1 选中财务报表中需要画线的区域，如第 3 行到第 11 行，或者 A3:G11 区域。

步骤 2 选择"格式"|"区域画线"命令，打开"区域画线"对话框。

步骤 3 选中"网线"单选按钮，如图 5.8 所示。然后单击"确认"按钮，表体部分即被画上格线。

(6) 定义单元格属性

定义单元格属性有两个方面的作用：一是设定单元格存放的数据类型；二是设置数据的显示形式。

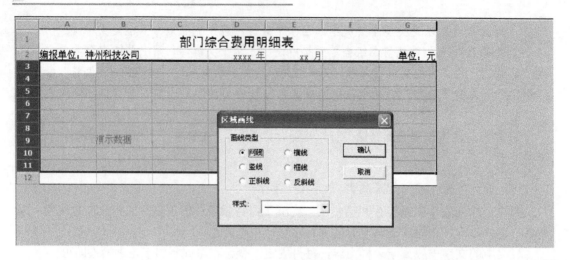

图 5.8　区域画线

财务报表子系统默认所有的单元格均为数值型，而在格式状态下输入的单元格均为表样型。如果表尾中制表人每月相同，则可以作为表样型数据处理，在格式状态下输入；如果制表人每月是不确定的，则需要在格式状态下将单元格设置为字符型数据类型，才能每月手工输入制表人姓名。

数据的显示形式设定了数据的字体、字号、数据的显示样式。

案例 5-7　设置单元格属性，将 B4:G11 区域设置为带千分位分隔的数值格式。

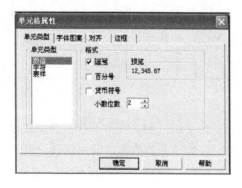

图 5.9　单元格属性

操作步骤

步骤 1　选择 B4:G11 区域，选择"格式"|"单元属性"命令，打开"单元格属性"对话框。

步骤 2　选择单元格类型为"数值"，选中"逗号"复选框，如图 5.9 所示。

步骤 3　单击"确定"按钮返回。

（7）输入表内其他汉字项目及表尾内容

（8）设定财务报表公式

设定财务报表公式就是设定财务报表数据的计算规则，主要包括单元格公式、审核公式和舍位平衡公式。

案例 5-8　设定 C7 单元格"采购部""差旅费"的单元格公式。

操作步骤

步骤 1　选择 C7 单元格，单击 ƒx 按钮，打开"定义公式"对话框。

步骤 2　单击"函数向导"按钮，打开"函数向导"对话框。

步骤 3　选择左边"函数"列表框中的"用友账务函数"，选择右边"函数名"列表框中的"发生（FS）"，如图 5.10 所示。

步骤 4　单击"下一步"按钮，进入"用友账务函数"对话框，如图 5.11 所示。

视频演示

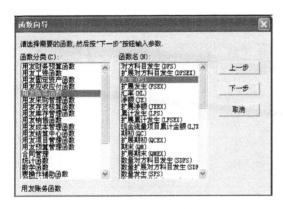

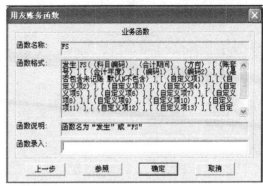

图 5.10　选择函数　　　　　　　　图 5.11　用友账务函数

步骤 5　单击"参照"按钮,打开"账务函数"对话框。选择科目为 660204、部门编码为 4,如图 5.12 所示。然后单击"确定"按钮返回。

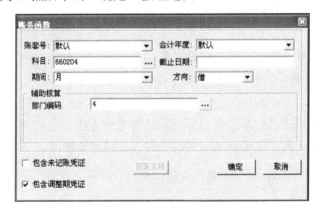

图 5.12　账务函数

步骤 6　公式定义完毕返回后,C7 单元格中显示"单元公式"字样,公式显示在编辑栏中。

案例 5-9　设定 C11 单元格"合计"的数据公式。

操作步骤

步骤 1　选择 C11 单元格,单击 f_x 按钮,打开"定义公式"对话框。单击"函数向导"按钮,打开"函数向导"对话框。

步骤 2　选择左边"函数分类"列表框中的"统计函数",选择右边"函数名"列表框中的 PTOTAL,如图 5.13 所示。

步骤 3　单击"下一步"按钮,打开"固定区统计函数"对话框。

步骤 4　在"固定区区域"文本框中输入"C4:C10",如图 5.14 所示。然后单击"确认"按钮返回。

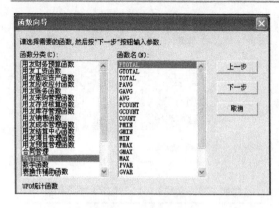

图 5.13　统计函数

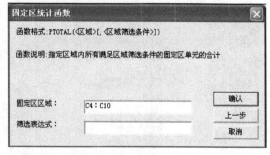

图 5.14　固定区统计函数

3. 数据处理

数据处理在数据状态下进行，是指输入数据或按照预先设定的计算公式从账簿中取数生成报表的过程。在数据处理状态下需要进行以下几项工作。

（1）账套初始

如果系统内只有单一账套，则无须做账套初始工作；如果存在多个企业账套，则要选择"数据"|"账套初始"命令，选择账套号及会计年度。

（2）输入关键字

关键字是财务报表子系统从总账管理子系统海量数据中读取所需要数据的唯一标识，在自动生成财务报表之前一定要以输入关键字的方式确定数据源。

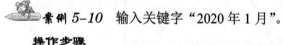案例 5-10　输入关键字"2020 年 1 月"。

操作步骤

步骤 1　单击"格式/数据"按钮，切换到数据状态。

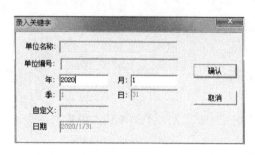

步骤 2　选择"数据"|"关键字"|"录入"命令，打开"录入关键字"对话框。输入关键字 2020 年 1 月，如图 5.15 所示。

步骤 3　单击"确认"按钮，系统弹出"是否重算第 1 页"信息提示框。单击"是"按钮，系统自动获得采购部差旅费数据。

（3）生成财务报表

图 5.15　输入关键字

在未设置公式的相关数值型单元格或字符型单元格中输入数据，设置了公式的单元格将自动显示结果。如果财务报表中设置了审核公式和舍位平衡公式，可以执行审核和舍位。然后，还可以做进一步的图形处理。

（4）财务报表汇总

财务报表汇总是指将具有相同结构的几张报表进行数据汇总，生成汇总财务报表。财务报表汇总主要用于主管单位对基层单位上交的财务报表进行汇总或将同一企业不同时期的财务报表数据进行阶段汇总。财务报表子系统提供了表页汇总和可变区汇总两种汇总方式。

5.2.2　利用报表模板编制财务报表

在用友 U8 的财务报表子系统中，预置了分行业的常用报表格式，称为报表模板。企业可以以系统提供的报表模板为基础，实现财务报表的快速编制。

1. 报表模板

财务报表子系统提供的报表模板包括了 19 个行业的 70 多张标准报表（包括现金流量表），并可以包含用户自定义的模板，因此企业能根据所在行业挑选相应的报表套用其格式及计算公式。

案例 5-11　利用报表模板［一般企业（2007 新会计准则）］生成资产负债表和利润表。

视频演示

操作步骤

图 5.16　报表模板

步骤 1　在财务报表子系统中，选择“文件”|“新建”命令，新建一张报表。

步骤 2　在格式状态下，选择“格式”|“报表模板”命令，打开“报表模板”对话框。

步骤 3　从“您所在的行业”下拉列表框中选择“2007 年新会计制度科目”，从“财务报表”下拉列表框中选择“资产负债表”，如图 5.16 所示。

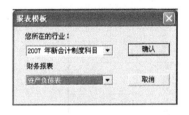

步骤 4　单击“确认”按钮，系统弹出“模板格式将覆盖本表格式！是否继续？”信息提示框。单击“确定”按钮，打开“资产负债表”模板，如图 5.17 所示。

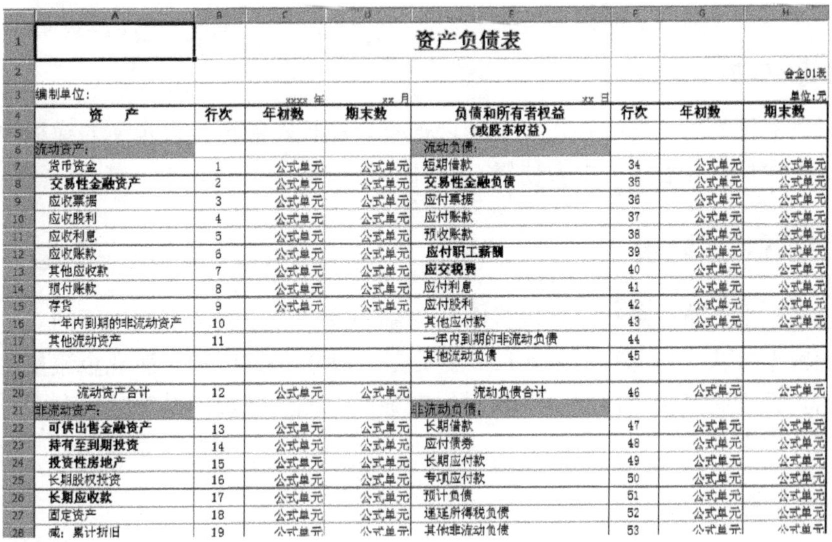

	A	B	C	D	E	F	G	H
1					资产负债表			
2								会企01表
3	编制单位:		xxxx 年	xx 月	xx 日			单位:元
4	资　产	行次	年初数	期末数	负债和所有者权益	行次	年初数	期末数
5					(或股东权益)			
6	流动资产:				流动负债:			
7	货币资金	1	公式单元	公式单元	短期借款	34	公式单元	公式单元
8	交易性金融资产	2	公式单元	公式单元	交易性金融负债	35	公式单元	公式单元
9	应收票据	3	公式单元	公式单元	应付票据	36	公式单元	公式单元
10	应收股利	4	公式单元	公式单元	应付账款	37	公式单元	公式单元
11	应收利息	5	公式单元	公式单元	预收账款	38	公式单元	公式单元
12	应收账款	6	公式单元	公式单元	应付职工薪酬	39	公式单元	公式单元
13	其他应收款	7	公式单元	公式单元	应交税费	40	公式单元	公式单元
14	预付账款	8	公式单元	公式单元	应付利息	41	公式单元	公式单元
15	存货	9	公式单元	公式单元	应付股利	42	公式单元	公式单元
16	一年内到期的非流动资产	10			其他应付款	43	公式单元	公式单元
17	其他流动资产	11			一年内到期的非流动负债	44		
18					其他流动负债	45		
19								
20	流动资产合计	12	公式单元	公式单元	流动负债合计	46	公式单元	公式单元
21	非流动资产:				非流动负债:			
22	可供出售金融资产	13	公式单元	公式单元	长期借款	47	公式单元	公式单元
23	持有至到期投资	14	公式单元	公式单元	应付债券	48	公式单元	公式单元
24	投资性房地产	15	公式单元	公式单元	长期应付款	49	公式单元	公式单元
25	长期股权投资	16	公式单元	公式单元	专项应付款	50	公式单元	公式单元
26	长期应收款	17	公式单元	公式单元	预计负债	51	公式单元	公式单元
27	固定资产	18	公式单元	公式单元	递延所得税负债	52	公式单元	公式单元
28	减：累计折旧	19	公式单元	公式单元	其他非流动负债	53	公式单元	公式单元

图 5.17　资产负债表模板

ℹ️ **提醒**

① 当前报表套用报表模板后，原有的格式和数据将全部丢失。

② 调用报表模板不等于照搬，还要根据企业实际情况进行审核确认。如果需要修改，必须在格式状态下进行。

步骤 5 单击"格式/数据"切换按钮，切换到数据状态。

步骤 6 选择"关键字"|"录入"命令，打开"录入关键字"对话框。输入关键字为2020 年 1 月 31 日，单击"确认"按钮，系统弹出"是否重算第 1 页"信息提示框。单击"是"按钮，生成资产负债表数据，如图 5.18 所示。

			资产负债表				
							会企01表
编制单位：			2020 年 1 月 31 日				单位：元
资 产	行次	期末余额	年初余额	**负债和所有者权益（或股东权益）**	行次	期末余额	年初余额
流动资产：				流动负债：			
货币资金	1	325,234.51	235,974.51	短期借款	32	300,000.00	300,000.00
交易性金融资产	2			交易性金融负债	33		
应收票据	3			应付票据	34		
应收账款	4	10,396.00	36,160.00	应付账款	35	22,600.00	
预付款项	5			预收款项	36		
应收利息	6			应付职工薪酬	37		
应收股利	7			应交税费	38	-2,444.00	
其他应收款	8		2,000.00	应付利息	39	2,000.00	
存货	9	430,000.00	410,000.00	应付股利	40		
一年内到期的非流动资产	10			其他应付款	41		
其他流动资产	11			一年内到期的非流动负债	42		
流动资产合计	12	765,630.51	684,134.51	其他流动负债	43		
非流动资产：				流动负债合计	44	322,156.00	300,000.00
可供出售金融资产	13			非流动负债：			
持有至到期投资	14			长期借款	45		

图 5.18 生成资产负债表

同理，生成 1 月份的利润表。

2. 自定义模板

用户可以根据本单位的实际需要定制内部报表模板，并可将自定义的模板加入到系统提供的模板库中，供今后生成报表使用。

5.2.3 编制现金流量表

之所以把现金流量表单列，是因为它的编制与资产负债表和利润表不同。资产负债表和利润表的数据直接来自总账科目，或者是余额，或者是发生额，而现金流量表上的数据与账簿上的科目没有直接对应关系。那么，应该如何编制现金流量表呢？下面利用项目辅助核算来解决这个问题。

1. 初始设置

利用项目辅助核算编制现金流量表，需要在基础设置中做好以下两项工作：设置现金流量科目和设置现金流量项目核算。

案例5-12　指定现金流量科目。

操作步骤

步骤1　在企业应用平台的"基础设置"中，选择"基础档案"|"财务"|"会计科目"选项，打开"会计科目"窗口。

步骤2　选择"编辑"|"指定科目"命令，打开"指定科目"对话框。

步骤3　指定"1001　库存现金""100201 工行人民币户""100202 中行美元户""1012 其他货币资金"科目为现金流量科目，如图5.19所示。

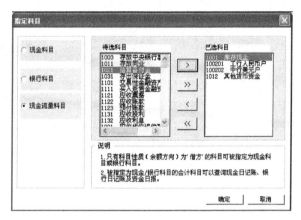

图5.19　指定现金流量科目

2. 日常业务处理

现金流量的记录有两种处理方式：一是业务发生时在填制凭证的同时确认现金流量项目；另外一种是在凭证处理完成后再补录现金流量项目。

(1) 实时确认

日常业务发生是通过填制凭证在系统中记录的。如果制单科目涉及现金科目，系统要求将该现金流量指定到具体的项目上。例如，在填制凭证"企管部报销招待费 1 200 元"保存时，系统会要求选择现金流量项目，如图5.20所示。这样就把每一笔现金收支准确地记录到了现金流量对应的项目上。

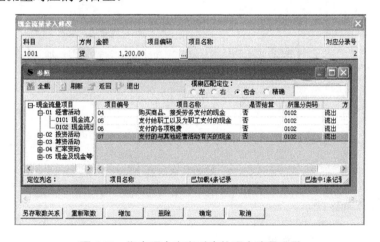

图5.20　指定现金支出对应的现金流量项目

(2) 事后确认

案例5-13　事后补录现金流量。

操作步骤

步骤1　在总账管理子系统中，选择"财务会计"|"总账"|"现金流量表"|"现金流

量凭证查询"选项，打开"现金流量凭证查询"对话框。单击"确定"按钮，打开"现金流量查询及修改"对话框。

步骤 2　在左边的"现金流量凭证"窗格中选择要确认现金流量项目的凭证，然后单击"修改"按钮，打开"现金流量录入修改"对话框。

步骤 3　单击"项目编码"的"参照"按钮，从"参照"对话框中选择合适的现金流量项目，如图 5.21 所示。

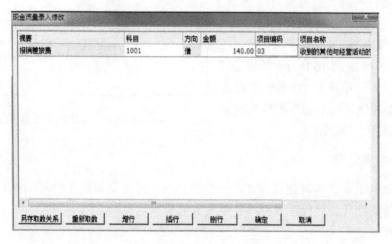

图 5.21　现金流量录入修改

步骤 4　单击"确定"按钮返回。继续输入其他凭证的现金流量项目，完成后如图 5.22所示。

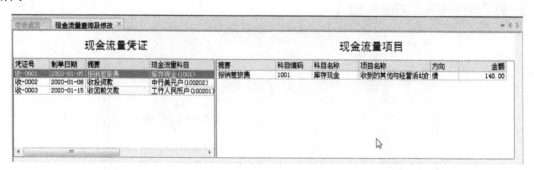

图 5.22　补录现金流量项目

3. 编制现金流量表

案例 5-14　编制现金流量表。

操作步骤

步骤 1　在财务报表子系统中，新建一张报表。

步骤 2　在格式状态下，选择"格式"|"报表模板"命令，调用现金流量表模板。

步骤 3　利用公式向导引导输入公式。单击 C6 单元格，在函数向导中选择"用友账务函数"中的"现金流量项目金额（XJLL）"函数，如图 5.23 所示。

视频演示

步骤 4　接下来选择对应的现金流量项目，如图 5.24 所示。

图 5.23　现金流量公式函数　　　　　图 5.24　现金流量公式定义

步骤 5　定义完成后，保存报表。

步骤 6　进入数据状态，输入关键字，生成报表。

5.2.4　输出财务报表

编制财务报表的目的是向企业相关利益人员提供据以决策的信息。财务报表的数据可以供查询，可以通过网络进行传送，还可以打印输出。

1. 财务报表查询

财务报表查询是最常用的数据输出形式。利用计算机系统存储容量大、快速检索等优势，可以方便地实现对机内财务报表数据的查询。

（1）查找表页

利用"编辑" | "查找"命令，设定查找条件，即可快速定位到要查找的表页；也可以利用财务报表提供的表页排序功能，首先按照表页关键字的值或按照财务报表中的任何一个单元格的值重新排列表页，再行查找。

（2）账证联查

在财务报表子系统中，具有从财务报表数据追溯到明细账，进而追溯到凭证的功能，从而可以轻松地实现账证表联查。

 提醒

① 必须在数据处理状态才能使用联查明细账的功能。

② 必须在设置了单元格公式的单元格中才能使用联查功能。

2. 图表分析

图表是财务报表子系统提供的对报表数据的一种直观展示方式，可以方便地对财务报表的数据进行深入分析。

图表是根据财务报表文件中的数据生成的，不能脱离财务报表数据独立存在，当财务报表数据发生变化时，图表也随之动态地变化。财务报表子系统提供了直方图、圆饼图、折线图、面积图 4 类图形格式。

课后练习

一、思考题

1. 财务报表子系统与 Excel 通用表处理系统有何不同？

2. 关键字的含义是什么？财务报表子系统中提供了哪些关键字？

3. 自定义报表的基本流程是什么？

4. 财务报表子系统提供了哪几种数据类型？各自的用途是什么？

5. 如何利用报表模板快速编制财务报表？

6. 财务报表子系统中提供了哪几类公式？各自的作用是什么？

7. 如何利用辅助核算编制现金流量表？

二、操作题

1. 编制简易财务分析表，格式如下。

简易财务分析表之安定率分析

编制单位：　　　　　　　　　　　2020 年 1 月

指标名称	计算公式	计算结果
流动比率	流动资产/流动负债*100%	
固定资产长期适配率	固定资产/（长期负债+所有者权益）* 100%	
资产负债率	负债/总资产* 100%	

制表人：

 提醒

① 该报表中的数据可以从资产负债表中获取。假设资产负债表存储于 D 盘根目录，则流动资产取数公式设置为 ""D:\资产负债表"->C18"，以此类推。

② 可利用单元格属性设置计算结果单元格的显示格式。

2. 完成《会计信息化实训》（用友 U8 V10.1）中的"实验六　财务报表编制"。

项目 6

薪资管理

知识目标

1. 了解薪资管理子系统的主要功能。
2. 熟悉薪资管理子系统的操作流程。
3. 熟悉薪资管理子系统初始化的工作内容。
4. 掌握薪资管理子系统日常业务处理的工作内容。
5. 了解针对不同企业需求的工资解决方案。

技能目标

1. 掌握建立工资账套、增加工资类别的操作。
2. 掌握设置工资项目、工资计算公式的操作。
3. 掌握工资变动、计算个人所得税的操作。
4. 学会月末工资分摊设置及处理的操作。

在用友 U8 中，薪资管理是人力资源管理系统中的一个子系统，而人力资源的核算和管理是企业管理的重要组成部分。

任务 6.1 薪资管理子系统认知

职工工资是产品成本的重要组成部分，是企业进行各种费用计提的基础。工资核算是每个单位财会部门最基本的业务之一，是一项重要的经常性工作，关系到每个职工的切身利益。在手工环境下，为了做好工资核算，财务人员要花费大量的精力和时间，并且容易出错。而采用计算机处理，保证了工资核算的准确性和及时性。

6.1.1 了解薪资管理子系统

薪资管理子系统以职工个人的工资原始数据为基础，计算应发工资、扣款和实发工资等，编制工资结算单；按部门和人员类别进行汇总，进行个人所得税计算；提供对工资相关数据的多种方式的查询和分析，进行工资费用及相关费用的分配与计提，并实现自动转账处理。

6.1.2　使用薪资管理子系统的步骤

如果企业按周或一月多次发放工资，或者是有多种不同类别的人员，工资发放项目不尽相同，计算公式也不相同，但需要进行统一的工资核算管理，则可按以下步骤使用薪资管理子系统。

步骤 1　启用薪资管理子系统。

步骤 2　建立工资账套。

步骤 3　设置工资账套所有的工资项目、代发工资银行名称及账号。

步骤 4　建立第 1 个工资类别，选择所管理的部门。

步骤 5　输入第 1 个工资类别包含的人员档案。

步骤 6　选择第 1 个工资类别所涉及的工资项目并设置工资计算公式。

步骤 7　设置个人所得税扣税基数、相关税率等。

步骤 8　输入第 1 个工资类别职工工资数据、计算并汇总。

步骤 9　进行第 1 个工资类别工资分摊设置并进行工资分摊处理。

步骤 10　处理第 2 个工资类别，即重复以上步骤 4 至步骤 9。

步骤 11　工资类别汇总。

步骤 12　月末处理。

任务 6.2　薪资管理子系统初始化

进行日常工资核算之前，需要对薪资管理子系统进行必要的基础设置，如规划企业职工编码、划分人员不同类别、整理本企业与工资核算有关的工资项目、理清工资项目之间的数据计算关系等。薪资管理子系统初始化设置包括建立工资账套和基础信息设置两个部分。

6.2.1　建立工资账套

工资账套与系统管理中的账套是不同的概念，系统管理中的账套是针对整个用友 U8的，而工资账套仅是针对薪资管理子系统的。要建立工资账套，前提是在系统管理中首先建立本单位的核算账套。

建立工资账套时可以根据建账向导分 4 步进行，即参数设置、扣税设置、扣零设置、人员编码。

> ### ⓘ 提醒
>
> ① 进行本项目案例练习之前，以系统管理员的身份在系统管理中引入"总账初始化"账套。
>
> ② 建立工资账套之前需要由账套主管在系统启用中启用薪资管理子系统，启用日期为 2020 年 1 月 1 日。

视频演示

案例 6-1 神州科技目前有 1 200 多名正式员工,另外还外聘了一些临时人员;采用银行代发工资形式,发放工资时直接代扣个人所得税。

操作步骤

步骤 1 以账套主管的身份登录用友 U8,选择"人力资源"|"薪资管理"选项,打开"建立工资套"对话框。

步骤 2 在建账第 1 步"参数设置"中,选择本账套所需处理的工资类别个数为"多个",默认币别为"人民币 RMB",如图 6.1 所示。

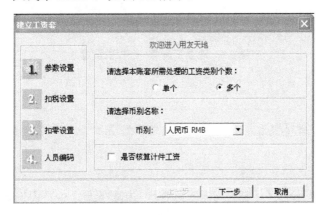

图 6.1 建立工资套——参数设置

知识点

选用多个工资类别的情况和选用单个工资类别的时机

① 如果单位按周或一月多次发放工资,或者是单位中有多种不同类别(部门)的人员,工资发放项目不尽相同,计算公式也不相同,但需要进行统一工资核算管理,应选择"多个"。例如,分别对在职人员、退休人员、离休人员进行核算的企业;分别对正式职工、临时职工进行核算的企业;每月进行多次工资发放,月末统一核算的企业;在不同地区有分支机构,而由总管机构统一进行工资核算的企业。

② 如果单位中所有人员的工资统一管理,而人员的工资项目、工资计算公式全部相同,则应选择"单个",以提高系统的运行效率。

提醒

本例中对正式职工和临时职工分别进行核算,所以工资类别应选择"多个"。

步骤 3 单击"下一步"按钮,在建账第 2 步"扣税设置"中,选中"是否从工资中代扣个人所得税"复选框,如图 6.2 所示。

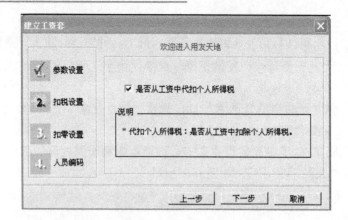

图 6.2 建立工资套——扣税设置

提醒

选择代扣个人所得税后，系统将自动生成工资项目"代扣税"，计算工资时自动进行代扣税金的计算。

步骤 4 单击"下一步"按钮，在建账第 3 步"扣零设置"中不做选择，如图 6.3 所示。

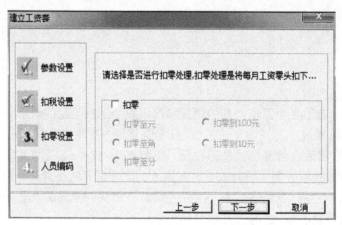

图 6.3 建立工资套——扣零设置

**知识点**

扣零设置的含义及需要选择扣零设置的情况

扣零处理是指每次发放工资时将零头扣下，积累取整，于下次发放工资时补上。系统在计算工资时将依据扣零类型（扣零至元、扣零至角、扣零至分）进行扣零计算。

采用现金方式发放工资时通常选择扣零设置，为的是减少找零的烦琐。目前，大部分单位均采用银行代发工资的方式，工资直接转账到个人账户，因此此项设置就失去了意义。

提醒

> 选中"扣零"复选框，系统就会自动在固定工资项目中增加"本月扣零"和"上月扣零"两个项目。扣零的计算公式将由系统自动定义，无须设置。

步骤 5　单击"下一步"按钮，系统提示薪资管理子系统的人员编码需要与公共平台的人员编码保持一致。

 知识点

人员编码的作用

工资核算中每个职工都有一个唯一的编码。人员编码长度应结合企业部门设置和人员数量自行定义，但总长度不能超过系统提供的最高位数。

步骤 6　单击"完成"按钮，返回用友 U8 企业应用平台。

 提醒

> 建账完毕后，部分建账参数可以在"选项"对话框中（参见案例 4-1）进行修改。

6.2.2　基础信息设置

建立工资账套以后，要对整个系统运行所需的一些基础信息进行设置。账套基础信息的设置应该在关闭工资类别的情况下进行。

1. 部门设置

一般来说，工资是按部门或班组进行汇总、统计、发放，并计入部门费用的，因此在进行工资核算之前需要预先进行部门档案的设置。

 提醒

> 部门档案是各系统公用的基础信息，已经在项目 3 中设置完成。

2. 人员类别设置

人员类别是指按某种特定的分类方式对企业职工进行分类。人员类别与工资费用的分配、分摊有关。设置人员类别有利于按人员类别进行工资汇总计算。

 提醒

> 人员类别已经在项目 3 中设置完成。

3. 人员附加信息设置

此项设置可增加人员信息，丰富人员档案的内容，便于对人员进行更加有效的管理。例如，设置人员的性别、民族、婚否等。

4. 工资项目设置

工资项目设置即定义工资项目的名称、类型、长度、小数、增减项。系统中有一些固定项目，是工资账中必不可少的，包括应发合计、扣款合计、实发合计，这些项目不能删除和重命名；其他项目可根据实际情况定义或参照增加，如基本工资、奖励工资、请假天数等。在此设置的工资项目是针对所有工资类别的全部工资项目。

案例 6-2 神州科技正式职工工资项目包括基本工资、岗位津贴、奖金、社会保险、住房公积金、请假扣款、请假天数、代扣税、计税工资、应发合计、扣款合计、实发合计等。

操作步骤

步骤1 选择"人力资源"|"薪资管理"|"设置"|"工资项目设置"选项，打开"工资项目设置"对话框。

步骤2 单击"增加"按钮，在"工资项目"列表框中增加一空行。

步骤3 单击"名称参照"下拉列表框，从下拉列表中选择"基本工资"选项，如图 6.4 所示。

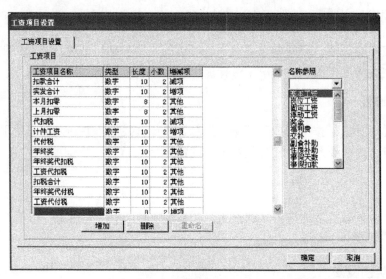

图 6.4 项目增加工资

提醒

系统提供若干常用工资项目供参照，可选择输入。对于参照中未提供的工资项目，可以双击"工资项目名称"一栏直接输入，或者先从"名称参照"下拉列表框中选择一个项目，然后单击"重命名"按钮修改为需要的项目名称。

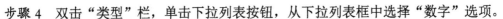

步骤4　双击"类型"栏，单击下拉列表按钮，从下拉列表框中选择"数字"选项。

步骤5　"长度"采用系统默认值8。双击"小数"栏，单击微调按钮的上三角按钮，将小数设为2。

步骤6　双击"增减项"栏，单击下拉列表按钮，从下拉列表框中选择"增项"选项。

步骤7　单击"增加"按钮，增加其他工资项目，如图6.5所示。

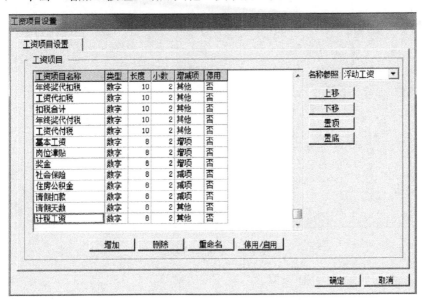

图6.5　设置工资项目

步骤8　单击"确定"按钮，系统弹出"工资项目已经改变，请确认各工资类别的公式是否正确"信息提示框。单击"确定"按钮。

> **提醒**
>
> ① 系统提供的固定工资项目不能修改、删除。
>
> ② 如果在建账时选中了"代扣个人所得税"复选框，系统自动设置代扣税工资项目。

5. 银行名称设置

发放工资的银行可按需要设置多个。这里的银行名称设置是针对所有工资类别的。例如，同一工资类别中的人员由于在不同的工作地点，需要在不同的银行代发工资，或者不同的工资类别由不同的银行代发工资，均须设置相应的银行名称。

案例6-3　神州科技位于北京市中关村，代发工资银行为中国工商银行中关村分理处。

操作步骤

步骤1　在企业应用平台的"基础设置"中，选择"基础档案"|"收付结算"|"银行档案"选项，打开"银行档案"窗口。窗口中已经预设了一些银行。

步骤 2　单击"增加"按钮，打开"增加银行档案"对话框。输入银行编码为 0101、银行名称为"中国工商银行中关村分理处"；选中"定长"复选框，输入账号长度为 11、自动带出账号长度为 7，如图 6.6 所示。

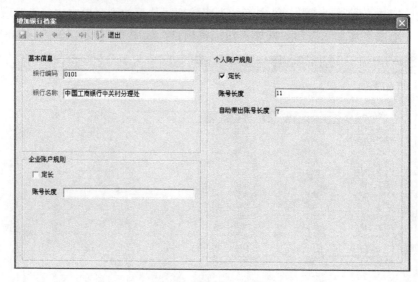

图 6.6　设置银行名称

步骤 3　单击"保存"按钮返回。

知识点

"自动带出账号长度"的意义

输入人员档案时，其中有一个项目是银行账号。如果设置了输入时需要自动带出的账号长度位数，那么从输入第 2 个人的银行账号开始，系统就会按此处定义的位数自动带出银行账号的相应长度，从而可以有效提高输入速度。

6.2.3　工资类别管理

薪资管理子系统是按工资类别来进行管理的，每个工资类别下有人员档案、工资变动、工资数据、报税处理、银行代发等。对工资类别的维护包括建立工资类别、打开工资类别、删除工资类别、关闭工资类别和汇总工资类别。

1. 建立工资类别

案例 6-4　神州科技分别对正式职工和临时职工进行工资核算。企业各部门均有正式职工，只有生产部聘用临时职工。

视频演示

操作步骤

步骤 1　选择"人力资源"|"薪资管理"|"工资类别"|"新建工资类别"选项，打开

"新建工资类别"对话框。

步骤 2　在文本框中输入第 1 个工资类别"正式职工",如图 6.7 所示。

步骤 3　单击"下一步"按钮,单击"选定全部部门"按钮选择全部部门,如图 6.8 所示。

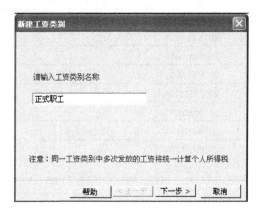

图 6.7　新建工资类别——输入工资类别名称

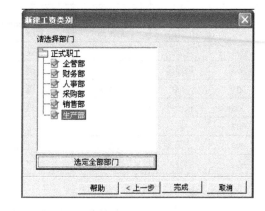

图 6.8　新建工资类别——选择部门

步骤 4　单击"完成"按钮,系统弹出"是否以 2020-01-01 为当前工资类别的启用日期?"信息提示框。单击"是"按钮返回。

步骤 5　选择"人力资源"|"薪资管理"|"工资类别"|"关闭工资类别"选项,关闭"正式职工"工资类别。

步骤 6　选择"人力资源"|"薪资管理"|"工资类别"|"新建工资类别"选项,打开"新建工资类别"对话框。

步骤 7　在文本框中输入第 2 个工资类别"临时职工",单击"下一步"按钮。选取生产部。

步骤 8　单击"完成"按钮,系统弹出"是否以 2020-01-01 为当前工资类别的启用日期?"信息提示框。单击"是"按钮返回。

步骤 9　选择"人力资源"|"薪资管理"|"工资类别"|"关闭工资类别"选项,关闭"临时职工"工资类别。

> ⓘ **提醒**
>
> ① 新建工资类别完成后,系统自动进入新建工资类别。
> ② 工资类别的启用日期确定后就不能再修改。

2. 设置人员档案

设置人员档案用于登记要发放工资人员的姓名、职工编号、所在部门、人员类别等信息,此外员工的增减变动也必须在本功能中处理。设置人员档案的操作是针对某个工资类别的,即应先打开相应的工资类别。

人员档案管理包括增加、修改、删除人员档案，人员调离与停发处理，查找人员等。

案例 6-5　神州科技正式职工工资类别包含如表 6.1 所示的人员。

表 6.1　人员档案

人员编号	人员姓名	部门名称	人员类别	账　号	中方人员	是否计税
001	齐天宇	企管部	管理人员	20200010001	是	是
002	周敏	企管部	管理人员	20200010002	是	是
003	冯涛	财务部	管理人员	20200010003	是	是
004	韩维维	财务部	管理人员	20200010004	是	是
005	张欣	财务部	管理人员	20200010005	是	是
006	宋子群	人事部	管理人员	20200010006	是	是
007	马云	采购部	管理人员	20200010007	是	是
008	李思禹	销售部	销售人员	20200010008	是	是
009	肖萍	生产部	生产人员	20200010009	是	是

操作步骤

步骤 1　选择"人力资源"|"薪资管理"|"工资类别"|"打开工资类别"选项，打开"打开工资类别"对话框。

步骤 2　选择"001 正式职工"工资类别，单击"确定"按钮。

步骤 3　选择"人力资源"|"薪资管理"|"设置"|"人员档案"选项，打开"人员档案"对话框。

步骤 4　单击工具栏中的"批增"按钮，打开"人员批量增加"对话框。单击"查询"按钮，下面的窗格中显示此前增加的所有人员档案，如图 6.9 所示。

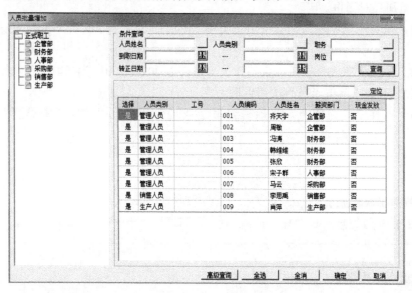

图 6.9　人员批量增加

步骤 5　单击"确定"按钮，返回"人员档案"对话框。

步骤 6　双击人员档案记录或选择人员档案记录后单击"修改"按钮，打开"人员档案明细"对话框。补充输入职工的银行名称和银行账号信息，如图 6.10 所示。

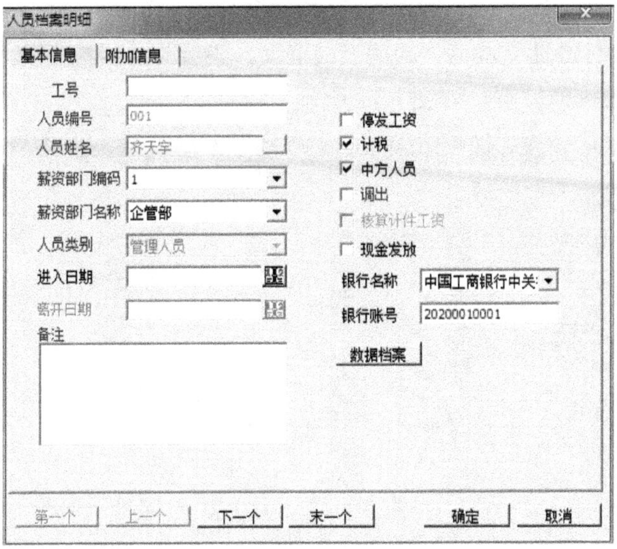

图 6.10　修改人员档案

步骤 7　单击"确定"按钮，系统弹出"写入该人员档案信息吗"信息提示框。单击"确定"按钮返回。

步骤 8　依序修改所有人员档案。

提醒

"停发工资""调出""数据档案"几个选项在修改人员档案状态下进行设置。

3. 设置工资项目和计算公式

在薪资管理子系统初始化中设置的工资项目包括本单位各种工资类别所需要的全部工资项目。由于不同的工资类别工资发放项目不同，计算公式也不同，因此应对某个指定工资类别所需的工资项目进行设置，并定义此工资类别的工资数据计算公式。

（1）选择本工资类别的工资项目

案例 6-6　神州科技正式职工工资项目包括基本工资、岗位津贴、奖金、应发合计、社会保险、住房公积金、请假扣款、代扣税、扣款合计、实发合计、请假天数和计税工资。

操作步骤

步骤 1　选择"人力资源"|"薪资管理"|"设置"|"工资项目设置"选项，打开"工资项目设置"对话框。

步骤 2　在"工资项目设置"选项卡中单击"增加"按钮，在"工资项目"列表框中增加一空行。

步骤 3　单击"名称参照"下拉列表框，从下拉列表中选择"基本工资"选项，工资项目名称、类型、长度、小数、增减项都自动带出，不能修改。

步骤 4　单击"增加"按钮，增加其他工资项目。

步骤 5　所有项目增加完成后，利用"工资项目设置"对话框中的"上移"和"下移"按钮调整工资项目的排列位置，如图 6.11 所示。

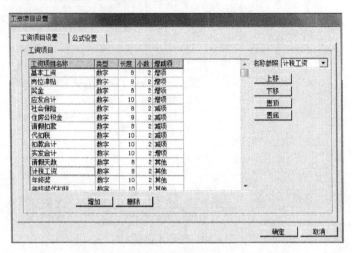

图 6.11　正式职工工资类别的工资项目设置

提醒

这里只能选择薪资管理子系统初始化设置中设置的工资项目，不可自行输入。工资项目的类型、长度、小数位数、增减项等不可更改。

(2) 设置计算公式

运用计算公式可直观表达工资项目的实际运算过程，灵活地进行工资计算处理。设置计算公式可通过选择工资项目、运算符、关系符、函数等组合完成。

系统固定的工资项目"应发合计""扣款合计""实发合计"等的计算公式，由系统根据工资项目设置的"增减项"自动给出，操作员只能增加、修改、删除其他工资项目的计算公式。

设置工资项目计算公式要符合逻辑，系统将对公式进行合法性检查，对不符合逻辑的计算公式将给出错误提示；设置计算公式时要注意先后顺序，先得到的数据应先设置；应发合计、扣款合计和实发合计的计算公式应是"工资项目"选项组的最后 3 个公式，并且实发合计的计算公式要放在应发合计和扣款合计的计算公式之后；可通过单击"工资项目"选项组的"上移""下移"按钮调整计算公式的顺序；如果出现计算公式超长，可将所用到的工资项目名称缩短（减少字符数），或者设置过渡项目；设置计算公式时可使用函数公式向导参照输入。

案例 6-7　神州科技正式职工工资类别的工资项目之间存在以下数据关系。

视频演示

企业管理人员和生产人员岗位津贴为每月 500 元,销售人员岗位津贴为每月 1 000 元。

社会保险=(基本工资+岗位津贴+奖金)×11%

住房公积金=(基本工资+岗位津贴+奖金)×10%

请假扣款=请假天数×50

计税工资=基本工资+岗位津贴+奖金-请假扣款-社会保险-住房公积金

① 设置计算公式"请假扣款=请假天数×50"

操作步骤

步骤 1　在"工资项目设置"对话框中单击"公式设置"选项卡。

步骤 2　单击"增加"按钮,在"工资项目"选项组的列表中增加一空行。单击下拉列表框选择"请假扣款"选项,如图 6.12 所示。

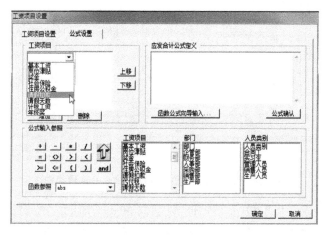

图 6.12　设置请假扣款的计算公式——选择工资项目

步骤 3　单击"请假扣款公式定义"文本框,再单击"工资项目"列表框中的"请假天数"。

步骤 4　单击运算符"*",再在"*"后单击,输入数字 50,如图 6.13 所示。然后单击"公式确认"按钮。

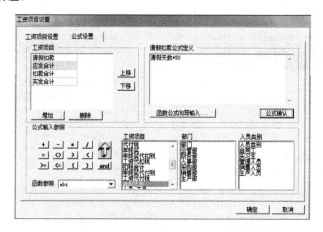

图 6.13　完成请假扣款的计算公式的设置

② 设置计算公式"岗位津贴=iff(人员类别="管理人员" or 人员类别="生产人员",500,1000)"

步骤 1　单击"增加"按钮，在"工资项目"选项组的列表中增加一空行。单击下拉列表框选择"岗位津贴"选项。

步骤 2　单击"岗位津贴公式定义"文本框，再单击"函数公式向导输入"按钮，打开"函数向导——步骤之 1"对话框。从"函数名"列表框中选择 iff，如图 6.14 所示。

图 6.14　设置岗位津贴的计算公式——选择函数

步骤 3　单击"下一步"按钮，打开"函数向导——步骤之 2"对话框。

步骤 4　单击"逻辑表达式"文本框右边的"参照"按钮，打开"参照"对话框。从"参照列表"下拉列表框中选择"人员类别"选项，从下面的列表框中选择"管理人员"，如图 6.15 所示。然后单击"确定"按钮。

步骤 5　在"逻辑表达式"文本框中输入 or，然后单击"逻辑表达式"文本框右侧的"参照"按钮，打开"参照"对话框。从"参照列表"下拉列表框中选择"人员类别"选项，在下面的列表框中选择"生产人员"。单击"确定"按钮，返回"函数向导——步骤之 2"对话框，如图 6.16 所示。

图 6.15　设置岗位津贴的计算公式——定义逻辑表达式

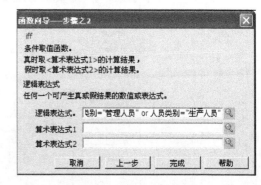

图 6.16　设置条件取值函数

提醒

在 or 前后应留空格。

步骤 6　在"算术表达式 1"文本框中输入 500、"算术表达式 2"文本框中输入 1 000，单击"完成"按钮，返回"工资项目设置"对话框。然后单击"公式确认"按钮。

步骤 7　待所有计算公式设置完毕后，利用"上移""下移"按钮调整计算公式的先后顺序，排列在前面的计算公式先计算。完成后如图 6.17 所示。

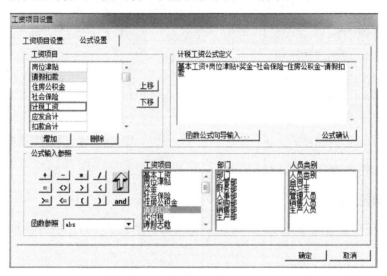

图 6.17　工资项目的计算公式设置完成

4. 设置个人所得税税率

计算从职工工资中代扣个人所得税税额是薪资管理子系统的一项重要功能。为了正确进行代扣个人所得税税额计算，需要预先设置扣税基数及目前实行的个人所得税税率表。

案例 6-8　个税免征额（扣税基数）为 5 000 元，目前实行的税率如表 6.2 所示。

表 6.2　2019 年开始实行的 7 级超额累进个人所得税税率

级数	全年应纳税所得额	按月换算	税率/%	速算扣除数/元
1	不超过 36 000 元的部分	不超过 3 000 元	3	0
2	超过 36 000 元至 144 000 元的部分	3 000 元<X≤12 000 元	10	210
3	超过 144 000 元至 300000 元的部分	12 000 元<X≤25 000 元	20	1 410
4	超过 300 000 元至 420 000 元的部分	25 000 元<X≤35 000 元	25	2 660
5	超过 420 000 元至 660 000 元的部分	35 000 元<X≤55 000 元	30	4 410
6	超过 660 000 元至 960 000 元的部分	55 000 元<X≤80 000 元	35	7 160
7	超过 960 000 元的部分	超过 80 000 元	45	15 160

步骤 1　选择"人力资源"|"薪资管理"|"设置"|"选项"选项，打开"选项"对话框。

步骤 2　单击"编辑"按钮，在"扣税设置"选项卡中单击"实发合计"下拉列表框，从中选择"计税工资"选项，如图 6.18 所示。

步骤 3　单击"税率设置"按钮，打开"个人所得税申报表——税率表"对话框。

步骤 4　修改个人所得税扣税基数为 5 000、附加费用为 0，并修改各级次应纳税所得额上限、税率和速算扣除数，如图 6.19 所示。

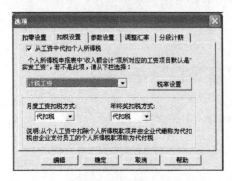

图 6.18　扣税设置

图 6.19　个人所得税税率表

步骤 5　单击"确定"按钮返回。

5. 输入期初工资数据

第 1 次使用薪资管理子系统时必须将所有人员的基本工资数据输入计算机，作为工资计算的基础数据。

 案例 6-9　神州科技正式职工的工资数据如表 6.3 所示。

表 6.3　神州科技正式职工工资数据　　　　　　　　　　　　　　　　　元

姓　名	基本工资	奖　金	姓　名	基本工资	奖　金
齐天宇	8 000	500	宋子群	5 600	200
周　敏	5 500	300	马　云	5 600	300
冯　涛	5 700	300	李思禹	6 000	300
韩维维	4 200	200	肖　萍	5 000	300
张　欣	4 000	200			

操作步骤

步骤 1　选择"人力资源"|"薪资管理"|"业务处理"|"工资变动"选项，打开"工资变动"对话框。

图 6.20　项目过滤

步骤 2　单击"过滤器"下拉列表框，选择"过滤设置"选项，打开"项目过滤"对话框。

步骤 3　单击"工资项目"列表框中的"基本工资"，再单击">"按钮，将其选入"已选项目"列表框中。同样，选择"奖金"到"已选项目"列表框中，如图 6.20 所示。

步骤 4　单击"确定"按钮，返回"工资变动"

对话框。对话框中只显示"基本工资""奖金"两个项目。

步骤 5　输入"正式人员"工资类别的基本工资及奖金数据。

步骤 6　单击"过滤器"下列列表框，选择"所有项目"选项，屏幕上显示所有工资项目。

ⓘ 提醒

这里只须输入没有进行计算公式设定的项目，如"基本工资""奖励工资"和"请假天数"，其余各项由系统根据计算公式自动计算生成。

任务 6.3　日常业务处理实务

薪资管理子系统的日常业务主要包括对职工档案的维护、职工工资变动数据的输入及计算、个人所得税计算与申报、银行代发工资处理等。

6.3.1　工资变动

由于职工工资与考勤、工作业绩等各项因素相关，因此每个月都需要进行职工工资数据的调整。为了快速、准确地输入工资数据，系统提供以下功能。

1. 筛选和定位

如果要对部分人员的工资数据进行修改，最好采用数据过滤的方法，先将所要修改的人员过滤出来，再进行工资数据的修改。修改完毕后进行重新计算和汇总。

2. 页编辑

在"工资变动"对话框中提供了"编辑"按钮，可以对选定的个人进行快速输入。单击"上一人""下一人"按钮可变更人员，输入或修改其他人员的工资数据。

3. 数据替换

数据替换是指将符合条件的人员的某个工资项目的数据统一替换成某个数据。例如，将管理人员的奖金上调 100 元。

案例 6-10　因去年销售业绩突出，公司决定奖励销售部职工每人 1 000 元。

操作步骤

步骤 1　选择"人力资源"|"薪资管理"|"业务处理"|"工资变动"选项，打开"工资变动"对话框。

步骤 2　单击"全选"按钮，人员记录前的"选择"栏中出现选中标记"Y"。

步骤 3　单击工具栏中的"替换"按钮，打开"工资项数据替换"对话框。

👆视频演示

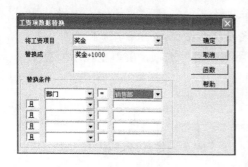

图 6.21　数据替换

单击"将工资项目"下拉列表框，选择"奖金"选项；在"替换成"文本框中输入"奖金+1000"；在"替换条件"选项组中选择"部门""＝""销售部"，如图 6.21 所示。

步骤 4　单击"确定"按钮，系统弹出"数据替换后将不可恢复。是否继续？"信息提示框。单击"是"按钮，系统弹出"1 条记录被替换，是否重新计算？"信息提示框。单击"是"按钮，系统自动完成工资的计算。

4. 过滤器

如果只对工资项目中的某一个或几个项目进行修改，可将要修改的项目过滤出来。例如，只对"请假天数"工资项目的数据进行修改。对于常用到的过滤项目，可以在选择过滤项目后输入一个名称进行保存，以后就可通过过滤项目名称调用，在不用时可以将其删除。

案例 6-11　本月考勤情况是：宋子群请假 2 天，肖萍请假 1 天。

视频演示

操作步骤

步骤 1　选择"人力资源"|"薪资管理"|"业务处理"|"工资变动"选项，打开"工资变动"对话框。

步骤 2　单击"过滤器"下拉列表框，选择"过滤设置"选项，打开"项目过滤"对话框。

步骤 3　从左侧的"工资项目"列表框中选择"请假天数"到"已选项目"列表框中。

步骤 4　单击"确定"按钮返回，"工资变动"对话框中仅保留"请假天数"项目。输入本月考勤情况。

步骤 5　完成后从"过滤器"下拉列表框中选择"所有项目"选项。

5. 工资计算与汇总

本月"变动工资"项目输入完成后，即可以进行本月职工工资的计算和汇总，系统按照此前设置的计算公式进行自动计算。

案例 6-11（续）　进行本月工资计算与汇总。

操作步骤

步骤 1　在"工资变动"对话框中，单击"计算"按钮，计算工资数据。

步骤 2　单击"汇总"按钮，汇总工资数据，如图 6.22 所示。

步骤 3　单击"退出"按钮，退出"工资变动"对话框。

6. 查看个人所得税扣缴申报表

在计算本月职工工资的同时，系统按照预先设置的扣税基数及税率自动完成个人所得税的计算。个人所得税扣缴申报表是个人纳税情况的记录，企业每月需要向税务机关上报。

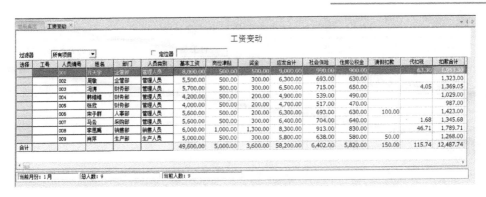

图 6.22　工资计算及汇总

案例 6-12　查看个人所得税扣缴申报表。

操作步骤

步骤 1　选择"人力资源"|"薪资管理"|"业务处理"|"扣缴所得税"选项，打开"个人所得税申报模板"对话框。

步骤 2　选择"北京"地区"扣缴个人所得税报表"，单击"打开"按钮，打开"所得税申报"对话框。单击"确定"按钮，打开"所得税申报"对话框，如图 6.23 所示。

图 6.23　北京扣缴个人所得税报表

步骤 3　查看完毕后退出。

6.3.2　工资分摊

工资是费用中人工费最主要的部分，每月还需要对工资费用进行工资总额的计算、分配及各种经费的计提，并编制转账会计凭证，供登账处理使用。

1. 工资分摊类型设置

案例 6-13　神州科技应付工资总额等于工资项目"应发合计"，应付福利费也以此为计提基数。生产产品为计算机。

工资费用分配的转账分录如表 6.4 所示。

表 6.4　工资费用分配的转账分录

部门 \ 工资分摊		应付工资		应付福利费（14%）	
		借　方	贷　方	借　方	贷　方
企管部、财务部、人事部、采购部	管理人员	660201	221101	660202	221102
销售部	销售人员	6601	221101	6601	221102
生产部	生产人员	500102	221101	500102	221102

操作步骤

步骤 1　选择"人力资源"|"薪资管理"|"业务处理"|"工资分摊"选项，打开"工资分摊"对话框，如图 6.24 所示。

步骤 2　单击"工资分摊设置"按钮，打开"分摊类型设置"对话框。

步骤 3　单击"增加"按钮，打开"分摊计提比例设置"对话框。输入计提类型名称为"应付工资"，如图 6.25 所示。

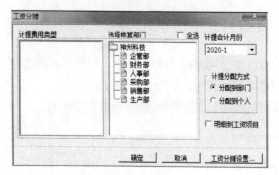

图 6.24　工资分摊　　　　　　　　　　　　图 6.25　分摊计提比例设置

步骤 4　单击"下一步"按钮，打开"分摊构成设置"对话框。

步骤 5　按实验资料内容进行设置，如图 6.26 所示。返回"分摊类型设置"对话框，继续设置"应付福利费"分摊计提项目。

部门名称	人员类别	工资项目	借方科目	借方项目大类	借方项目	贷方科目	贷方项目大类	贷方项目
企管部,财务部,人事…	管理人员	应发合计	660201			221101		
销售部	销售人员	应发合计	6601			221101		
生产部	生产人员	应发合计	500102	产品	计算机	221101		

图 6.26　分摊构成设置

2. 工资分摊

案例 6-14　进行 2020 年 1 月份工资分摊。

操作步骤

步骤 1　选择"人力资源"|"薪资管理"|"业务处理"|"工资分摊"选项，打开"工资分摊"对话框。

步骤 2　选择需要分摊的计提费用类型，确定分摊计提会计月份为"2020-1"。

步骤 3　选择核算部门为企管部、财务部、人事部、采购部、销售部、生产部。

步骤 4　选中"明细到工资项目"复选框，如图 6.27 所示。

步骤 5　单击"确定"按钮，打开"工资分摊明细"对话框。

图 6.27　工资分摊

步骤 6　选中"合并科目相同、辅助项相同的分录"复选框，如图 6.28 所示。

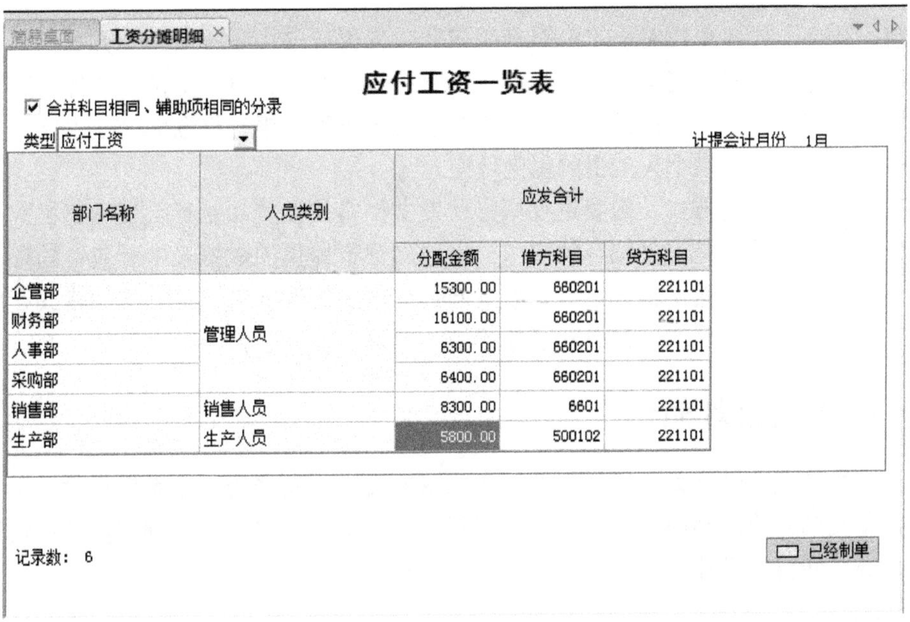

应付工资一览表

☑ 合并科目相同、辅助项相同的分录

类型 应付工资　　　　　　　　　　　　　　　　　计提会计月份　1月

部门名称	人员类别	应发合计		
		分配金额	借方科目	贷方科目
企管部	管理人员	15300.00	660201	221101
财务部		16100.00	660201	221101
人事部		6300.00	660201	221101
采购部		6400.00	660201	221101
销售部	销售人员	8300.00	6601	221101
生产部	生产人员	5800.00	500102	221101

记录数：6　　　　　　　　　　　　　　　　　　　　□ 已经制单

图 6.28　工资分摊明细

步骤 7　单击"制单"按钮。然后单击凭证左上角的"字"处，选择"转 转账凭证"。单击"保存"按钮，凭证左上角出现"已生成"标志，代表该凭证已传递到总账管理子系统，如图 6.29 所示。

步骤 8　单击工具栏中的"退出"按钮，返回"工资分摊明细"对话框。

步骤 9　从"类型"下拉列表框中选择其他类型，继续生成其他凭证。

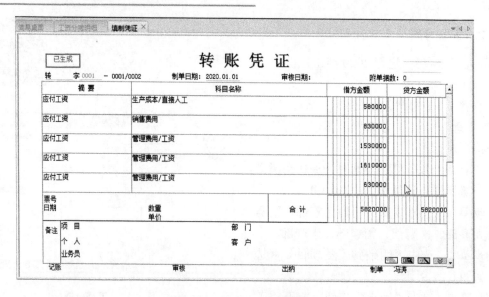

图 6.29　应付工资转账凭证

6.3.3　银行代发

目前，社会上许多单位发放工资时都采用职工凭银行卡去银行取款的方式。银行代发业务处理是指每月末企业应向银行提供银行指定格式的职工代发工资信息文件。这样做既减轻了财务部门发放工资工作的繁重，又有效避免了出纳去银行提取大笔款项所承担的风险，同时还提高了对员工个人工资的保密程度。

采用银行代发工资方式，需要进行银行代发文件格式设置和银行代发输出格式设置。银行代发文件格式设置是根据银行的要求，设置向银行提供的数据表中所包含的项目的相关属性信息；银行代发输出格式设置是设置向银行提供的数据表以何种文件格式存放，以及文件中的各数据项目是如何存放和区分的。

6.3.4　工资数据查询统计

工资数据处理的结果最终通过工资报表的形式反映。薪资管理子系统提供了主要的工资报表，报表的格式由系统提供。如果对工资报表提供的固定格式不满意，可以通过修改表和新建表功能自行设计。

1. 工资表

工资表包括工资发放签名表、工资发放条、工资卡、部门工资汇总表、人员类别工资汇总表、条件汇总表、条件统计表、条件明细表、工资变动明细表、工资变动汇总表等由系统提供的原始表，主要用于本月工资发放和统计。工资表可以进行修改和重建。

2. 工资分析表

工资分析表是以工资数据为基础，对部门、人员类别的工资数据进行分析和比较，产生的各种分析表，供决策人员使用。

6.3.5 月末处理

月末处理是指将当月数据经过处理后结转至下月。每月工资数据处理完毕后均可进行月末结转。由于在工资项目中有的项目是变动的，即每月的数据均不相同，所以每月在进行工资处理时，均须将其数据清为 0，而后输入当月的数据。此类项目即为清零项目。

案例 6–15 以账套主管 cw01 冯涛的身份登录用友 U8，进行月末处理。设置"请假天数"和"奖金"为清零项。

操作步骤

步骤 1 选择"人力资源"|"薪资管理"|"业务处理"|"月末处理"选项，打开"月末处理"对话框。单击"确定"按钮，系统弹出"月末处理之后，本月工资将不许变动！继续月末处理吗？"信息提示框，如图 6.30 所示。

步骤 2 单击"是"按钮，系统弹出"是否选择清零项？"信息提示框。单击"是"按钮，打开"选择清零项目"对话框。

步骤 3 在"请选择清零项目"列表框中选择"请假天数"和"奖金"，单击">"按钮，将所选项目移动到右侧的列表框中，如图 6.31 所示。

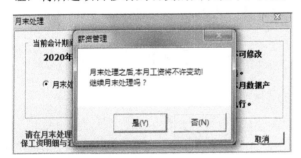

图 6.30 月末处理   图 6.31 选择清零项目

步骤 4 单击"确定"按钮，系统弹出"月末处理完毕！"信息提示框。单击"确定"按钮返回。

提醒

① 月末结转只有在会计年度的 1 月至 11 月进行。
② 如果处理多个工资类别，则应打开工资类别，分别进行月末结转。
③ 如果本月工资数据未汇总，系统将不允许进行月末结转。
④ 进行期末处理后，当月数据将不再允许变动。
⑤ 月末处理功能只有主管人员才能使用。

6.3.6 年末结转

年末结转是指将工资数据经过处理后结转至下年。进行年末结转后，新年度账将自动建立。应处理完所有工资类别的工资数据，并关闭所有工资类别，然后在系统管理中选择"年度账"菜单，进行上年数据结转。其他操作与月末处理类似。

年末结转只有在当月工资数据处理完毕后才能进行。如果当月工资数据未汇总，系统将不允许进行年末结转。进行年末结转后，本年各月数据将不允许变动。如果用户跨月进行年末结转，系统将给出提示。年末处理功能只有主管人员才能使用。

课后练习

一、思考题

1. 薪资管理子系统的主要功能是什么？
2. 建立工资账套时需要进行哪些设置？
3. 在哪些情况下需要设置多个工资类别？
4. 如何在薪资管理子系统中进行扣缴个人所得税处理？
5. "五险一金"是指什么？
6. 与职工工资有关的费用有哪些？
7. 如何处理与职工工资有关的费用计提？
8. 薪资管理子系统生成哪些凭证传递给总账管理子系统？

二、操作题

完成《会计信息化实训》（用友 U8 V10.1）中的"实验七　薪资管理"。

项目 7

固定资产管理

知识目标

1. 了解固定资产管理子系统的主要功能。
2. 熟悉固定资产管理子系统的操作流程。
3. 熟悉固定资产管理子系统初始化的工作内容。
4. 掌握利用固定资产管理子系统进行企业固定资产日常管理的方法。
5. 了解针对不同企业需求的固定资产解决方案。

技能目标

1. 掌握建立固定资产账套的操作。
2. 掌握设置固定资产类别，设置部门折旧科目、增减方式及对应入账科目的操作。
3. 掌握固定资产卡片输入的基本操作。
4. 掌握资产增减、变动处理、折旧计算等基本操作。

任务 7.1　固定资产管理子系统认知

固定资产是企业正常生产经营的必要条件，正确管理和核算企业的固定资产，对于保护企业资产完整、保证再生产资金来源具有重要意义。按照固定资产生命周期，固定资产管理子系统的功能包括购建、使用过程中的折旧计提，资产价值变动，退出时的报废清理，涉及实物管理和核算两大内容。

7.1.1　了解固定资产管理子系统

用友 U8 的固定资产管理子系统可以帮助企业进行固定资产日常业务的核算和管理，生成固定资产卡片；按月反映固定资产的增加、减少、原值变化及其他变动，并输出相应的增减变动明细账；按月自动计提折旧，生成折旧分配凭证；输出一些与设备管理相关的报表和账簿。

7.1.2 使用固定资产管理子系统的流程

使用固定资产管理子系统分为两个阶段：固定资产管理子系统初始化和固定资产日常业务处理。

① 固定资产管理子系统初始化是指根据企业对固定资产的管理需求，在用友 U8 中建立一个适合企业自身的固定资产管理模式。固定资产管理子系统初始化包括固定资产控制参数设置、基础设置和输入期初固定资产卡片。初始化设置工作是一次性的。

② 固定资产日常业务处理包括卡片管理、资产变动处理、计提折旧等。

③ 固定资产管理子系统的操作流程如图 7.1 所示。

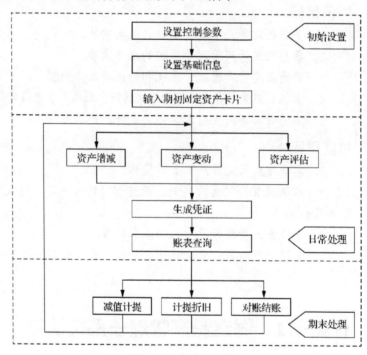

图 7.1 固定资产管理子系统的操作流程

任务 7.2 固定资产管理子系统初始化实务

7.2.1 固定资产账套初始化

在系统管理中已经建立了企业核算账套，在固定资产管理子系统中还需要针对固定资产设置相应的控制参数，包括约定与说明、启用月份、折旧信息、编码方式，以及账务接口等。这些参数在初次启动固定资产管理子系统时设置，其他参数可以在"选项"对话框中设置。

提醒

① 进行本项目案例练习之前，以系统管理员的身份在系统管理中引入"总账初始化"账套。

② 建立固定资产账套之前需要由账套主管在企业应用平台中启用固定资产管理子系统，启用日期为 2020 年 1 月 1 日。

案例 7-1 对神州科技固定资产账套进行初始化。

视频演示

操作步骤

步骤 1 以账套主管 cw01 冯涛的身份进入用友 U8 主界面，选择"财务会计"|"固定资产"选项，系统弹出"这是第一次打开此账套，还未进行过初始化，是否进行初始化？"信息提示框。

步骤 2 单击"是"按钮，打开"初始化账套向导"对话框。

步骤 3 在"初始化账套向导——约定及说明"对话框中，仔细阅读相关条款，选中"我同意"单选按钮，如图 7.2 所示。约定及说明中列示了固定资产账套的基本信息和系统关于固定资产管理的基本原则，如序时管理原则和变动后折旧计算与分配汇总原则。

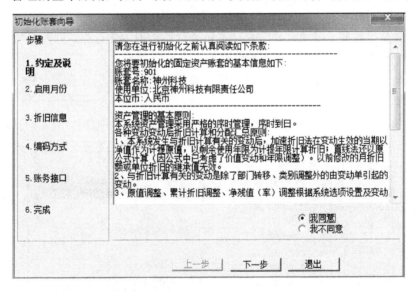

图 7.2 初始化账套向导——约定及说明

步骤 4 单击"下一步"按钮，打开"初始化账套向导——启用月份"对话框，查看账套启用月份为"2020.01"。启用日期确定之后，在该日期前的所有固定资产都将作为期初数据，从启用月份开始计提折旧。

步骤 5 单击"下一步"按钮，打开"初始化账套向导——折旧信息"对话框。设定本企业的折旧方案，即确定是否计提折旧、采用什么方法计提折旧、多长时间进行折旧汇总分配。选中"本账套计提折旧"复选框，选择主要折旧方法为"年数总和法"、折旧汇总分配周期为"1个月"，选中"当（月初已计提月份=可使用月份-1）时将剩余折旧全部提足（工作量法除外）"复选框，如图7.3所示。

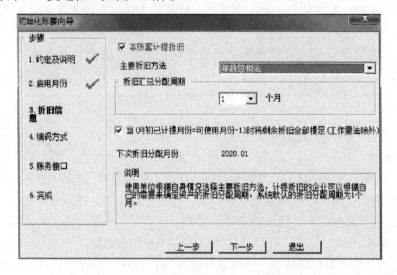

图7.3　初始化账套向导——折旧信息

i 提醒

① 如果是行政事业单位，不选中"本账套计提折旧"复选框，则账套内所有与折旧有关的功能被屏蔽。该选项在初始化设置完成后不能修改。

② 本处选择的折旧方法可以在设置资产类别或定义具体固定资产时进行更改。

步骤6　单击"下一步"按钮，打开"初始化账套向导——编码方式"对话框。确定资产类别编码长度为2112，选中"自动编码"单选按钮，选择固定资产编码方式为"类别编号+部门编号+序号"、序号长度为3，如图7.4所示。

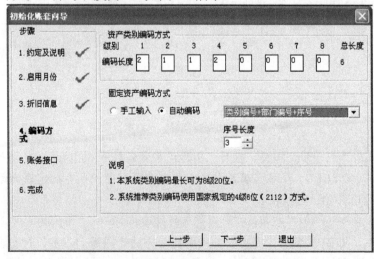

图7.4　初始化账套向导——编码方式

步骤 7　单击"下一步"按钮，打开"初始化账套向导——账务接口"对话框。选中"与账务系统进行对账"复选框，选择固定资产对账科目为"1601,固定资产"、累计折旧对账科目为"1602,累计折旧"，如图 7.5 所示。

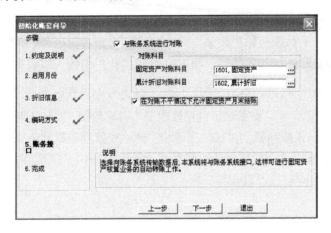

图 7.5　初始化账套向导——账务接口

步骤 8　单击"下一步"按钮，打开"初始化账套向导——完成"对话框，如图 7.6 所示。单击"完成"按钮，完成本账套的初始化，系统弹出"是否确定所设置的信息完全正确并保存对新账套的所有设置"信息提示框。

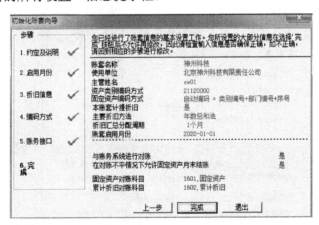

图 7.6　初始化账套向导——完成

步骤 9　单击"是"按钮，系统弹出"已成功初始化本固定资产账套！"信息提示框。单击"确定"按钮，进入固定资产管理子系统。

ⓘ提醒

① 初始化设置完成后，有些参数不能修改，所以要慎重。

② 如果发现参数有错，必须改正，则只能通过"财务会计"｜"固定资产"｜"维护"｜"重新初始化账套"选项实现。该操作将清空此前对该账套所做的一切工作。

7.2.2 初始化设置

1. 选项设置

在固定资产管理子系统初始化账套向导中完成了参数设置后，还要进行一些补充设置，如业务发生后是否立即进行制单处理、固定资产和累计折旧的入账科目设定等。

案例 7-2 神州科技固定资产管理子系统的业务处理规则为固定资产"业务发生后立即制单""月末结账前一定要完成制单登账业务"，固定资产默认入账科目为"1601,固定资产"、累计折旧默认入账科目为"1602,累计折旧"、减值准备默认入账科目为"1603,固定资产减值准备"、增值税进项税额默认入账科目为"22210101,进项税额"、固定资产清理默认入账科目为"1606,固定资产清理"。

操作步骤

步骤 1 选择"财务会计"|"固定资产"|"设置"|"选项"选项，打开"选项"对话框。

步骤 2 选择"与账务系统接口"选项卡。单击"编辑"按钮，选中"业务发生后立即制单""月末结账前一定要完成制单登账业务"复选框，依次选择默认入账科目为"1601,固定资产""1602,累计折旧""1603,固定资产减值准备""22210101,进项税额""1606,固定资产清理"，如图 7.7 所示。

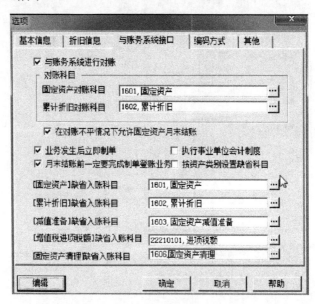

图 7.7 选项设置

步骤 3 单击"确定"按钮。

2. 资产类别设置

固定资产的种类繁多，规格不一，要强化固定资产管理，及时准确做好固定资产核算，就必须科学地建立固定资产的分类，为核算和统计管理提供依据。企业可根据自身的特点和管理要求，确定一个较为合理的资产分类方法。

 案例 7-3 神州科技的资产类别如表 7.1 所示。

表7.1 资产类别

编　码	类别名称	净残值率	单　位	计提属性
01	交通运输设备	2%		正常计提
011	经营用设备	2%		正常计提
012	非经营用设备	2%		正常计提
02	电子设备及其他通信设备	2%		正常计提
021	经营用设备	2%	台	正常计提
022	非经营用设备	2%	台	正常计提

操作步骤

步骤1　选择"财务会计"|"固定资产"|"设置"|"资产类别"选项，打开固定资产分类编码表。

步骤2　单击"增加"按钮。输入类别名称为"交通运输设备"、净残值率为3%，选择计提属性为"正常计提"、折旧方法为"年数总和法"、卡片样式为"含税卡片样式"，如图7.8所示。然后单击"保存"按钮。

步骤3　同理，完成其他资产类别的设置。

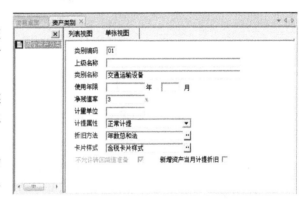

图7.8　资产类别设置

提醒

① 资产类别编码不能重复，同一级的类别名称不能相同。
② 类别编码、类别名称、计提属性、卡片样式不能为空。
③ 已使用过的资产类别不能设置新下级。

3. 部门设置

在部门设置中，可以对单位的各部门进行设置，以便确定资产的归属。在用友 U8 企业应用平台的"基础设置"中设置的部门信息是共享的。

4. 部门对应折旧科目设置

对应折旧科目是指折旧费用的入账科目。资产计提折旧后必须把折旧归入成本或费用。根据不同企业的具体情况，有按部门归集的，也有按类别归集的。部门对应折旧科目的设置就是给每个部门选择一个折旧科目，这样在输入卡片时该科目自动填入卡片中，不必一个一个地输入。

如果对某一上级部门设置了对应的折旧科目，下级部门自动继承上级部门的设置。

案例 7-4 神州科技企管部、财务部、人事部、采购部折旧科目为"管理费用——折旧费"，销售部折旧科目为"销售费用"，生产部折旧科目为"制造费用"。

图 7.9 部门对应折旧科目设置

操作步骤

步骤 1 选择"财务会计"|"固定资产"|"设置"|"部门对应折旧科目"选项，打开"部门对应折旧科目"对话框。

步骤 2 选择部门"企管部"，单击"修改"按钮。

步骤 3 选择折旧科目为"660203，折旧费"，单击"保存"按钮。

步骤 4 同理，完成其他部门折旧科目的设置。全部完成后如图 7.9 所示。

5. 增减方式及对应入账科目设置

增减方式包括增加方式和减少方式两类。资产的增加或减少方式用以确定资产计价和处理原则，并且明确资产的增加或减少方式可以对固定资产增减的汇总管理做到心中有数。

案例 7-5 神州科技直接购入增加资产的对应入账科目为"100201，工行人民币户"，固定资产损毁减少资产对应入账科目为"1606，固定资产清理"。

操作步骤

步骤 1 选择"财务会计"|"固定资产"|"设置"|"增减方式"选项，打开"增减方式"对话框。

步骤 2 单击增加方式"直接购入"，再单击"修改"按钮。

步骤 3 输入对应入账科目为100201（工行人民币户），然后单击"保存"按钮。

步骤 4 同理，输入减少方式"损毁"的对应入账科目为1606（固定资产清理），如图 7.10 所示。

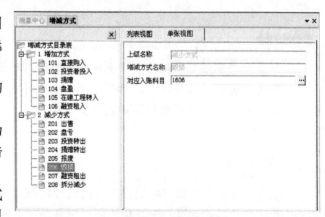

图 7.10 增减方式

ℹ️提醒

当固定资产发生增减变动时，系统生成凭证时会默认采用这些科目。

6. 折旧方法设置

折旧方法设置是系统自动计算折旧的基础。系统提供了常用的 7 种折旧方法——不提折旧、平均年限法（一和二）、工作量法、年数总和法、双倍余额递减法（一和二），并列出了它们的折旧计算公式。这几种方法是系统默认的折旧方法，只能选用，不能删除和修改。另外，可能由于各种原因，这几种方法还不能满足需要，为此系统提供了折旧方法的自定义功能。

7. 使用状况设置

从固定资产核算和管理的角度来看，需要明确资产的使用状况，这样一方面可以正确地计算和计提折旧；另一方面便于统计固定资产的使用情况，提高资产的利用效率。固定资产主要的使用状况有：在用、季节性停用、经营性出租、大修理停用、不需用、未使用等。

用友 U8 固定资产管理子系统提供了基本的使用状况，分为两级，可以在此基础上修改或定义新的使用状况。

8. 卡片项目设置

卡片项目是固定资产卡片上要显示的用来记录固定资产资料的栏目，如原值、资产名称、使用年限、折旧方法等是卡片最基本的项目。用友 U8 固定资产管理子系统提供了一些常用卡片必需的项目，称为系统项目。但这些项目不一定能满足对固定资产特殊管理的需要，这时就可以通过卡片项目定义来定义自己需要的项目，称为自定义项目。这两部分构成了卡片项目目录。这些项目可以在定义卡片样式时选择使用。

9. 卡片样式定义

卡片样式是指卡片的整个外观，包括格式（是否有表格线、对齐形式、字体大小、字型等）、所包含的项目和项目的位置。不同企业所设置的卡片的样式可能不同，同一企业对不同的资产、企业管理的内容和侧重点也可能不同，所以本系统提供了卡片样式定义功能，增大了灵活性。系统默认的卡片样式有：通用样式、土地房屋类卡片样式、机械设备类卡片样式、运输设备类卡片样式。操作员既可以修改默认的卡片样式，也可以定义新的卡片样式。

7.2.3 输入期初固定资产卡片

固定资产卡片是固定资产核算和管理的基础依据，为保持历史资料的连续性，必须将建账日期以前的数据输入到系统中。原始卡片的输入不限制必须在第 1 个期间结账前，任何时候都可以输入原始卡片。原始卡片上所记录的资产的开始使用日期一定要早于或与固定资产管理子系统的启用日期相同。

案例 7-6 神州科技 2020 年 1 月 1 日固定资产数据整理如表 7.2 所示。

视频演示

表 7.2　神州科技固定资产一览表

固定资产名称	类别编号	所在部门	增加方式	可使用年限	开始使用日期	原值/元	累计折旧/元
凯美瑞轿车	012	企管部	直接购入	96	2018.12.01	200 000	43 111
江铃皮卡	011	销售部	直接购入	96	2018.12.01	115 000	24 889
笔记本电脑	022	企管部	直接购入	60	2017.12.01	10 000	5 820
多功能一体机	022	企管部	直接购入	60	2017.12.01	12 500	6 693
联想电脑	021	生产部	直接购入	60	2017.12.01	6 000	3 492
合　计						342 500	84 005

操作步骤

步骤 1　选择"财务会计"|"固定资产"|"卡片"|"录入原始卡片"选项，打开"固定资产类别档案"对话框，如图 7.11 所示。

步骤 2　选择固定资产类别为"012 非经营用设备"，单击"确定"按钮，打开"固定资产卡片"对话框。

步骤 3　输入固定资产名称为"轿车"；双击"使用部门"，在打开的"固定资产——本资产部门使用方式"对话框中选中"单部门使用"单选按钮，在随后打开的"部门基本参照"对话框中选择"企管部"；双击"增加方式"，选择"直接购入"；双击"使用状况"，选择"在用"；输入开始使用日期为"2018-12-01"、原值为 200 000、累计折旧为 43 111、使用年限（月）为 96。其他信息自动算出，如图 7.12 所示。

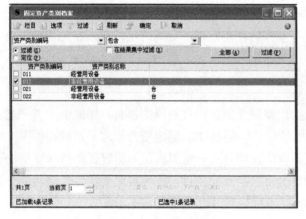

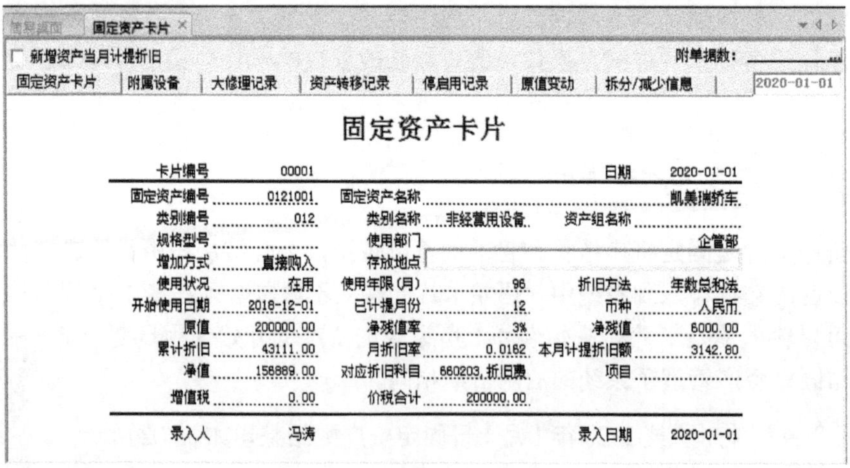

图 7.11　选择资产类别

图 7.12　输入固定资产原始卡片

步骤 4　单击"保存"按钮，系统弹出"数据成功保存！"信息提示框。单击"确定"按钮。

步骤 5　同理，完成其他固定资产卡片的输入。

提醒

①卡片编号。卡片编号由系统根据初始化时定义的编码方案自动设定，不能修改。当删除一张卡片而其又不是最后一张时，系统将保留空号。

②已计提月份。已计提月份由系统根据开始使用日期自动算出，可以修改。应将使用期间停用等不计提折旧的月份扣除。

③月折旧率、本月计提折旧额。输入与计算折旧有关的项目后，系统会按照输入的内容自动算出月折旧率和本月计提折旧额并显示在相应项目内。可与手工计算的值比较，核对是否有错误。

7.2.4　期初对账

为了保证固定资产管理子系统中输入的固定资产明细数据资料与总账管理子系统中的固定资产和累计折旧数据一致，可使用系统提供的对账功能进行验证。

案例 7-7　固定资产原始卡片输入完成后，与总账管理子系统进行对账。

操作步骤

步骤 1　选择"财务会计"|"固定资产"|"处理"|"对账"选项，系统显示与总账管理子系统的对账结果，如图 7.13 所示。

步骤 2　单击"确定"按钮返回。

图 7.13　与账务对账结果

任务 7.3　固定资产日常业务处理实务

固定资产在日常使用过程中，会发生资产增减、各项因素的变动等情况。在变动发生时应及时处理，且每月应正确计算固定资产折旧，为企业的成本费用核算提供依据。

7.3.1　资产增加

资产增加是指购进或通过其他方式增加企业资产。资产增加时需要输入一张新的固定资产卡片。

案例 7-8　神州科技生产部 1 月 20 日购买了一台空气净化器。增值税

视频演示

发票记载无税单价为 8 000 元、进项税税额为 1 040 元、价税合计为 9 040 元；净残值率为 3%，预计使用年限为 5 年。

操作步骤

步骤 1　选择"财务会计"｜"固定资产"｜"卡片"｜"资产增加"选项，打开"固定资产类别档案"对话框。

步骤 2　选择资产类别为"022 非经营用设备"，单击"确定"按钮，打开"固定资产卡片"对话框。

步骤 3　输入固定资产名称为"空气净化器"；双击"使用部门"，选择"单部门使用""生产部"；双击"增加方式"，选择"直接购入"；双击"使用状况"，选择"在用"；默认"开始使用日期"为"2020-01-20"；输入原值为 8 000、增值税为 1 040、可使用年限为 60 月，如图 7.14 所示。

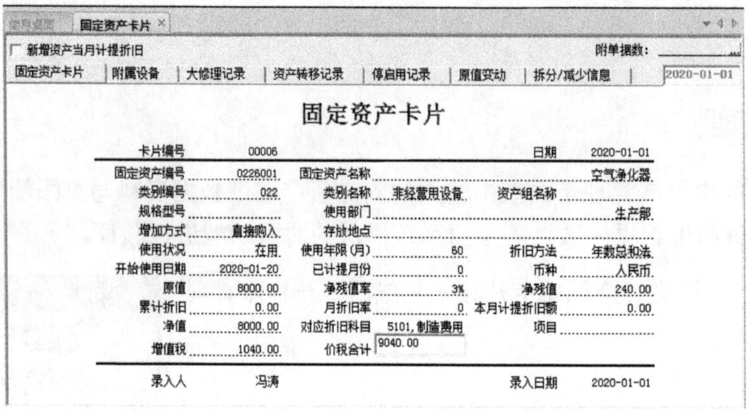

图 7.14　资产增加

步骤 4　单击"保存"按钮，打开"填制凭证"对话框。

步骤 5　选择凭证类型为"付 付款凭证"，修改相关信息，然后单击"保存"按钮。生成凭证如图 7.15 所示。

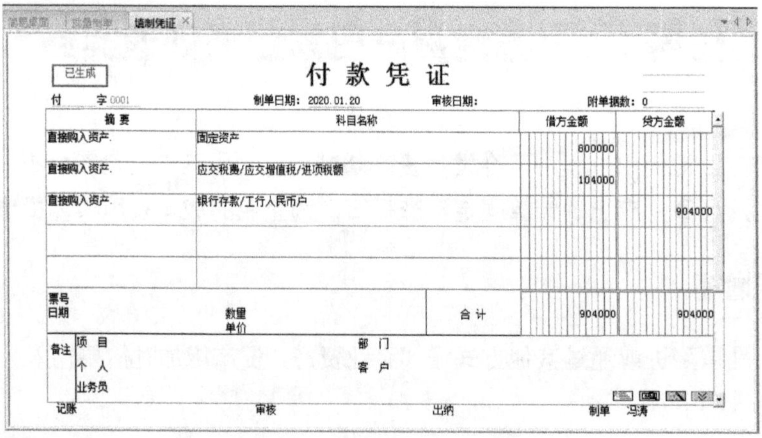

图 7.15　新增资产生成凭证

提醒

> ① 固定资产原值一定要输入卡片输入月月初的价值，否则会出现计算错误。
> ② 新卡片第 1 个月不计提折旧，累计折旧为空或 0。
> ③ 卡片输入完后，也可以不立即制单，在月末可以批量制单。

7.3.2　资产变动

资产变动包括原值变动、部门转移、使用状况变动、使用年限调整、折旧方法调整、计提减值准备、净残值（率）调整、工作总量调整、累计折旧调整、资产类别调整、变动单管理。其他项目的修改，如名称、编号、自定义项目等的变动等可直接在卡片上进行。

资产变动要求输入相应的变动单来记录资产调整结果。

1．原值变动

资产在使用过程中，其原值增减有 5 种情况：根据国家规定对固定资产重新估价；增加、补充设备或改良设备；将固定资产的一部分拆除，根据实际价值调整原来的暂估价值；发现原记录固定资产价值有误。原值变动包括原值增加和原值减少两部分。

案例 7-9　1 月 31 日，为企管部的凯美瑞轿车添置新配件，价值 6 000 元。以转账支票支付，票号 2011。

操作步骤

步骤 1　在业务发生的日期登录系统，选择"财务会计"|"固定资产"|"卡片"|"变动单"|"原值增加"选项，打开"固定资产变动单"对话框。

步骤 2　选择卡片编号为 00001，输入增加金额为 6 000、变动原因为"增加配件"，如图 7.16 所示。

简易查询	固定资产变动单 ×	

☐ 本变动单当期生效　　　　　　　　　　　　　　　　　　　　　　　原值增加

固定资产变动单

－ 原值增加 －

变动单编号	00001			变动日期	2020-01-31
卡片编号	00001	资产编号	0121001	开始使用日期	2018-12-01
资产名称			凯美瑞轿车	规格型号	
增加金额	6000.00	币种	人民币	汇率	1
变动的净残值率	3%			变动的净残值	180.00
变动前原值	200000.00			变动后原值	206000.00
变动前净残值	6000.00			变动后净残值	6180.00
变动原因					增加配件
				经手人	冯涛

图 7.16　固定资产变动单——原值增加

步骤 3　单击"保存"按钮，打开"填制凭证"对话框。

步骤 4　选择凭证类型为"付 付款凭证"，填写修改其他项目，然后单击"保存"按钮。

 提醒

① 变动单不能修改，只有当月可删除重做，所以应仔细检查后再保存。

② 必须保证变动后的净值大于变动后的净残值。

2. 部门转移

资产在使用过程中，因内部调配而发生的部门变动应及时处理，否则将影响部门的折旧计算。

案例 7-10　1 月 31 日，企管部的笔记本电脑因工作需要调整到采购部。

操作步骤

步骤 1　选择"财务会计"|"固定资产"|"卡片"|"变动单"|"部门转移"选项，打开"固定资产变动单"对话框。

固定资产变动单

— 部门转移 —

变动单编号	00002	变动日期	2020-01-31
卡片编号	00003	资产编号	0221001	开始使用日期	2013-12-01
资产名称		笔记本电脑	规格型号	
变动前部门		企管部	变动后部门	采购部
存放地点			新存放地点	
变动原因				工作需要
			经手人	冯清

图 7.17　固定资产变动单——部门转移

步骤 2　输入卡片编号为 00003；双击"变动后部门"，选择"采购部"；输入变动原因为"工作需要"，如图 7.17 所示。

步骤 3　单击"保存"按钮，弹出系统提示。

步骤 4　单击"确定"按钮。

3. 使用状况调整

资产使用状况分为在用、未使用、不需用、停用、封存 5 种。资产在使用过程中，可能会因为某种原因其使用状况发生变化，这种变化会影响到设备折旧的计算，因此应及时调整。

4. 使用年限调整

资产在使用过程中，其使用年限可能会由于资产的重估、大修等原因调整。经过使用年限调整的资产在调整的当月就按调整后的使用年限计提折旧。

5. 折旧方法调整

一般来说，资产的折旧方法在一年之内很少改变，但有特殊情况需调整改变的也可以调整。

6. 计提减值准备

企业应当在期末或至少在每年年度终了，对固定资产逐项进行检查。如果由于市价持续下跌，或者技术陈旧等原因导致其可回收金额低于账面价值，应当将可回收金额低于账面价值的差额作为固定资产减值准备。固定资产减值准备必须按单项资产计提。如果已计提的固定资产价值又得以恢复，应在原计提的减值准备范围内转回。

案例 7-11 1 月 31 日，经核查对 2017 年购入的笔记本电脑计提 1 000 元减值准备。

操作步骤

步骤 1 选择"财务会计"|"固定资产"|"卡片"|"变动单"|"计提减值准备"选项，打开"固定资产变动单"对话框。

步骤 2 输入卡片编号为 00003、减值准备金额为 1 000、变动原因为"技术进步"。

步骤 3 单击"保存"按钮，打开"填制凭证"对话框。

步骤 4 选择凭证类型为"转 转账凭证"，填写修改其他项目。然后单击"保存"按钮，如图 7.18 所示。

图 7.18 计提减值准备

7. 变动单管理

通过变动单管理，可以查看变动单、删除变动单，还可以自定义查询。

需要说明的是，在用友 U8 固定资产管理子系统中，本月输入的卡片和本月增加的资产不允许进行变动处理，只能在下月进行。

7.3.3 卡片管理

卡片管理是对固定资产管理子系统中所有卡片进行的综合管理，包括卡片查询、修改、删除和打印。

1. 卡片查询

卡片查询提供按部门查询、按类别查询和自定义查询 3 种方式。

查询卡片时既可以查询单张卡片的信息，也可以查看卡片的汇总信息。在卡片管理界面，每一张卡片显示为一个记录，既可以通过"查看"|"显示快捷信息"命令，也可以双击记录行显示卡片的详细内容。

2. 卡片修改与删除

卡片的修改与删除不是随意的，有一定的限定条件。

① 原始卡片的原值、使用部门、工作总量、使用状况、累计折旧、净残值（率）、折旧方法、使用年限、资产类别项目在没有制作变动单或评估单的情况下，在输入当月可以修改；如果制作过变动单，只有删除变动单才能修改；在做过月末结账后，则只能通过变动单或评估单调整，不能通过卡片修改功能修改。

② 通过资产增加功能输入的卡片，在没有制作凭证和变动单、评估单的情况下，输入当月可以修改；如果制作过变动单或凭证，只有删除变动单或凭证后才能修改。

③ 卡片输入当月如果发现错误，可以通过卡片删除功能删除。非本月输入的卡片不能删除。

④ 卡片做过一次月末结账后不能删除。制作过变动单、评估单或凭证的卡片删除时，系统会提示先删除相关的变动单、评估单或凭证。

7.3.4　计提折旧

计提折旧是固定资产管理子系统的主要功能之一。可以根据输入系统的资料，利用系统提供的计提折旧功能对各项资产每期计提一次折旧，并自动生成折旧分配表，然后制作记账凭证，将本期的折旧费用自动登账。

当开始计提折旧时，系统将自动计提所有资产当期折旧额，并将当期的折旧额自动累加到累计折旧项目中。计提工作完成后，需要进行折旧分配，形成折旧费用，系统除了自动生成折旧清单，还会生成折旧分配表，从而完成本期折旧费用登账工作。

系统提供的折旧清单显示了所有应计提折旧资产所计提的折旧数据额。

折旧分配表是制作记账凭证、把计提折旧额分配到有关成本和费用的依据。折旧分配表有两种类型：类别折旧分配表和部门折旧分配表。生成折旧分配表由折旧汇总分配周期决定，因此制作记账凭证要在生成折旧分配表后进行。

计提折旧遵循以下原则。

① 在一个期间内可以多次计提折旧，每次计提折旧后，只是将计提的折旧累加到月初的累计折旧上，不会重复累计。

② 如果上次计提折旧已制单并传递到总账管理子系统，则必须删除该凭证才能重新计提折旧。

③ 如果计提折旧后又对账套进行了影响折旧计算功分配的操作，则必须重新计提折旧，否则系统不允许结账。

④ 如果自定义的折旧方法中月折旧率或月折旧额出现负数，则系统自动中止计提。

⑤ 资产的使用部门和资产折旧要汇总的部门可能不同，为了加强资产管理，使用部门

必须是明细部门，而折旧分配部门不一定分配到明细部门，不同的单位处理可能不同。因此，要在计提折旧后分配折旧费用时做出选择。

案例 7-12　计提本月固定资产折旧。

操作步骤

步骤 1　选择"财务会计"|"固定资产"|"处理"|"计提本月折旧"选项，系统弹出"是否要查看折旧清单"信息提示框。单击"否"按钮。

步骤 2　系统弹出"本操作将计提本月折旧，并花费一定时间，是否要继续？"信息提示框。

步骤 3　单击"是"按钮，系统计提折旧完成后单击"退出"按钮，打开"折旧分配表"对话框，如图 7.19 所示。

步骤 4　单击"凭证"按钮，打开"填制凭证"对话框。选择"转 转账凭证"，修改相关信息。单击"保存"按钮，计提折旧凭证如图 7.20 所示。然后单击"退出"按钮退出。

图 7.19　折旧分配表

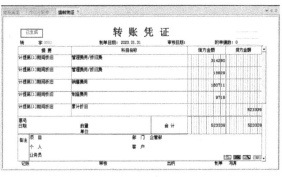

图 7.20　计提折旧凭证

提醒

① 如果上次计提折旧已通过记账凭证把数据传递到总账管理子系统，则必须删除该凭证才能重新计提折旧。

② 如果计提折旧后又对账套进行了影响折旧计算或分配的操作，则必须重新计提折旧，否则系统不允许结账。

7.3.5　资产减少

资产减少是指资产在使用过程中，会由于各种原因，如毁损、出售、盘亏等退出企业，此时要做资产减少处理。资产减少需要输入资产减少卡片并说明减少原因。

案例 7-13　资产减少——企管部多功能一体机损毁。

操作步骤

步骤 1　选择"财务会计"|"固定资产"|"卡片"|"资产减少"选项，视频演示

打开"资产减少"对话框。

步骤 2 选择卡片编号为 00004，然后单击"增加"按钮。

步骤 3 选择减少方式为"毁损"，如图 7.21 所示。

步骤 4 单击"确定"按钮，打开"填制凭证"对话框。

步骤 5 选择"转 转账凭证"，修改其他项目。单击"保存"按钮，如图 7.22 所示。

图 7.21 资产减少

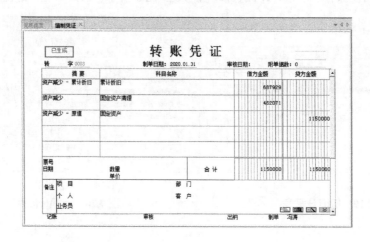

图 7.22 资产减少生成凭证

 提醒

如果要减少的资产较多并且有共同点，则可以单击"条件"按钮，输入查询条件，将符合该条件的资产挑选出来进行批量减少操作。

 知识点

资产减少功能的使用

只有当账套开始计提折旧后才可以使用资产减少功能，否则减少资产只有通过删除卡片来完成。

对于误减少的资产，可以使用系统提供的纠错功能来恢复。只有当月减少的资产才可以恢复。如果资产减少操作已制作凭证，必须删除凭证后才能恢复。

只要卡片未被删除，就可以通过卡片管理中已减少资产功能来查看减少的资产。

7.3.6　对账

只有在初次启动固定资产管理子系统的参数设置选中了"与账务系统对账"复选框，才可使用本系统的对账功能。

知识点

对账前需要做的准备工作

固定资产管理子系统生成的凭证会自动传递到总账管理子系统。在总账管理子系统中，需要对凭证进行审核、记账。只有总账管理子系统记账完毕，固定资产管理子系统期末才能与总账管理子系统进行对账工作。

案例 7-14　进行固定资产与总账期末对账。

操作步骤

步骤 1　选择"财务会计"|"固定资产"|"处理"|"对账"选项，打开"与账务对账结果"对话框。

步骤 2　单击"确定"按钮。

提醒

① 对账的操作不限制执行时间，任何时候都可以进行对账。

② 如果选中了"在对账不平情况下允许固定资产月末结账"复选框，则可以直接进行月末结账。

③ 系统在进行月末结账时自动对账一次，并给出对账结果。

7.3.7　月末结账

当固定资产管理子系统完成了本月全部制单业务后，可以进行月末结账。月末结账每月进行一次，结账后当期数据不能修改。如果有错必须修改，可通过系统提供的恢复月末结账前状态功能进行反结账，再进行相应修改。

如果本期不结账，将不能处理下期的数据；结账前一定要进行数据备份，否则数据一旦丢失，将造成无法挽回的后果。

1. 结账

案例 7-15　进行月末结账处理。

操作步骤

步骤 1　选择"财务会计"|"固定资产"|"处理"|"月末结账"选项，打开"月末结

账"对话框。

步骤 2 单击"开始结账"按钮，系统自动检查与总账管理子系统的对账结果。单击"确定"按钮，系统弹出"月末结账成功完成！"信息提示框。

步骤 3 单击"确定"按钮。

 提醒

> ① 本会计期间做完月末结账工作后，所有数据资料将不能再进行修改。
>
> ② 本会计期间不做完月末结账工作，系统将不允许处理下一个会计期间的数据。
>
> ③ 月末结账前一定要进行数据备份，否则数据一旦丢失，将造成无法挽回的后果。

2. 取消结账

假如在结账后发现结账前操作有误，必须修改结账前的数据，可以使用恢复结账前状态功能，又称反结账。反结账就是将数据恢复到月末结账前状态，使结账时所做的所有工作都被无痕迹删除。

案例 7-16 取消月末结账。

操作步骤

步骤 1 选择"财务会计"|"固定资产"|"处理"|"恢复月末结账前状态"选项，系统弹出"是否继续？"信息提示框。

步骤 2 单击"是"按钮，系统弹出"成功恢复月末结账前状态！"信息提示框。

步骤 3 单击"确定"按钮。

提醒

> ① 在总账管理子系统未进行月末结账时才可以使用恢复结账前状态功能。
>
> ② 如果当前的账套已经做了年末处理，那么就不允许再使用恢复结账前状态功能。

7.3.8 生成凭证

固定资产管理子系统和总账管理子系统之间存在着数据的自动传输，即固定资产管理子系统通过记账凭证向总账管理子系统传递有关数据。例如，资产增加、减少，累计折旧调整及折旧分配等生成的记账凭证。生成记账凭证可以采取立即制单或批量制单的方法实现。

7.3.9 账表管理

可以通过系统提供的账表管理功能，及时掌握资产的统计、汇总和其他各方面的信息。账表包括 4 类：账簿、折旧表、统计表、分析表。另外，如果所提供的报表种类不能满足需要，系统还提供了自定义报表功能，可以根据实际要求进行设置。

1. 账簿

系统自动生成的账簿有（单个）固定资产明细账、（部门、类别）明细账、固定资产登记簿、固定资产总账。这些账簿以不同方式序时地反映了资产变化的情况，在查询过程中可联查某时期（部门、类别）的明细及相应的原始凭证，从而获得所需的财务信息。

2. 折旧表

系统提供了 4 种折旧表：（部门）折旧计提汇总表，固定资产及累计折旧表（一）、（二），固定资产折旧计算明细表。通过该类表可以了解并掌握本企业所有资产本期、本年乃至某部门计提折旧及其明细情况。

3. 统计表

统计表是出于管理资产的需要，按管理目的统计的数据。系统提供了 7 种统计表：固定资产原值一览表、固定资产统计表、评估汇总表、评估变动表、盘盈盘亏报告表、逾龄资产统计表、役龄资产统计表。

4. 分析表

分析表主要通过对固定资产的综合分析，为管理者提供管理和决策依据。系统提供了 4 种分析表：价值结构分析表、固定资产使用状况分析表、部门构成分析表、类别构成分析表。管理者可以通过这些表了解本企业资产计提折旧的程度和剩余价值的大小。

5. 自定义报表

当系统提供的报表不能满足企业要求时，用户也可以自己定义报表。

课后练习

一、思考题

1．固定资产管理子系统的主要功能包括哪些？

2．固定资产管理子系统的业务流程是怎样的？

3．固定资产管理子系统的控制参数主要包括哪些？

4．在固定资产管理子系统中需要设置哪些基础数据？

5．固定资产日常业务处理主要包括哪些内容？

6．资产变动有哪些情况？

7．固定资产期末处理有哪些工作？

8．计提折旧的基本原则是什么？

9．归纳整理哪些业务可以在固定资产管理子系统生成凭证。

二、操作题

完成《会计信息化实训》（用友 U8 V10.1）中的"实验八　固定资产管理"。

项目 8

供应链管理系统初始化

知识目标

1. 了解供应链管理系统包含的子系统及其主要功能。
2. 熟悉财务业务一体化管理应用的数据流程。
3. 理解供应链管理系统初始化的各项内容。

技能目标

1. 掌握与财务业务一体化相关的基础档案的设置。
2. 掌握存货核算子系统凭证模板的科目设置。
3. 掌握供应链管理系统期初数据的输入。

任务 8.1　供应链管理系统初始化认知

供应链管理系统是用友 U8 的重要组成部分。它突破了会计核算软件单一财务管理的局限，实现了从财务管理到企业财务业务一体化全面管理，从而实现了物流、资金流管理的统一。

8.1.1　了解供应链管理系统初始化

1. 进行供应链管理系统初始化的必要性

用友 U8 是一个通用管理软件，适用于各行各业企业内部的购销存业务管理。而不同企业所属行业不同、管理模式不同，具体业务也存在着一定差异，供应链管理系统初始化就是由企业用户根据自身的行业特性、管理需求和业务特征，通过在用友 U8 供应链管理系统各子系统中进行相关的设置来确定企业的个性化应用方案。

2. 供应链管理系统初始化的内容

供应链管理系统初始化的内容包括选项设置、自动科目设置和期初余额输入；通过在用友 U8 供应链管理系统各子系统中选择合适的选项确定企业的个性化应用方案；通过设置与业务活动相关联的财务核算科目，可以在业务活动发生的同时生成相应的财务核算凭证；通过将企业截止到用友 U8 启用日期未完工的业务采用一定的记录方法输入供应链管理系统的各子系统，可以确保业务活动记录的完整性和连续性。

8.1.2　供应链管理系统概述

1. 供应链管理系统的构成

用友 U8 供应链管理系统是用友 U8 企业应用套件的重要组成部分。它以企业购销存业务环节中的各项活动为对象，记录各项业务的发生，有效跟踪其发展过程，为财务核算、业务分析、管理决策提供依据。

用友 U8 供应链管理系统主要包括合同管理、采购管理、委外管理、销售管理、库存管理、存货核算、售前分析、质量管理几个子系统。从实际应用的角度考虑，本书将重点介绍采购管理、销售管理、库存管理、存货核算 4 个子系统。每个子系统既可以单独应用，也可与相关子系统联合应用。此外，采购管理子系统与应付款管理子系统联系紧密，销售管理子系统与应收款管理子系统联系紧密，因此将应收款管理子系统和应付款管理子系统的相关功能一并在供应链管理系统中进行介绍。各子系统的主要功能简述如下。

（1）采购管理子系统

采购管理子系统帮助企业对采购业务的全部流程进行管理。它提供请购、订货、到货、检验、入库、开票、采购结算的完整采购流程；支持普通采购、受托代销、直运等多种类型的采购业务；支持按询价、比价方式选择供应商；支持以订单为核心的业务模式。企业还可以根据实际情况进行采购流程的定制，既可选择按规范的标准流程操作，也可按最简约的流程来处理实际业务，从而方便企业构建自己的采购业务管理平台。

（2）销售管理子系统

销售管理子系统帮助企业对销售业务的全部流程进行管理。它提供报价、订货、发货、开票的完整销售流程；支持普通销售、委托代销、分期收款、直运、零售、销售调拨等多种类型的销售业务；支持以订单为核心的业务模式，并可对销售价格和信用进行实时监控。企业可以根据实际情况进行销售流程的定制，构建自己的销售业务管理平台。

（3）库存管理子系统

库存管理子系统主要是从数量的角度管理存货的出入库业务。它能够满足采购入库、销售出库、产成品入库、材料出库、其他出入库、盘点管理等业务的需要；提供多计量单位使用、仓库货位管理、批次管理、保质期管理、出库跟踪、入库管理、可用量管理等全面的业务应用。通过对存货的收发存业务处理，可以及时动态地掌握各种库存存货信息，对库存安全性进行控制。同时，提供各种储备分析，可以避免库存积压占用资金，或者材料短缺影响生产。

（4）存货核算子系统

存货核算子系统从资金的角度管理存货的出入库业务、掌握存货耗用情况，以便及时准确地把各类存货成本归集到各成本项目和成本对象上。存货核算子系统主要用于核算企业的入库成本、出库成本、结余成本；反映和监督存货的收发、领退和保管情况；反映和监督存货资金的占用情况，动态反映存货资金的增减变动，提供存货资金周转和占用分析，以降低库存、减少资金积压。

2. 供应链管理系统的数据关联

在企业的日常工作中，采购供应部门、仓库、销售部门、财务部门等都涉及购销存业务及其核算的处理，各个部门的管理内容是不同的，工作之间的延续性是通过单据在不同部门间的传递来完成的。那么，这些工作在软件中是如何体现的呢？信息化环境下的业务处理流程与手工环境下的业务处理流程肯定存在差异，如果缺乏对供应链管理系统业务流程的了解，就无法实现部门之间的协调配合，从而影响系统运行的效率。

供应链管理系统的数据关联如图 8.1 所示。

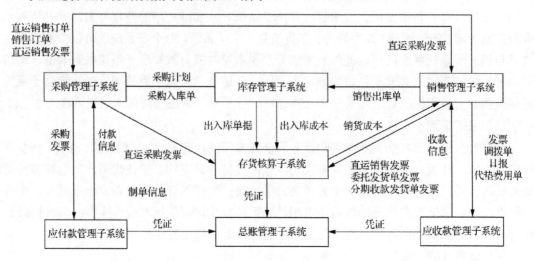

图 8.1 供应链管理系统的数据关联

任务 8.2 供应链管理系统初始化实务

供应链管理系统初始化主要包括选项设置、初始设置和期初余额输入。

8.2.1 启用供应链管理系统

企业建账过程在项目 2 中已有描述，在这里只须启用相关子系统即可。

案例 8-1 以账套主管 cw01 冯涛的身份登录系统，启用应付款管理、应收款管理、销售管理、采购管理、库存管理、存货核算子系统，启用日期为"2020-01-01"。

操作步骤

步骤 1 以系统管理员的身份登录系统管理，引入"总账初始化"账套。

步骤 2 以账套主管的身份登录企业应用平台，在"基础设置"中选择"基本信息"|

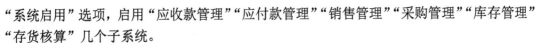

"系统启用"选项，启用"应收款管理""应付款管理""销售管理""采购管理""库存管理""存货核算"几个子系统。

 知识点

同时启用应收款管理子系统和应付款管理子系统的原因

在企业供产销活动中，采购业务的完整流程离不开应付确认和货款支付，销售业务的完整流程不能缺少应收确认与收款，而在信息系统中，应付确认和货款支付的管理功能主要由应付款管理子系统完成，应收确认和收款处理的管理功能主要由应收款管理子系统完成。

8.2.2　设置基础档案

本项目之前的案例中，都有基础信息的设置，但基本限于与财务相关的信息。除此以外，供应链管理系统还需要增设与业务处理、查询统计、财务连接相关的基础信息。使用供应链管理系统之前，应做好手工基础数据的准备工作，如对存货合理分类、准备存货的详细档案、进行库存数据的整理及与账面数据的核对等。供应链管理系统需要增设的基础档案信息包括以下几项。

1. 存货分类

如果企业存货较多，则需要按照一定的方式进行分类管理。存货分类是指按照存货固有的特征或属性将存货划分为不同的类别，以便分类核算与统计。例如，工业企业可以将存货划分为原材料、产成品、应税劳务，商业企业可以将存货分为商品、应税劳务等。

在企业日常购销业务中，经常会发生一些劳务费用，如运输费、装卸费等。这些费用也是构成企业存货成本的一个组成部分，并且有不同于一般存货的税率。为了能够正确反映和核算这些劳务费用，一般在存货分类中单独设置一类，如应税劳务或劳务费用。

 案例 8-2　设置存货分类：1 原料；2 成品；3 应税劳务。

操作步骤

步骤 1　在企业应用平台的"基础设置"中，选择"基础档案"|"存货"|"存货分类"选项，打开"存货分类"窗口。

步骤 2　设置存货分类档案。

2. 计量单位

企业中存货种类繁多，不同的存货有不同的计量单位。有些存货的财务计量单位、库存计量单位、销售发货单位可能是一致的，如自行车的 3 种计量单位均为"辆"。有些存货用于不同的业务，其计量单位有可能不同。例如，对某种药品来说，其核算单位可能是"板"，也就是说，财务上按板计价；其库存单位可能按"盒"，1 盒=20 板；对客户发货时可能按"箱"，1 箱=100 盒。因此，在开展企业日常业务之前，需要定义存货的计量单位。

案例 8-3 设置计量单位组和计量单位。

① 计量单位组相关信息：计量单位组编码为 01、计量单位组名称为"独立计量"、计量单位组类别为"无换算关系"。

② 设置计量单位：01 盒；02 千米；03 台。

操作步骤

步骤 1 在企业应用平台的"基础设置"中，选择"基础档案"|"存货"|"计量单位"选项，打开"计量单位-计量单位组"窗口。

步骤 2 单击"分组"按钮，打开"计量单位组"对话框。

步骤 3 单击"增加"按钮，按案例要求输入计量单位组信息，如图 8.2 所示。单击"退出"按钮返回"计量单位-计量单位组"窗口。

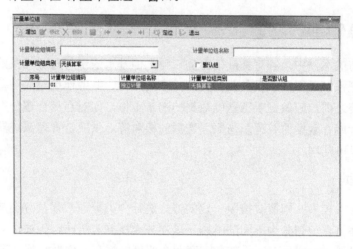

图 8.2 计量单位组

步骤 4 单击"单位"按钮，进行计量单位设置。完成后如图 8.3 所示。

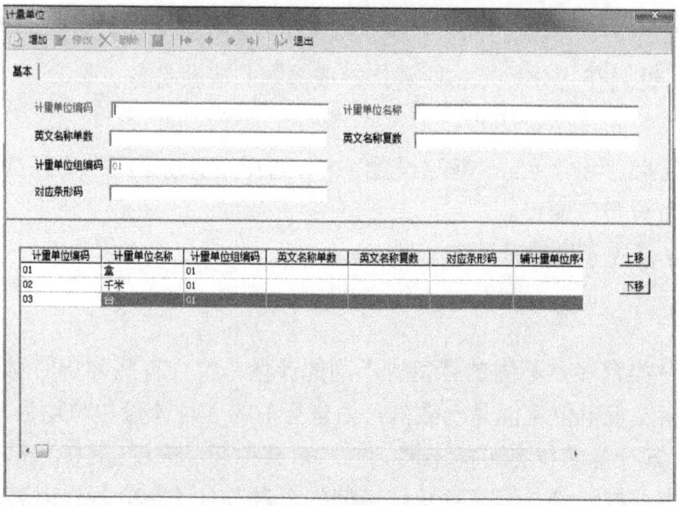

图 8.3 计量单位

3. 存货档案

"增加存货档案"对话框中包括"基本""成本""控制"和"其他"4 个选项卡。

"基本"选项卡中有多个复选框，用于设置存货属性。设置存货属性的目的是在填制单据参照存货时缩小参照范围。

① 销售。销售分为"内销""外销"两个复选框。选中这两个复选框，用于供填写发货单、销售发票、销售出库单等与销售有关的单据参照使用，表示该存货可用于销售。

② 外购。选中"外购"复选框，用于供购货所填制的采购入库单、采购发票等与采购有关的单据参照使用。在采购发票、运费发票上一起开具的采购费用，也应设置为外购属性。

③ 生产耗用。"生产耗用"复选框设置存货可在生产过程被领用、消耗。生产产品耗用的原材料、辅助材料等在开具材料领料单时参照。

④ 自制。"自制"复选框设置由企业生产自制的存货，如产成品、半成品等，主要用于开具产成品入库单时参照。

⑤ 在制。"在制"复选框设置尚在制造加工中的存货。

⑥ 应税劳务。"应税劳务"复选框设置在采购发票上开具的运输费、包装费等采购费用及在销售发票或发货单上开具的应税劳务、非应税劳务等。

"控制"选项卡中有 3 个复选框。

① 是否批次管理。"是否批次管理"复选框设置对存货是否按批次进行出入库管理。该复选框必须在库存管理子系统的账套参数设置中选中"有批次管理"复选框后方可设定。

② 是否保质期管理。"是否保质期管理"复选框设置有保质期管理的存货必须有批次管理。因此，该复选框也必须在库存管理子系统的账套参数设置中选中"有批次管理"复选框后方可设定。

③ 是否呆滞积压。"是否呆滞积压"复选框设置存货是否呆滞积压。这种情况完全由用户自行决定。

 案例 8-4　按照表 8.1 所示设置存货档案。

表 8.1　存货档案

存货编码	存货名称	计量单位	所属分类	税率/%	存货属性	参考成本
1001	硬盘	盒	1	13	外购、生产耗用	400.00 元/盒
1002	鼠标	盒	1	13	外购、生产耗用	30.00 元/盒
2001	计算机	台	2	13	内销、自制	
2002	路由器	台	2	13	内销、自制	
2003	杀毒软件	盒	2	13	内销、外购	
3001	运费	千米	3	9	内销、外购、应税劳务	

步骤 1　在企业应用平台的"基础设置"中，选择"基础档案"|"存货"|"存货档案"选项，打开"存货档案"对话框。

步骤 2　单击"增加"按钮，按资料输入信息，如图 8.4 所示。

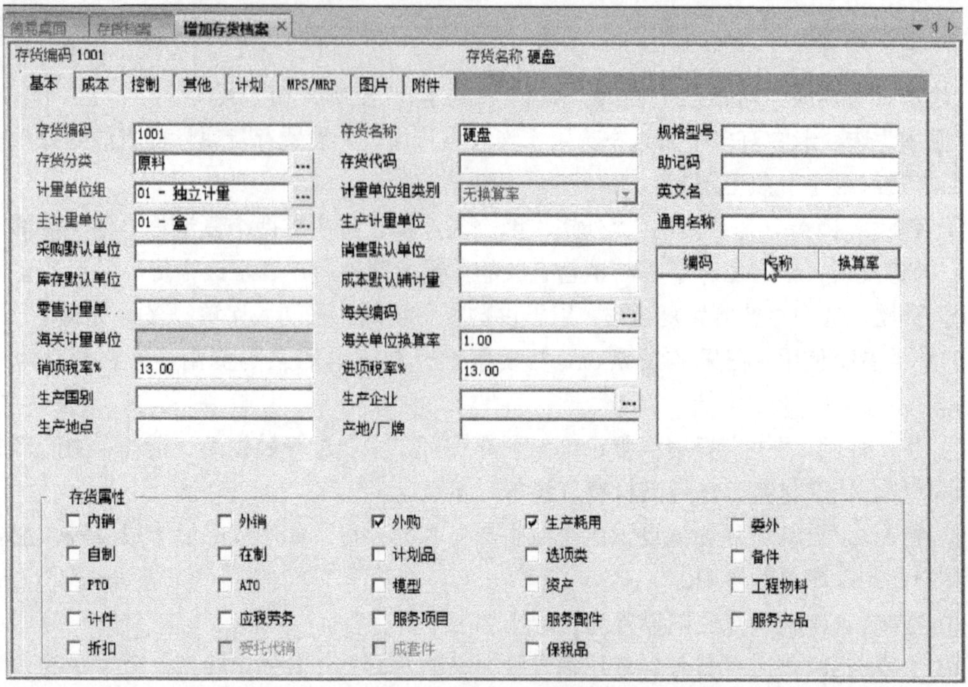

图 8.4　存货档案基本设置

4. 仓库档案

存货一般是存放在仓库保管的。对存货进行核算管理，就必须建立仓库档案。

案例 8-5　设置仓库档案：1 原料库；2 成品库。计价方式均为移动平均法。

操作步骤

步骤 1　在企业应用平台的"基础设置"中，选择"基础档案"|"业务"|"仓库档案"选项，打开"仓库档案"对话框。

步骤 2　单击"增加"按钮，按资料输入信息。

5. 收发类别

收发类别用来表示存货的出入库类型，以便对存货的出入库情况进行分类汇总统计。

案例 8-6　按照表 8.2 所示设置收发类别。

表 8.2　收发类别

收发类别编码	收发类别名称	收发标志	收发类别编码	收发类别名称	收发标志
1	入库	收	2	出库	发
11	采购入库	收	21	销售出库	发
12	产成品入库	收	22	材料领用出库	发
13	其他入库	收	23	其他出库	发

操作步骤

步骤 1　在企业应用平台的"基础设置"中，选择"基础档案"|"业务"|"收发类别"

选项，打开"收发类别"窗口。

　　步骤 2　单击"增加"按钮，按资料输入信息。

6. 采购类型/销售类型

　　定义采购类型和销售类型，能够按采购、销售类型对采购、销售业务数据进行统计和分析。采购类型和销售类型均不分级次，根据实际需要设立。

　　案例 8-7　设置采购类型：01 材料采购（默认值）；02 库存商品采购。入库类别均为采购入库。设置销售类型：01 批发（默认值）；02 零售；03 代销。出库类别均为销售出库。

　　操作步骤

　　步骤 1　在企业应用平台的"基础设置"中，选择"基础档案"|"业务"|"采购类型"选项，打开"采购类型"窗口。

　　步骤 2　单击"增加"按钮，按资料输入信息，保存后退出。

　　步骤 3　在企业应用平台的"基础设置"中，选择"基础档案"|"业务"|"销售类型"选项，打开"销售类型"窗口。

　　步骤 4　单击"增加"按钮，按资料输入信息，保存后退出。

7. 设置本单位开户银行信息

　　在对外开具的销售发票中，需要有本单位开户银行的完整信息。

　　案例 8-8　本单位开户银行信息：编码 01；账号 110432554348；开户银行为"工行中关村分理处"。

　　操作步骤

　　步骤 1　在企业应用平台的"基础设置"中，选择"基础档案"|"收付结算"|"本单位开户银行"选项，打开"本单位开户银行"窗口。

　　步骤 2　单击"增加"按钮，按资料输入信息。

8.2.3　设置科目

1. 设置存货核算子系统业务科目

　　存货核算子系统是供应链管理系统与财务系统联系的桥梁，各种存货的购进、销售及其他出入库业务均在存货核算子系统中生成凭证，并传递到总账管理子系统。为了快速、准确地完成制单操作，应事先设置凭证上的相关科目。

　　（1）设置存货科目

　　存货科目是指设置生成凭证所需的各种存货科目和差异科目。存货科目既可以按仓库，也可以按存货分类分别进行设置。

　　案例 8-9　按照表 8.3 所示设置存货科目。

表 8.3 存货科目

仓库编码	仓库名称	存货编码及名称	存货科目编码及名称	分期收款发出商品科目	委托代销发出商品科目
1	原料库	1001 硬盘	140301 原材料——硬盘		
1	原料库	1002 鼠标	140302 原材料——鼠标		
2	成品库		1405 库存商品	1406 发出商品	1406 发出商品

操作步骤

步骤 1 在企业应用平台的"业务工作"中，选择"供应链"|"存货核算"|"初始设置"|"科目设置"|"存货科目"选项，打开"存货科目"对话框。

步骤 2 单击"增加"按钮，设置存货科目、分期收款发出商品科目和委托代销发出商品科目，如图 8.5 所示。

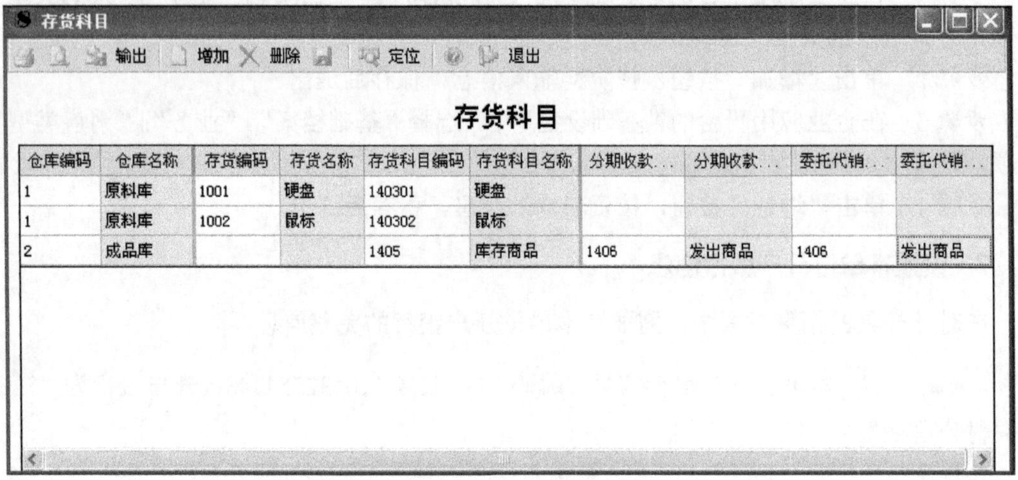

图 8.5 设置存货科目

步骤 3 单击"保存"按钮。

（2）设置对方科目

对方科目是指设置生成凭证所需要的存货对方科目——可以按收发类别设置。

案例 8-10 按照表 8.4 所示设置对方科目。

表 8.4 对方科目

收发类别	对方科目	暂估科目
采购入库	1402 在途物资	220202 暂估应付款
产成品入库	500101 生产成本——直接材料	
销售出库	6401 主营业务成本	
材料领用	500101 生产成本——直接材料	

操作步骤

步骤 1 在企业应用平台的"业务工作"中，选择"供应链"|"存货核算"|"初始设置"|"科目设置"|"对方科目"选项，打开"对方科目"对话框。

步骤 2 单击"增加"按钮，设置对方科目。

2. 设置应收款管理子系统常用科目

应收款管理子系统主要用来处理企业和客户之间的往来业务。涉及应收与收款的业务均在应收款管理子系统中生成凭证，并传递到总账管理子系统。为了快速、准确地完成制单操作，应事先设置凭证上的相关科目。

 案例 8-11 设置应收款管理子系统的基本科目和结算方式科目。

① 基本科目：应收科目为"1122 应收账款"；预收科目为"2203 预收账款"；销售收入科目为"6001 主营业务收入"；税金科目为"22210102 应交税费/应交增值税/销项税额"。

② 结算方式科目：现金结算科目为"1001 库存现金"；现金支票及转账支票科目为"100201 工行人民币户"。

操作步骤

步骤 1 在企业应用平台的"业务工作"中，选择"财务会计"|"应收款管理"|"设置"|"初始设置"选项，打开"初始设置"对话框。

步骤 2 单击"基本科目设置"选项，按要求设置基本科目，如图 8.6 所示。

图 8.6 设置应收款管理基本科目和结算方式科目

步骤 3 单击"结算方式科目设置"选项，按要求设置结算方式科目。

3. 设置应付款管理子系统常用科目

应付款管理子系统主要用来处理企业和供应商之间的往来业务。涉及应付与付款的业务均在应付款管理子系统中生成凭证，并传递到总账管理子系统。为了快速、准确地完成制单操作，应事先设置凭证上的相关科目。

 案例 8-12 设置应付款管理子系统基本科目和结算科目。

① 基本科目：应付科目为"2201 应付货款"；预付科目为"1123 预付账款"；采购科目为"1402 在途物资采购"；税金科目为"22210101 应交税费/应交增值税/进项税额"。

② 结算方式科目：现金结算为"1001 库存现金"；现金支票、转账支票及电汇为"100201 工行人民币户"。

操作步骤

步骤 1 在企业应用平台的"业务工作"中，选择"财务会计"|"应付款管理"|"设

置"|"初始设置"选项，打开"初始设置"对话框。

步骤2　单击"基本科目设置"选项，按要求设置基本科目。

步骤3　单击"结算方式科目设置"选项，按要求设置结算方式科目，如图 8.7 所示。

结算方式	币　种	本单位账号	科　　目
1 现金结算	人民币		1001
201 现金支票	人民币		100201
202 转账支票	人民币		100201
3 电汇	人民币		100201

图 8.7　结算方式科目设置

8.2.4　设置选项

一般来说，为了满足不同行业企业的应用，通用软件中会预置大量选项供企业选择。企业应该经过充分的调研，对本行业、本企业的生产经营特点进行具体深入的分析，在用友 U8 中正确设定系统选项，从而确定企业个性化应用方案。

为了帮助大家理解系统选项的重要性，在表 8.5 中对选项分类进行了举例说明。

表 8.5　系统选项的类型及作用举例

选项类型	选项举例	所属子系统	说　明
决定 企业业务范围	启用受托代销	采购管理	企业有相应业务则选中选项，没有则不选
	有零售日报业务；有直运销售业务	销售管理	
	有无组装拆卸业务；有无形态转换业务	库存管理	
决定 企业应用流程	普通业务必有订单	采购管理	采购订货是必须环节
	普通销售必有订单	销售管理	销售订货是必须环节
	库存生成销售出库单	库存管理	销售出库单在库存管理子系统生成
	单据审核后才能记账	存货核算	单据审核是必须环节
决定 业务控制时点	采购预警设置	采购管理	提前预警天数
	信用检查点：单据保存还是单据审核	销售管理	信用检查时点
	采购入库审核时修改现存量	库存管理	现存量更新时点
决定 业务控制类型	允许超订单到货及入库	采购管理	
	允许超订量发货、控制仓库权限	销售管理	
	全月平均/移动平均单价最高最低控制	存货核算	
决定 业务核算方法	商业版费是否分摊到入库成本	采购管理	入库成本核算
	报价含税	销售管理	报价是无税价还是含税价
	暂估方式：月初回冲、单到回冲、单到补差	存货核算	暂估入库处理

1. 设置采购管理子系统选项

案例 8–13 设置采购管理子系统选项：1 允许超订单到货及入库；2 单据默认税率 13%。

操作步骤

步骤 1 选择"供应链"|"采购管理"|"设置"|"采购选项"选项，打开"采购系统选项设置"对话框。

步骤 2 在"业务及权限控制"选项卡中，选中"允许超订单到货及入库"复选框，其他选项可以采用系统默认设置。

步骤 3 单击"公共及参照控制"选项卡，设置单据默认税率为13，如图 8.8 所示。

步骤 4 单击"确定"按钮返回。

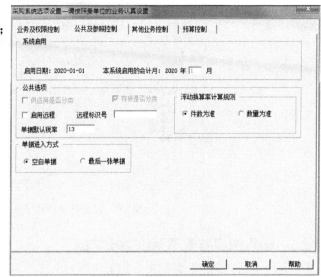

图 8.8 公共及参照控制

2. 设置销售管理子系统选项

案例 8–14 设置销售管理子系统选项：有委托代销业务、有分期收款业务。

操作步骤

步骤 1 选择"供应链"|"销售管理"|"设置"|"销售选项"选项，打开"销售选项"对话框。

步骤 2 选中"有委托代销业务""有分期收款业务"复选框，然后单击"确定"按钮返回。

3. 设置存货核算子系统选项

案例 8–15 设置存货核算子系统选项：销售成本核算方式为"按销售出库单"；委托代销成本核算方式为"按发出商品核算"；暂估方式为"单到回冲"。

操作步骤

步骤 1 选择"供应链"|"存货核算"|"初始设置"|"选项"|"选项录入"选项，打开"选项录入"对话框。

步骤 2 按要求设置相应选项，如图 8.9 所示。

步骤 3 单击"确定"按钮返回。

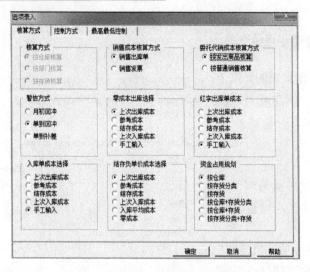

图 8.9　设置存货核算子系统选项

8.2.5　输入供应链管理系统期初数据

在供应链管理系统中，期初数据输入是一个非常关键的环节。期初数据的输入内容及顺序如表 8.6 所示。

表 8.6　供应链管理系统期初数据

系统名称	操　作	内　容	说　明
采购管理	输入	期初暂估入库 期初在途存货	暂估入库是指货到票未到 在途存货是指票到货未到
	期初记账	采购期初数据	没有期初数据也要执行期初记账， 否则不能开始日常业务的处理
销售管理	输入并审核	期初发货单 期初委托代销发货单 期初分期收款发货单	已发货、出库，但未开票 已发货未结算的数量 已发货未结算的数量
库存管理	输入（取数） 审核	库存期初余额 不合格品期初	库存和存货共用期初数据 未处理的不合格品结存量
存货核算	输入（取数） 记账	存货期初余额 期初分期收款发出商品余额	

1. 输入采购管理子系统期初数据并记账

采购管理子系统期初数据主要包括两类：截至 12 月末货到票未到的暂估入库业务和票到货未到的在途业务。

为了清晰划分初始业务和日常业务，用友 U8 采购管理子系统提供期初记账功能，即使没有期初数据也要进行期初记账，否则无法开始日常业务处理。而且，如果采购管理子系统不进行期初记账，则库存管理子系统和存货核算子系统就不能记账。

✏ **案例 8-16**　输入采购管理子系统期初数据，并进行期初记账。

2019 年 12 月 31 日，向供应商友邦采购的 10 盒硬盘到货。未收到发票，以单价 400 元/盒办理暂估入库。

🖑 视频演示

操作步骤

步骤1　选择"供应链"|"采购管理"|"采购入库"|"采购入库单"选项，打开"期初采购入库单"对话框。

步骤2　单击"增加"按钮，输入期初采购入库单，如图8.10所示。然后单击"保存"按钮。

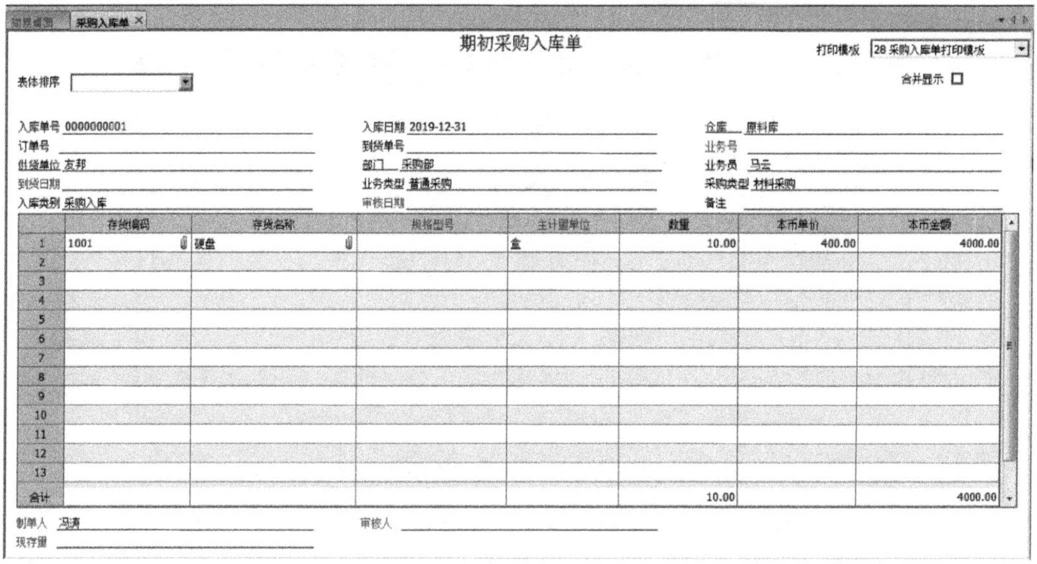

图8.10　输入期初采购入库单

步骤3　选择"供应链"|"采购管理"|"设置"|"采购期初记账"选项，打开"期初记账"对话框。

步骤4　单击"记账"按钮，系统弹出"期初记账完毕!"信息提示框。然后单击"确定"按钮返回。

2. 输入库存管理子系统和存货核算子系统期初数据

库存管理子系统和存货核算子系统管理的对象都是企业的存货，因此它们拥有共同的期初数据。在用友 U8 中，可以从两者任何一个系统输入期初数据，再从另外一个系统取数，无须重复输入。本例从存货核算子系统中输入，从库存管理子系统中取数。

案例 8-17　2019 年 12 月 31 日，企业对各个仓库进行了盘点，结果如表 8.7 所示。按资料进行库存期初余额设置。

表 8.7　库存期初余额

仓库名称	存货编码	存货名称	数　量	单价/元	金额/元
原料库	1001	硬盘	20 盒	400.00	8 000.00
成品库	2001	计算机	100 台	3 800.00	380 000.00
成品库	2002	路由器	200 盒	68.00	13 600.00
成品库	2003	杀毒软件	310 盒	40.00	12 400.00

操作步骤

步骤 1 选择"供应链"|"存货核算"|"初始设置"|"期初数据"|"期初余额"选项，打开"期初余额"对话框。

步骤 2 选择仓库为"原料库"，单击"增加"按钮，输入原料库存货的期初数据。

步骤 3 选择仓库为"成品库"，单击"增加"按钮，输入成品库存货的期初数据，如图 8.11 所示。

期初余额

仓库	成品库		计价方式：移动平均法		存货分类		排列方式		
存货编码	存货名称	规格型号	计量单位	数量	单价	金额	计划价	计划金额	存货科...	存货科目
2001	计算机		台	100.00	3800.00	380000.00				
2002	路由器		盒	200.00	68.00	13600.00				
2003	杀毒软件		盒	310.00	40.00	12400.00				
合计：				610.00		406,000.00				

图 8.11 存货核算子系统的期初余额

步骤 4 单击"记账"按钮，系统弹出"期初记账成功！"信息提示框。

步骤 5 选择"供应链"|"库存管理"|"初始设置"|"期初结存"选项，打开"库存期初数据录入"对话框。

步骤 6 选择仓库为"原料库"，单击"修改"按钮，再单击"取数"按钮，将存货核算子系统中原料库的期初数据带到当前界面。然后单击"保存"按钮。

步骤 7 单击"批审"按钮，完成对当前数据的审核。

步骤 8 同理，取成品库的数据并审核。

> ⓘ **提醒**
>
> 成品库所有存货金额合计应该与总账管理子系统中"库存商品"科目的余额一致。

3. 输入应收款管理子系统期初数据

 案例 8-18 经核实，企业目前应收账款的业务明细如表 8.8 所示。

视频演示

表 8.8 应收账款业务明细

时　间	客　户	存货编码	存货名称	数　量	含税单价/元	金额/元
2019-10-25	天诚	2002	路由器	80 盒	100.00	8 000.00
2019-11-11	博泰	2001	计算机	6 台	4 500.00	27 000.00

操作步骤

步骤 1 选择"供应链"|"应收款管理"|"设置"|"期初余额"选项，打开"期初记

账—查询"对话框。单击"确定"按钮，打开"期初余额"对话框。

步骤 2 单击"增加"按钮，打开"单据类别"对话框。选择单据类型为"销售专用发票"、单据名称为"销售发票"。单击"确定"按钮，打开"销售发票"对话框。

步骤 3 按照表 8.3 所示内容输入客户"天诚"销售专用发票，如图 8.12 所示。

图 8.12 期初销售专用发票

步骤 4 同理，输入客户"博泰"的期初数据。

步骤 5 输入完成后，在"期初余额"对话框中单击"对账"按钮，与总账管理子系统应收款期初余额进行对账，如图 8.13 所示。

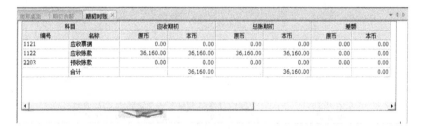

图 8.13 应收款管理子系统与总账管理子系统期初对账

课后练习

一、思考题

1．供应链管理系统包括哪些主要子系统？各子系统的主要功能是什么？

2．供应链管理系统初始化主要包括哪几项工作？

3．供应链管理系统各子系统期初数据的主要内容是什么？

4．分析哪些地方是我们为业务系统自动生成凭证埋下的伏笔。

5．就期初设置而言，哪些子系统和总账管理子系统之间有数据稽核关系？

二、操作题

完成《会计信息化实训》（用友 U8 V10.1）中的"实验九 供应链管理系统初始化设置"。

项目 9

采购与应付款管理

知识目标

1. 了解采购管理子系统的功能及其与其他子系统的关系。
2. 熟悉普通采购业务的处理流程。
3. 了解采购现付和采购退货业务的处理方法。
4. 了解应付款管理子系统的功能及其与其他子系统的关系。
5. 理解核销的意义。

技能目标

1. 掌握普通采购业务全流程处理。
2. 掌握现付采购业务处理。
3. 掌握采购退货业务处理。
4. 掌握应付确认处理。
5. 掌握付款及核销处理。
6. 掌握各类转账业务处理。

任务 9.1 采购管理子系统认知

9.1.1 了解企业采购业务

企业一般设置采购部负责企业的采购业务管理。采购部门的主要职责是制订采购计划，开发与管理供应商，跟进采购流程，控制采购成本，保障生产、销售、经营的物资供应需求。

1. 由用友 U8 管理的采购工作

采购业务管理的内容包括收集信息、询价、比价、议价、评估、索样、决定、请购、订购、协调与沟通、催交、进货验收、办理入库、整理付款。其中，办理入库需要与仓管配合、整理付款需要与财务协同。在使用用友 U8 后，要了解这些工作是否都需要在系统中记录，以及与仓管和财务的配合同之前的异同点。

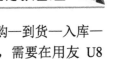

可以把采购工作的内容分为两类：一类是流程性工作，如请购—订购—到货—入库—付款，这类工作之间有直接的相互关联，与其他部门工作联系比较紧密，需要在用友 U8 中记录；另一类是线下完成的工作，如收集信息、询价、索样、协调与沟通等，这些不需要在用友 U8 中反映和记录。

2. 企业的采购业务类型

采购业务分为普通采购业务、受托代销业务、直运采购业务和代管采购业务。其中，最为常见的是普通采购业务。

① 普通采购业务按照货物和发票达到的先后顺序，可分为单货同行业务（即货票同时到达）、暂估入库业务（即货到票未到）、在途业务（即票到货未到）3 种。

② 受托代销业务是一种先销售后结算的采购模式，适用于有受托代销业务的商业企业、医药流通企业。其他企业委托本企业代销其商品，代销商品的所有权仍归委托方；代销商品销售后，本企业对受托方已售出部分与委托方进行结算，开具正式的销售发票，商品所有权转移。

③ 直运采购业务是指产品无须入库即可完成购销业务。采用这种方式时，根据客户的要货需求直接向供应商订货，货物由供应商直接发给客户；结算时，企业与供应商和客户分别进行结算。

④ 代管采购业务是一种新的采购模式。该模式的主要特点是：企业替供应商保管其提供的物料，先使用物料，然后根据实际使用情况定期汇总、挂账，最后根据挂账数与供应商进行结算、开票及后续的财务支付。

9.1.2　了解采购管理子系统

1. 用友 U8 采购管理子系统的功能

(1) 采购管理子系统初始化设置

采购管理子系统初始化设置包括设置采购管理子系统业务处理所需要的采购参数、基础档案信息及采购期初数据。

(2) 采购管理子系统业务处理

采购管理子系统业务处理主要包括对请购、订货、到货、入库、采购发票、采购结算等采购业务的全流程管理，可以处理普通采购业务、受托代销业务、直运采购业务等业务类型。企业可根据实际业务情况，对采购业务流程进行配置。

(3) 采购管理子系统账簿及采购分析

采购管理子系统可以提供各种采购明细表、增值税抵扣明细表、各种统计表及采购账簿供用户查询，同时提供采购成本分析、供应商价格对比分析、采购类型结构分析、采购资金比重分析、采购费用分析、采购货龄综合分析等功能。

2. 采购管理子系统与其他子系统的主要关系

采购管理子系统既可以单独使用，也可以与用友 U8 的库存管理、存货核算、销售管理、应付款管理等子系统集成使用。采购管理子系统与其他子系统的主要关系如图 9.1 所示。

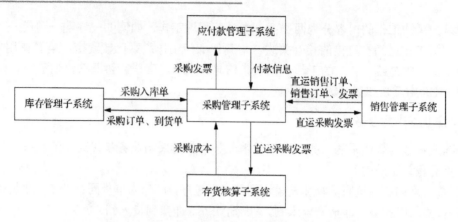

图 9.1　采购管理子系统与其他子系统的主要关系

任务 9.2　采购管理子系统实务

9.2.1　普通采购业务处理

采购入库是通过购买的方式取得企业所需存货且存货已验收入库的经济活动。普通采购业务的不同业务类型对应的处理方式有所不同。下面仅以单货同行这种最常见的采购入库业务为例讲解采购入库的业务处理流程，如图 9.2 所示。

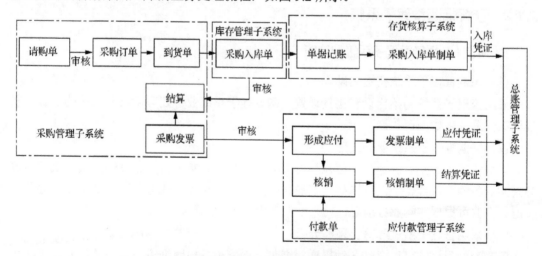

图 9.2　采购入库的业务处理流程

在以上采购入库的业务处理流程中，请购、订货、到货处理是可选环节。

1. 请购

请购是指企业内部各部门向采购部门提出采购申请，或者采购部门汇总企业内部采购需求列出采购清单。请购是采购业务的起点，可以依据审核后的请购单生成采购订单。在采购入库的业务处理流程中，请购环节是可以省略的。

2. 订货

订货是指企业与供应商签订采购合同或采购协议，确定要货需求。供应商根据采购订单组织货源，企业依据采购订单进行验收。在采购入库的业务处理流程中，订货环节也是可选的。

3. 到货处理

到货处理是采购订货和采购入库的中间环节，一般由采购业务员根据供方通知或送货单填写到货单，确定对方所送货物、数量、价格等信息，传递到仓库作为保管员收货的依据。在采购入库的业务处理流程中，到货处理环节可有可无。

4. 入库处理

入库处理是将供应商提供的物料检验（也可以免检）确定合格后，放入指定仓库的业务。当采购管理子系统与库存管理子系统集成使用时，入库处理在库存管理子系统中进行；当采购管理子系统不与库存管理子系统集成使用时，入库处理在采购管理子系统中进行。在采购入库的业务处理流程中，入库处理环节是必需的。

采购入库单是仓库管理员根据采购到货签收的实收数量填制的入库单据。采购入库单既可以直接填制，也可以参照采购订单或采购到货单生成。

5. 采购发票

采购发票是供应商开出的销售货物的凭证，系统根据采购发票确定采购成本，并据以登记应付账款。采购发票按业务性质分为蓝字发票和红字发票；按发票类型分为增值税专用发票、普通发票和运费发票。

采购发票既可以直接填制，也可以参照采购订单、采购入库单或其他的采购发票生成。

6. 采购结算

采购结算也称采购报账，在手工环境下，采购业务员拿着经主管领导审批过的采购发票和仓库确定的入库单到财务部门，由财务人员确定采购成本；在用友 U8 中，采购结算依据采购入库单，根据发票确定其采购成本。采购结算的结果是生成采购结算单，它是记载采购入库单与采购发票对应关系的结算对照表。采购结算分为自动结算和手工结算两种方式。

① 自动结算是由计算机系统自动将相同供货单位的、存货相同且数量相等的采购入库单与采购发票进行结算。

② 使用手工结算功能可以进行正数入库单与负数入库单结算、正数发票与负数发票结算、正数入库单与正数发票结算，费用发票须单独结算。在进行手工结算时，可以结算入库单中的部分货物，未结算的货物可以在日后取得发票时再结算；可以同时对多张入库单和多张发票进行报账结算；还支持到下级单位采购，付款给其上级主管单位的结算；支持三角债结算，即支持甲单位的发票可以结算乙单位的货物。

在实际工作中，有时费用发票在货物发票已经结算后才收到，为了将该笔费用计入对应存货的采购成本，需要采用费用发票单独结算的方式。

7. 生成入库凭证

经过审核的采购入库单应及时登记存货明细账，并生成入库凭证反映到总账管理子系统。其入库凭证如下。

借：原材料

    贷：在途物资

8. 采购发票制单

采购结算后生成的应付款项应及时制单。采购发票制单生成的凭证如下。

借：在途物资

    应交税费——应交增值税——进项税额

    贷：应付账款

9. 付款结算制单

输入付款单后可以进行付款核销及付款结算制单。其结算凭证如下。

借：应付账款

    贷：银行存款

提醒

    ① 进行本项目案例练习之前，以系统管理员的身份在系统管理中引入"供应链初始化"账套。

    ② 以账套主管身份进行各项业务处理。

案例 9-1　货到票到的普通采购业务处理。

1月1日，采购部马云向友邦公司询问硬盘价格，对方报价 380 元/盒。评估后，确认该价格合理，随即向公司上级主管提出请购要求，请购数量为 100 盒，需求日期为 2020 年 1月5日，业务员据此填写请购单。当日，上级主管同意订购硬盘，要求到货日期为 2020 年 1月5日。

1月5日，收到友邦公司硬盘 100 盒，以及一张增值税专用发票（适用税率 13%）。材料直接入库，货款以银行存款支付（转账支票号 ZZ002）。

操作步骤

（1）在采购管理子系统中填制并审核请购单

步骤 1　选择"供应链"|"采购管理"|"请购"|"请购单"选项，打开"采购请购单"对话框。

步骤 2　单击"增加"按钮，输入日期为"2020-01-01"，选择请购部门为"采购部"、

视频演示

请购人员为"马云"。

步骤 3　选择存货编码为 1001，输入数量为 100、本币单价为 380、需求日期为 "2020-01-05"、供应商为"友邦"。

步骤 4　单击"保存"按钮，再单击"审核"按钮，如图 9.3 所示。然后关闭当前对话框。

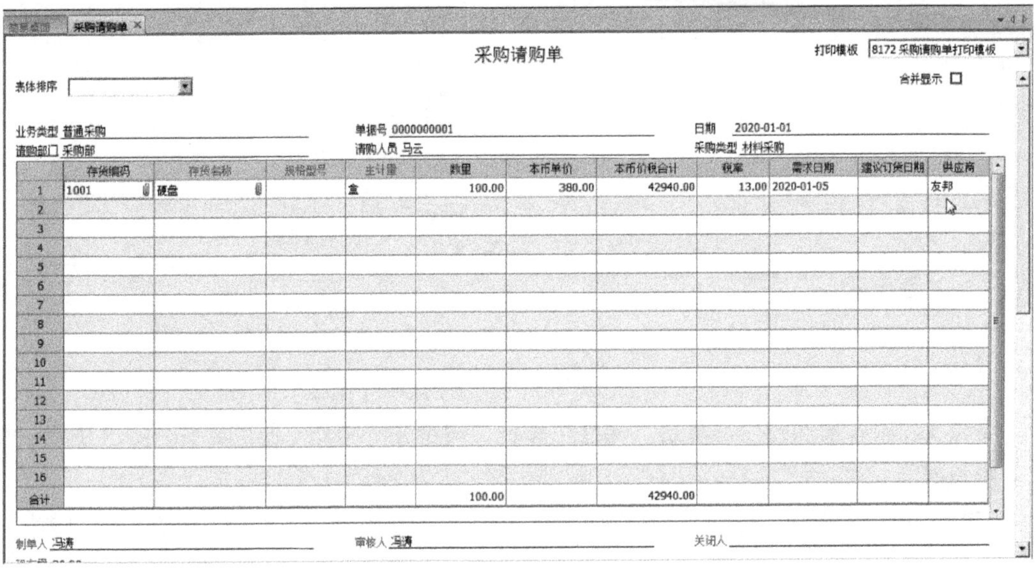

图 9.3 采购请购单

（2）在采购管理子系统中填制并审核采购订单

步骤 1　选择"供应链"|"采购管理"|"采购订货"|"采购订单"选项，打开"采购订单"对话框。

步骤 2　单击"增加"按钮，再单击"生单"右侧的下三角按钮，选择"请购单"选项，打开"查询条件选择"对话框。单击"确定"按钮，打开"拷贝并执行"对话框。

步骤 3　选择需要参照的采购请购单，单击"确定"按钮，将采购请购单的相关信息带入采购订单。

步骤 4　确认订单日期为"2020-01-01"，单击"保存"按钮，再单击"审核"按钮，如图 9.4 所示。然后关闭当前对话框。

（3）在采购管理子系统中填制并审核到货单

步骤 1　以日期 1 月 5 日重新登录系统，选择"供应链"|"采购管理"|"采购到货"|"到货单"选项，打开"到货单"对话框。

步骤 2　单击"增加"按钮，再单击"生单"按钮右侧的下三角按钮，选择"采购订单"选项，打开"查询条件选择"对话框。单击"确定"按钮，打开"拷贝并执行"对话框。

步骤 3　选择需要参照的采购订单，单击"确定"按钮，将采购订单的相关信息带入采购到货单。

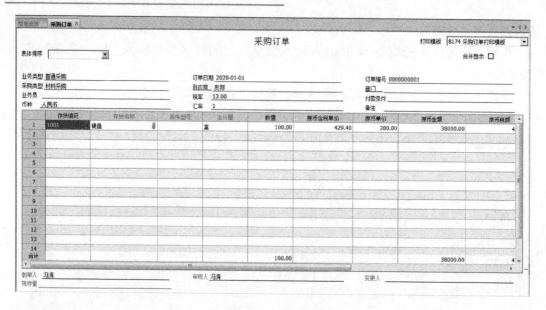

图 9.4　采购订单

步骤 4　输入采购部门，单击"保存"按钮，再单击"审核"按钮，如图 9.5 所示。然后关闭当前对话框。

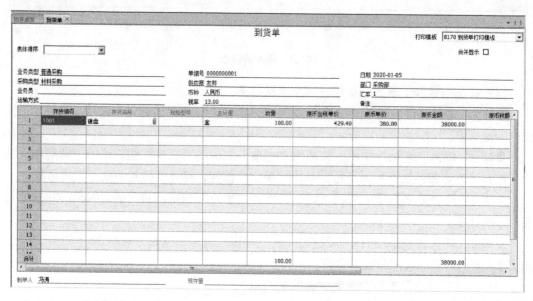

图 9.5　到货单

（4）在采购管理子系统中填制专用采购发票

步骤 1　选择"供应链"｜"采购管理"｜"采购发票"｜"专用采购发票"选项，打开"专用发票"对话框。

步骤 2　单击"增加"按钮，再单击"生单"按钮右侧的下三角按钮，选择"采购订单"选项，打开"查询条件选择"对话框。单击"确定"按钮，打开"拷贝并执行"对话框。

步骤 3 选择需要参照的采购订单，单击"确定"按钮，将采购订单的信息带入采购专用发票，如图 9.6 所示。

步骤 4 单击"保存"按钮，然后关闭当前窗口。

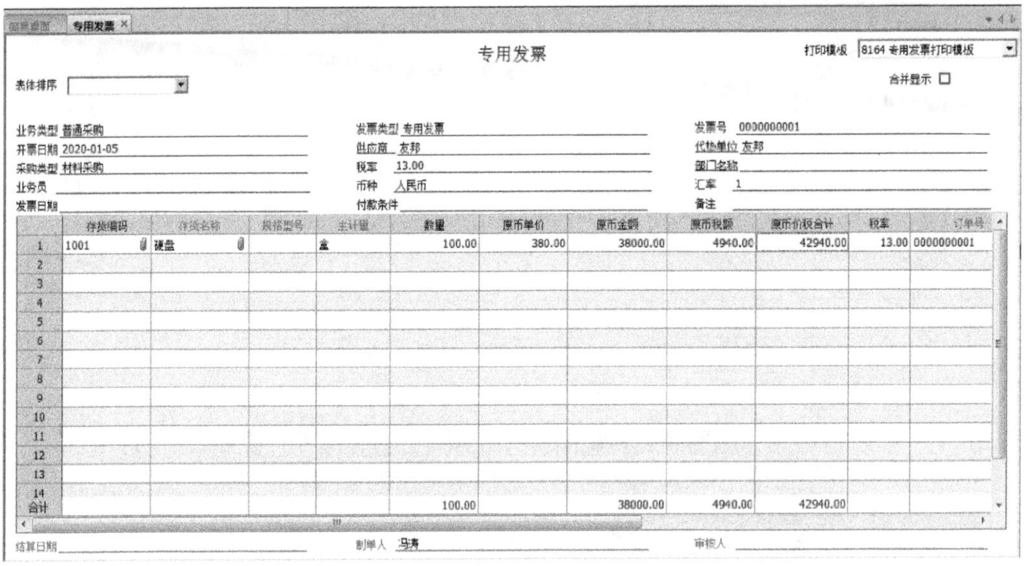

图 9.6 采购专用发票

（5）在库存管理子系统中填制并审核采购入库单

步骤 1 选择"供应链"|"库存管理"|"入库业务"|"采购入库单"选项，打开"采购入库单"对话框。

步骤 2 单击"生单"按钮右侧的下三角按钮，选择"采购到货单（蓝字）"选项，打开"查询条件选择"对话框。单击"确定"按钮，打开"到货单生单列表"对话框。

步骤 3 选择需要参照的采购到货单，单击"确定"按钮，将采购到货单的相关信息带入采购入库单。

步骤 4 输入仓库为"原料库"，单击"保存"按钮，再单击"审核"按钮，如图 9.7 所示。

提醒

① 生单时参照的单据是在采购管理子系统中已审核未关闭的采购订单和到货单。

② 采购管理子系统如果设置了必有订单业务模式，则不可手工输入采购入库单。

③ 当入库数量与订单、到货单数量完全相同时，可不显示表体。

（6）在采购管理子系统中进行采购结算

步骤 1 选择"供应链"|"采购管理"|"采购结算"|"自动结算"选项，打开"查询条件选择"对话框。选择结算模式为"入库单和发票"，如图 9.8 所示。

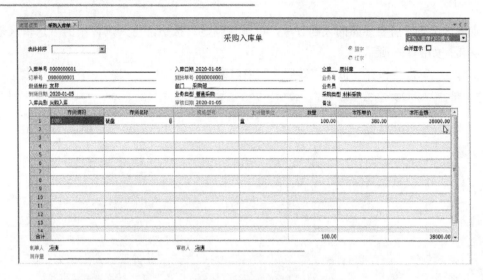

图 9.7　采购入库单

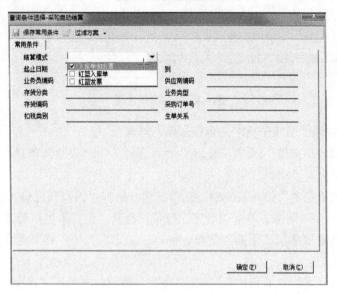

图 9.8　选择结算模式

步骤 2　单击"确定"按钮，系统自动完成采购入库单和专用发票之间的结算，结算完成后系统弹出"结算成功。"信息提示框。单击"确定"按钮返回。

提醒

①结算结果可以在结算单列表中查询。

②结算完成后，在"手工结算"对话框中将看不到已结算的入库单和发票。

③当需要修改或删除入库单、采购发票时，需要先取消采购结算。

(7) 在存货核算子系统中进行记账，生成入库凭证

步骤 1　选择"供应链"|"存货核算"|"业务核算"|"正常单据记账"选项，打开"查

询条件选择"对话框。

步骤2 单击"确定"按钮，打开"未记账单据一览表"对话框。

步骤3 选择要记账的采购入库单，单击"记账"按钮，系统弹出"记账成功。"信息提示框。单击"确定"按钮退出。

步骤4 选择"供应链"|"存货核算"|"财务核算"|"生成凭证"选项，打开"生成凭证"对话框。

步骤5 在工具栏上单击"选择"按钮，打开"查询条件"对话框。

步骤6 选择"采购入库单（报销记账）"，单击"确定"按钮，打开"选择单据"对话框。

ⓘ提醒

采购入库单（报销记账）是指已经完成采购结算的采购入库单。

步骤7 选择要制单的记录行，单击"确定"按钮，返回"生成凭证"对话框。

步骤8 选择凭证类别为"转 转账凭证"，单击"生成"按钮，打开"填制凭证"对话框。

步骤9 单击"保存"按钮，凭证左上角出现"已生成"标志，表示凭证已传递到总账管理子系统，如图9.9所示。

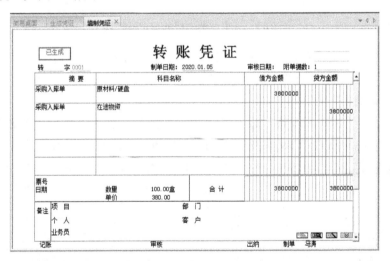

图9.9 生成的入库凭证

(8) 在应付款管理子系统中审核采购专用发票，生成应付凭证

步骤1 选择"财务会计"|"应付款管理"|"应付单据处理"|"应付单据审核"选项，打开"应付单据查询条件"对话框。

步骤2 选择供应商为"友邦"，单击"确定"按钮，打开"单据处理"对话框。

步骤3 选择需要审核的单据，单击"审核"按钮，系统弹出审核成功的信息提示框。然后单击"确定"按钮返回。

步骤 4　选择"财务会计"|"应付款管理"|"转账"|"制单处理"选项，打开"制单查询"对话框。选择"发票制单"，单击"确定"按钮，打开"制单"对话框。

步骤 5　单击"全选"按钮或在"选择标志"栏输入某数字作为选择标志，选择凭证类别为"转 转账凭证"。单击"制单"按钮，打开"填制凭证"对话框。

步骤 6　单击"保存"按钮，凭证左上角出现"已生成"标志，表示凭证已传递到总账管理子系统，如图 9.10 所示。

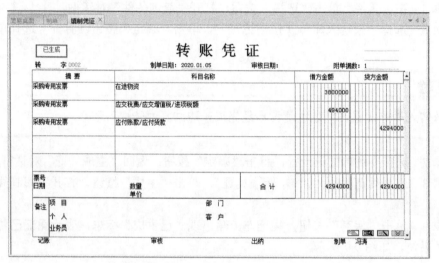

图 9.10　根据发票生成的应付款凭证

（9）在应付款管理子系统中，进行付款处理并生成付款凭证

步骤 1　选择"财务会计"|"应付款管理"|"付款单据处理"|"付款单据录入"选项，打开"收付款单录入"对话框。

步骤 2　单击"增加"按钮，选择供应商为"友邦"、结算方式为"转账支票"，输入票据号为 ZZ002、金额为 42 940。单击"保存"按钮，如图 9.11 所示。

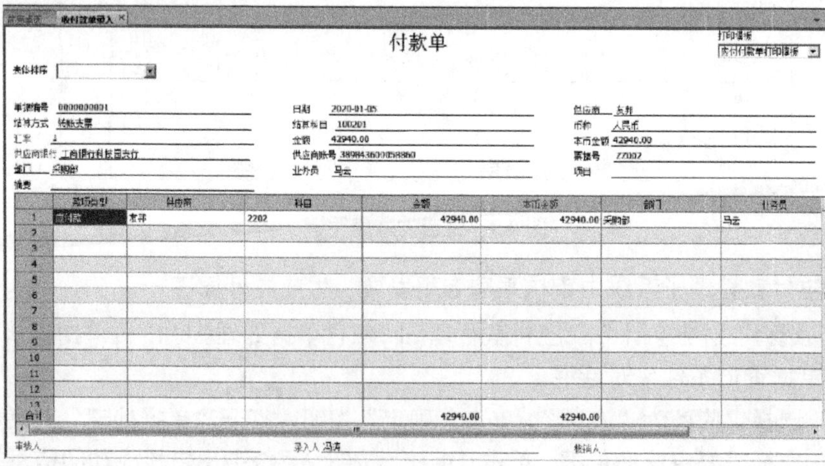

图 9.11　输入付款单

步骤 3　单击“审核”按钮，系统弹出“是否立即制单？”信息提示框。单击“是”按钮，打开“填制凭证”对话框。

步骤 4　选择凭证类别为“付 付款凭证”，单击“保存”按钮，凭证左上角出现“已生成”标志，表示凭证已传递到总账管理子系统，如图 9.12 所示。

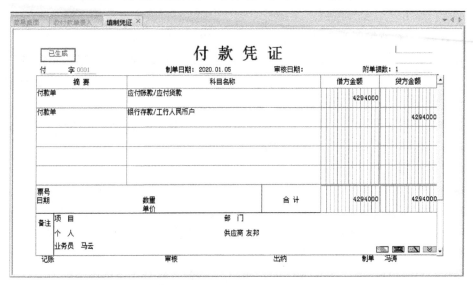

图 9.12　根据付款单生成的付款凭证

步骤 5　关闭“填制凭证”对话框，返回“收付款单录入”对话框。单击“核销”按钮，打开“核销条件”对话框。单击“确定”按钮，进入“单据核销”对话框。

步骤 6　在对话框下方采购专用发票记录行“本次结算”一栏输入 42 940，如图 9.13 所示。单击“保存”按钮，核销完成的单据不再显示。

单据日期	单据类型	单据编号	供应商	款项...	结算方式	币种	汇率	原币金额	原币余额	本次结算	订单号
2020-01-05	付款单	0000000001	友邦	应付款	转账支票	人民币	1.00000000	42,940.00	42,940.00	42,940.00	
合计								42,940.00	42,940.00	42,940.00	

单据日期	单据类型	单据编号	到期日	供应商	币种	原币金额	原币余额	可享受折扣	本次折扣	本次结算	订单号	凭证号
2020-01-05	采购专用发票	0000000001	2020-01-05	友邦	人民币	42,940.00	42,940.00	0.00	0.00	42,940.00	0000000001	转-0002
合计						42,940.00	42,940.00	0.00		42,940.00		

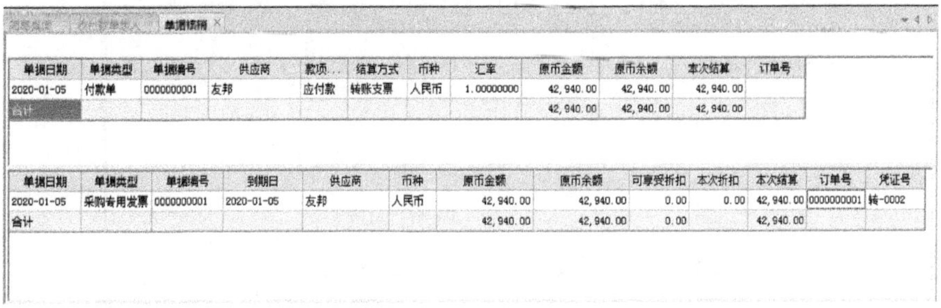

图 9.13　核销应付

9.2.2　采购现结业务处理

采购现结是指货物入库拿到供应商开具的采购发票后立即支付货款的业务。

案例 *9-2*　1 月 5 日，采购部马云向精英公司购买鼠标 220 盒，单价 28 元。验收入原料库，同时收到增值税专用发票一张。财务部门立即以转账支票的形式（票号 Z5151）支付货款。

操作步骤

（1）在库存管理子系统中直接填制采购入库单并审核

步骤 1 选择"供应链"|"库存管理"|"入库业务"|"采购入库单"选项，打开"采购入库单"对话框。

步骤 2 单击"增加"按钮，选择仓库为"原料库"、供货单位为"精英"、入库类别为"采购入库"、存货编码为 1002，输入数量为 220、单价为 28。

步骤 3 单击"保存"按钮，再单击"审核"按钮，系统弹出"该单据审核成功！"信息进示框。

步骤 4 单击"确定"按钮返回。

视频演示

（2）在采购管理子系统中输入采购专用发票，进行现结处理和采购结算

步骤 1 选择"供应链"|"采购管理"|"采购发票"|"专用采购发票"选项，打开"专用发票"对话框。

步骤 2 单击"增加"按钮，再单击"生单"按钮右侧的下三角按钮，选择"入库单"选项，打开"查询条件选择"对话框。单击"确定"按钮，打开"拷贝并执行"对话框。

步骤 3 选择需要参照的采购入库单，单击"确定"按钮，将采购入库单的信息带入专用发票。

步骤 4 单击"保存"按钮，再单击"现付"按钮，打开"采购现付"对话框。

步骤 5 选择结算方式为"202-转账支票"，输入结算金额为 6 960.80、票据号为 Z5151，如图 9.14 所示。单击"确定"按钮，发票左上角显示"已现付"标记。

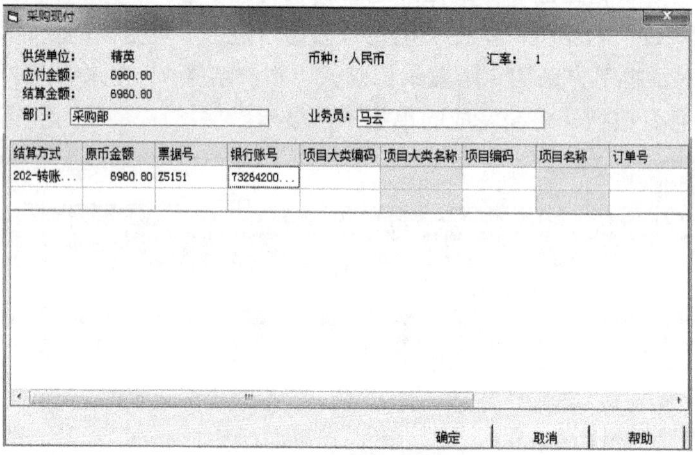

图 9.14 采购现付

步骤 6 单击"结算"按钮，自动完成采购结算，发票左上角显示"已结算"标记。

（3）在应付款管理子系统中审核发票，进行现结制单

步骤 1 选择"财务会计"|"应付款管理"|"应付单据处理"|"应付单据审核"选项，打开"应付单查询条件"对话框。

步骤 2 选择供应商为"精英"，选中"包含已现结发票"复选框，单击"确定"按钮，

打开"单据处理"对话框。

步骤 3 选择需要审核的单据，单击"审核"按钮，系统弹出审核成功的信息提示框。单击"确定"返回。

步骤 4 选择"财务会计"|"应付款管理"|"转账"|"制单处理"选项，打开"制单查询"对话框。选择"现结制单"，然后选择供应商为"精英"，单击"确定"按钮，打开"制单"对话框。

步骤 5 选择凭证类别为"付 付款凭证"，选择要制单的记录行，单击"制单"按钮，打开"填制凭证"对话框。

步骤 6 单击"保存"按钮，凭证左上角出现"已生成"标志，表示凭证已传递到总账管理子系统。

现结制单生成的凭证如下。

借：在途物资　　　　　　　　　　　　　　　　　　　　　6 160.00
　　应交税费——应交增值税——进项税额　　　　　　　　 800.80
　　贷：银行存款——工行人民币户　　　　　　　　　　　　　　6 960.80

(4) 在存货核算子系统中对采购入库单记账，生成入库凭证

操作步骤同前述。

9.2.3　采购运费业务处理

存货的采购成本包括买价、相关税费、运输费、装卸费。如果采购运费发票和采购发票不同时到达，需要采取费用发票单独结算的方式，以确保运费计入材料成本；如果运费发票和采购发票同时到达，可以采取手工结算，选择采购发票和运费发票与同一张采购入库单进行结算。

案例 9-3 1月8日，采购部向友邦公司购买硬盘150盒，验收入原料库。同时，收到增值税专用发票一张，发票载明硬盘150盒、单价为380元、税率为13%。另外，还收到友邦公司已代垫的运费发票一张，无税金额为100元、税率为9%。请完成入库材料的成本计算。

操作步骤

(1) 在库存管理子系统中增加采购入库单并审核

操作步骤略。

(2) 在采购管理子系统中参照采购入库单生成采购专用发票

操作步骤略。

(3) 在采购管理子系统中填制运费发票

步骤 1 选择"供应链"|"采购管理"|"采购发票"|"专用采购发票"选项，打开"专用发票"对话框。

步骤 2 填制运费专用发票，如图9.15所示。

步骤 3 关闭当前对话框。

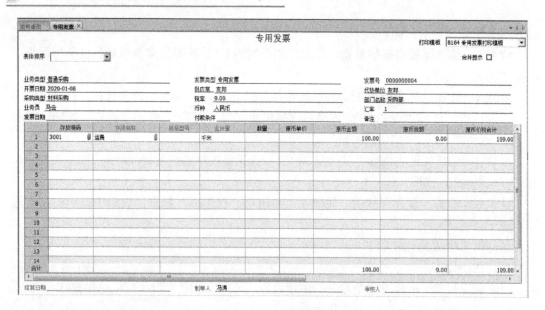

图 9.15　运费发票

（4）进行采购结算

步骤 1　选择"供应链"|"采购管理"|"采购结算"|"手工结算"选项，打开"手工结算"对话框。

步骤 2　单击"选单"按钮，打开"结算选单"对话框。单击"查询"按钮，打开"查询条件选择"对话框。输入查询条件，单击"确定"按钮，返回"结算选单"对话框。对话框上方显示未结算的发票，下方显示未结算的采购入库单，如图 9.16 所示。

图 9.16　手工结算选择列表

步骤 3　选择要结算的入库单、专用发票和运费发票，单击"确定"按钮，返回"手工结算"对话框。

步骤 4　选择费用分摊方式为"按数量"，单击"分摊"按钮，系统弹出如图 9.17 所示的信息提示框。单击"是"按钮确定。自动完成分摊后，系统弹出"费用分摊（按数量）完毕，请检查。"信息提示框。单击"确定"按钮返回。

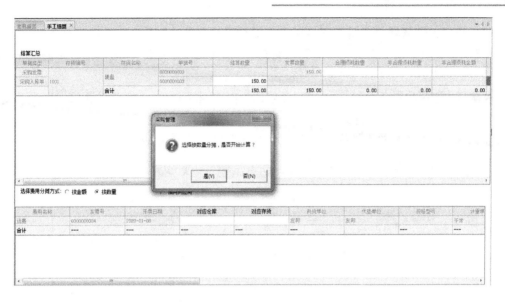

图 9.17　按数量分摊运费

步骤 5　单击"结算"按钮，系统进行结算处理，完成后系统弹出"完成结算！"信息进示框。单击"确定"返回。

步骤 6　查询已结算的采购入库单，如图 9.18 所示。

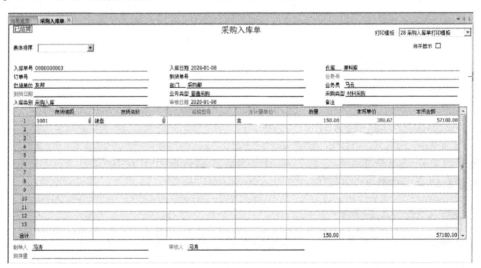

图 9.18　结算后的采购入库单

ⓘ **提醒**

　　不管采购入库单上有无单价，采购结算后单价都被自动修改为发票上的存货单价。

　　硬盘原单价 380 元，运费发票金额是 100 元，按数量分摊 100 元÷150 盒=0.67元/盒，因此运费分摊后的单价为 380.67 元。

（5）在应付款管理子系统中对两张发票进行审核并合并制单

步骤 1　选择"财务会计"|"应付款管理"|"应付单据处理"|"应付单据审核"选项，对货物专用发票和运费专用发票进行审核。

步骤 2　选择"财务会计"|"应付款管理"|"转账"|"制单处理"选项，选择"发票制单"，打开"制单"对话框。

步骤 3　单击"合并"按钮，再单击"制单"按钮，生成凭证如图 9.19 所示。

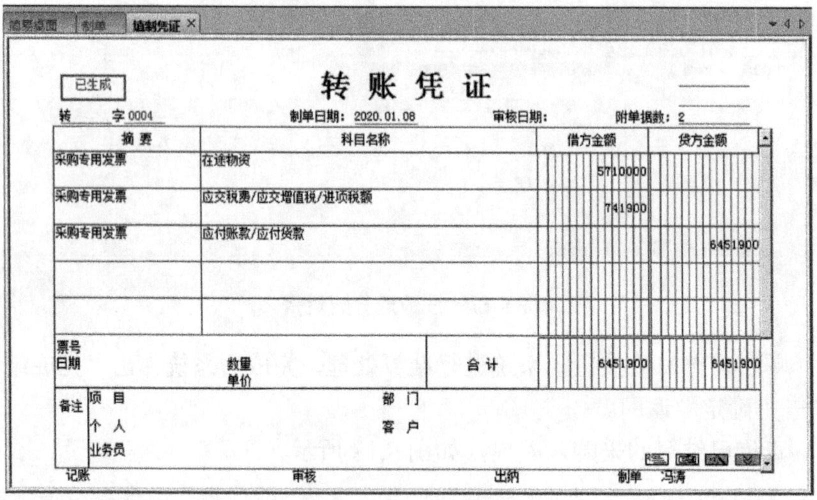

图 9.19　合并生成凭证

（6）在存货核算子系统中对入库单记账并生成凭证

操作步骤略。

9.2.4　采购退货业务处理

由于材料质量不合格、企业转产等原因，企业可能会发生退货业务。针对退货业务发生的不同时机，在用友 U8 中采用了不同的解决方法。

1. 货收到未做入库手续

如果尚未输入采购入库单，此时只要把货退还给供应商即可，在用友 U8 中不用做任何处理。

2. 已输入采购入库单但尚未记入存货明细账

这分为 3 种情况。

① 未输入采购发票。如果是全部退货，可删除采购入库单；如果是部分退货，可直接修改采购入库单。

② 已输入采购发票但未结算。如果是全部退货，可删除采购入库单和采购发票；如果是部分退货，可直接修改采购入库单和采购发票。

③ 已经输入采购发票并执行了采购结算。如果结算后的发票没有付款，此时可取消采

购结算，再删除或修改采购入库单和采购发票；如果结算后的发票已付款，则必须输入退货单。

3. 入库单已记账

此时无论是否输入了采购发票、采购发票是否结算、结算后的采购发票是否付款，都需要输入退货单。

案例 9-4　1 月 10 日，仓库反映本月 8 日向友邦公司采购的硬盘有 2 盒存在质量问题。原价 380 元退回给供应商，供应商开具红字专用发票一张。

操作步骤

（1）办理退货

步骤 1　选择"供应链"|"库存管理"|"入库业务"|"采购入库单"选项，打开"采购入库单"对话框。

步骤 2　单击"增加"按钮，选中"红字"单选按钮，输入硬盘数量为-2。单击"保存"按钮，再单击"审核"按钮。

（2）收到红字专用发票

步骤 1　选择"供应链"|"采购管理"|"采购发票"|"红字专用采购发票"选项，打开"专用发票（红字）"对话框。

步骤 2　参照红字采购入库单生成"红字专用发票"，单击"保存"按钮后退出。

（3）进行采购结算

在采购管理子系统中，对红字入库单和红字发票进行自动结算或手工结算。

（4）在应付款管理子系统中审核红字发票并制单

操作步骤略。

（5）在存货核算子系统中对红字入库单记账并生成凭证

操作步骤略。

9.2.5　暂估入库业务处理

暂估入库是指本月存货已经入库，但采购发票尚未收到，不能确定存货的入库成本，月底时为了正确核算企业的库存成本，需要将这部分存货暂估入账，形成暂估凭证。对暂估入库业务，用友 U8 提供了 3 种不同的处理方法。

1. 月初回冲

月初回冲是指进入下月后，存货核算子系统自动生成与暂估入库单完全相同的红字回冲单。同时，登录相应的存货明细账，冲回存货明细账中上月的暂估入库；对红字回冲单制单，冲回上月的暂估凭证。

收到采购发票后，输入采购发票，对采购入库单和采购发票做采购结算。结算完毕后，进入存货核算子系统，进行暂估入库处理。进行暂估入库处理后，系统根据发票自动生成一张蓝字回冲单，其上的金额为发票上的报销金额，同时登记存货明细账，使库存增加。

然后，对蓝字回冲单制单生成采购入库凭证。

2. 单到回冲

单到回冲是指下月初不做处理，采购发票收到后，在采购管理子系统中输入并进行采购结算，再到存货核算子系统中进行暂估入库处理，系统自动生成红字回冲单、蓝字回冲单，同时据以登记存货明细账。红字回冲单的入库金额为上月暂估金额，蓝字回冲单的入库金额为发票上的报销金额。选择"存货核算"|"生成凭证"选项，选择"红字回冲单""蓝字回冲单"制单，生成凭证并传递到总账管理子系统。

3. 单到补差

单到补差是指下月初不做处理，采购发票收到后，在采购管理子系统中输入并进行采购结算，再到存货核算子系统中进行暂估入库处理。如果报销金额和暂估金额的差额不为 0，则产生调整单——一张采购入库单生成一张调整单，用户确认后，自动记入存货明细账；如果差额为 0，则不生成调整单。最后对调整单制单，生成凭证并传递到总账管理子系统。

神州科技选择了单到回冲暂估入库处理方式。单到回冲暂估入库的业务处理流程如图 9.20 所示。

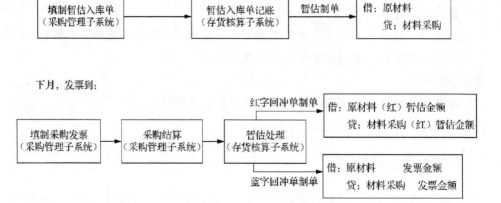

图 9.20　单到回冲暂估入库的业务处理流程

案例 9-5　1 月 12 日，收到友邦公司开具的上月入库的 10 盒硬盘的专用发票一张。发票载明硬盘 10 盒，单价 380 元。

操作步骤

（1）收到发票，进行采购结算

步骤 1　选择"供应链"|"采购管理"|"采购发票"|"专用采购发票"选项，打开"专用发票"对话框。

步骤 2　单击"增加"按钮，参照期初采购入库单生成采购专用发票。修改单价为 380，然后单击"保存"按钮。

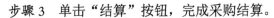

步骤 3 单击"结算"按钮，完成采购结算。

（2）进行结算成本处理

步骤 1 选择"供应链"|"存货核算"|"业务核算"|"结算成本处理"选项，打开"暂估处理查询"对话框。

步骤 2 选中"1 原料库"，单击"确定"按钮，打开"结算成本处理"对话框。选中要处理的单据，如图 9.21 所示。

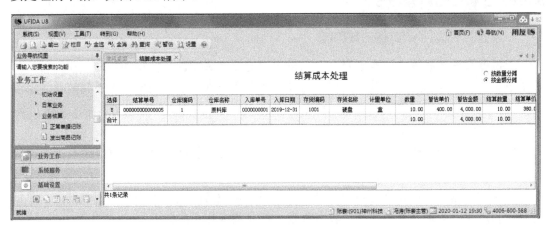

图 9.21 结算成本处理

步骤 3 单击"暂估"按钮，系统弹出"暂估处理完成。"信息提示框。单击"确定"按钮返回。

（3）暂估报销处理生成凭证

步骤 1 选择"供应链"|"存货核算"|"财务核算"|"生成凭证"选项，打开"生成凭证"对话框。

步骤 2 单击"选择"按钮，打开"查询条件"对话框。选中"（24）红字回冲单""（30）蓝字回冲单（报销）"复选框，单击"确定"按钮，打开"选择单据"对话框。

步骤 3 选择要生成凭证的单据，单击"确定"按钮，打开"生成凭证"对话框。

步骤 4 选择凭证类别为"转 转账凭证"，单击"生成"按钮，打开"填制凭证"对话框。

步骤 5 单击"保存"按钮，保存如下红字回冲单生成的凭证。

借：原材料/硬盘　　　　　　　　　　　　　　　　　　　　　　-4 000

　　贷：应付账款/暂估应付款　　　　　　　　　　　　　　　　　　　　-4 000

步骤 6 单击 ➡ 按钮，再单击"保存"按钮，保存以下蓝字回冲单生成的凭证。

借：原材料/硬盘　　　　　　　　　　　　　　　　　　　　　　3 800

　　贷：在途物资　　　　　　　　　　　　　　　　　　　　　　　　3 800

（4）在应付款管理子系统中审核采购专用发票并制单

操作步骤略。

任务 9.3 应付款管理子系统认知

9.3.1 了解应付款管理子系统

1. 应付款管理子系统的主要功能

应付款管理子系统主要实现对企业与供应商的往来账款进行核算和管理。在应付款管理子系统中，以采购发票、其他应付单等原始单据为依据，记录采购业务及其他业务形成的应付款项，处理应付款项的支付、核销等情况，并提供票据处理的功能。

（1）应付款管理子系统初始化

应付款管理子系统初始化包括系统参数设置、基础信息设置和期初数据输入。

（2）应付款管理子系统日常业务处理

应付款管理子系统日常业务处理是指对应付款项业务的处理工作，主要包括应付单据处理、付款单据处理、票据管理、转账处理、信息查询和系统分析。

① 应付单据处理。应付单据包括采购发票和其他应付单，是确认应付账款的主要依据。应付单据处理主要包括单据输入和单据审核。如果应付款管理子系统和采购管理子系统集成使用，采购发票在采购管理子系统中输入，在应付款管理子系统中进行审核。

② 付款单据处理。付款单据主要是指付款单。付款单据处理包括付款单据的输入、审核和核销。单据核销的主要作用是：解决对供应商的付款，核销该供应商应付款；建立付款与应付款的核销记录，监督应付款及时核销；加强往来款项的管理。

③ 票据管理。票据管理主要是指对银行承兑汇票和商业承兑汇票进行管理。票据管理可以提供票据登记簿，记录票据的利息、贴现、背书、结算和转出等信息。

④ 转账处理。转账处理是指在日常业务处理中经常发生的应付冲应收、应付冲应付、预付冲应付及红票对冲的业务处理。

⑤ 信息查询和系统分析。这是指用户对信息的查询及在各种查询结果的基础上所进行的各项分析。一般查询包括单据查询、凭证查询及账款查询等；统计分析包括欠款分析、账龄分析、综合分析及收款预测分析等，以便于用户及时发现问题，加强对往来款项动态的监督管理。

（3）期末处理

期末处理是指用户在月末进行的结算汇兑损益及月末结账工作。如果企业有外币往来，在月末需要计算外币单据的汇兑损益并对其进行相应的处理。如果当月业务已全部处理完毕，就需要进行月末结账处理。只有月末结账后，才可以开始下月工作。月末处理主要包括汇兑损益结算和月末结账。

2. 应付款管理子系统与其他子系统的主要关系

对供应商应付款项核算和管理的程度不同，其系统功能、接口、操作流程等均不相同。

在此以在应付款管理子系统核算供应商往来款项为例，介绍应付款管理子系统与其他子系统的主要关系，如图 9.22 所示。

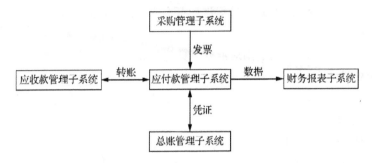

图 9.22　应付款管理子系统与其他子系统的主要关系

9.3.2　企业应付款管理的应用方案

企业信息化规划要与企业战略目标保持一致，而企业规模不同、发展阶段不同，其信息化需求也不同。从应付款管理的角度，企业可能的应用方案有以下两种。

1.　利用总账管理子系统中的供应商往来辅助核算管理应付

如果企业只购置了总账管理子系统、财务报表子系统两个基本子系统，那么与供应商之间的往来管理可以通过给"应付票据""应付账款""预付账款"等科目设置"供应商往来"辅助核算科目进行简单的管理。

因为只采购了总账管理子系统，所有涉及供应商往来的业务均需要在总账管理子系统中填制凭证。由于设置了供应商往来辅助核算，填制凭证时系统要求记录到具体的供应商。在账表查询中提供了供应商往来辅助账的相关查询，如图 9.23 所示。

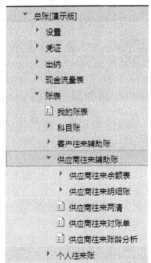

2.　在应付款管理子系统核算供应商往来款项

如果在采购业务中应付款核算与管理内容比较复杂，需要追踪每一笔业务的应付款、付款等情况，或者需要将应付款核算具体到产品一级，那么企业需要配置应付款管理子系统。根据企业目前是财务信息化，还是财务业务一体化，具体应用方案如下。

（1）财务信息化

图 9.23　供应商往来辅助账查询

这种情况是企业同时采购了总账管理子系统和应付款管理子系统，没有配置采购管理子系统。在这种情况下，所有的供应商往来业务全部在应付款管理子系统处理并自动生成业务凭证传递给总账管理子系统，总账管理子系统中不再填制这类凭证。在应付款管理子系统中要处理的业务包括以下几项。

①　应付单据处理。应付单据处理是指输入采购业务中收到的采购专用发票、其他应付

业务形成的应付单，并对以上应付单据进行审核。

② 付款单据处理。付款单据处理是指对供应商进行付款结算或预付处理。

③ 核销处理。核销处理是指对某供应商付款和应付进行核抵，以便进行精确的账龄分析。

④ 票据管理。票据管理是指对商业汇票进行记录、结算等管理。

⑤ 转账处理。转账处理是指进行应付冲应付、应付冲应收等对冲管理。

⑥ 生成凭证。生成凭证是指对以上业务生成凭证，传递给总账管理子系统。

（2）财务业务一体化

在企业采购了总账管理子系统、应付款管理子系统和采购管理子系统的情况下，采购发票的填制在采购管理子系统中完成，应付款管理子系统负责对应付单据进行审核。

任务 9.4　应付款管理子系统实务

9.4.1　应付单据处理

应付单据处理包括应付单据输入和应付单据审核。

1. 应付单据输入

应付单据包括采购发票及其他应付单据。采购发票是从供货单位取得的进项发票及发票清单；其他应付单据用于记录采购业务之外所发生的各种其他应付业务。如果与采购管理子系统集成应用，采购发票在采购管理子系统中输入。

2. 应付单据审核

应付单据审核是在应付单据保存后对应付单据的正确性进行确认。单据输入后必须经过审核才能进行制单，审核人和制单人可以是同一个人。单据被审核后，将从单据处理功能中消失，但可以通过单据查询功能查看此单据的详细资料。

9.4.2　付款单据处理

付款单据处理包括付款单据输入和付款单据审核。

1. 付款单据输入

应付款管理子系统的付款单用来记录企业支付的供应商往来款项。款项性质包括应付款、预付款、其他费用等。其中，应付款、预付款性质的付款单可以与发票、应付单、付款单进行核销处理。

应付款管理子系统的收款单用来记录发生采购退货时，企业收到的供应商退付的款项。该收款单可与应付、预付性质的付款单、红字应付单、红字发票进行核销处理。

2. 付款单据审核

只有审核后的单据才允许进行核销、制单等处理。

系统提供单张审核和自动批审两种审核方式。

案例 9-6　1 月 12 日，向友邦电汇 10 000 元作为预付材料新品的订金。

操作步骤

步骤 1　选择"财务会计"|"应付款管理"|"付款单据处理"|"付款单据录入"选项，打开"收付款单录入"对话框。

步骤 2　单击"增加"按钮，选择供应商为"友邦"、结算方式为"电汇"，输入金额为 10 000 元，在表体第 1 行选择款项类型为"预付款"，如图 9.24 所示。

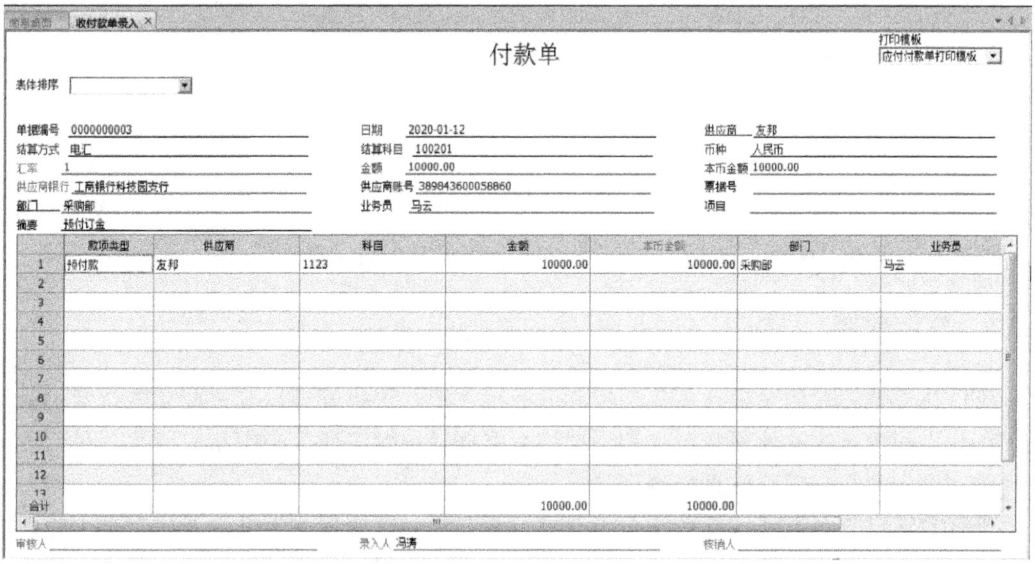

图 9.24　输入预付款性质的付款单

步骤 3　单击"保存"按钮，再单击"审核"按钮，生成以下凭证。

借：预付账款　　　　　　　　　　　　　　　　　　　　　　　10 000

　　贷：银行存款/工行人民币户　　　　　　　　　　　　　　　　　　　10 000

9.4.3　核销处理

核销处理是指用向供应商的付款核销其应付款的工作。

系统提供手工核销和自动核销两种核销方法。

案例 9-7　1 月 15 日，开出 50 000 元转账支票支付友邦公司 1 月 8 日部分货款。

操作步骤

步骤 1　选择"财务会计"|"应付款管理"|"付款单据处理"|"付款单据录入"选项，打开"收付款单录入"对话框。

步骤 2　单击"增加"按钮，选择供应商为"友邦"、结算方式为"转账支票"，输入金额为 50 000 元。

步骤 3　单击"审核"按钮，系统弹出"是否立即制单？"信息提示框。单击"是"按钮，生成付款凭证。然后关闭"收付款单录入"对话框。

步骤 4　选择"财务会计"|"应付款管理"|"核销处理"|"手工核销"选项，打开"核销条件"对话框。选择供应商"友邦"，单击"确定"按钮，打开"单据核销"对话框。在对话框下方 1 月 8 日的采购专用发票"本次结算"栏输入 50 000，如图 9.25 所示。

单据日期	单据类型	单据编号	供应商	款项...	结算方式	币种	汇率	原币金额	原币余额	本次结算	订单号
2020-01-12	付款单	0000000003	友邦	预付款	电汇	人民币	1.00000000	10,000.00	10,000.00		
2020-01-15	付款单	0000000004	友邦	应付款	转账支票	人民币	1.00000000	50,000.00	50,000.00	50,000.00	
合计								60,000.00	60,000.00	50,000.00	

单据日期	单据类型	单据编号	到期日	供应商	币种	原币金额	原币余额	可享受折扣	本次折扣	本次结算	订单号	凭证号
2020-01-08	采购专用发票	0000000003	2020-01-08	友邦	人民币	64,410.00	64,410.00	0.00	0.00	50,000.00		转-0004
2020-01-08	采购专用发票	0000000004	2020-01-08	友邦	人民币	109.00	109.00	0.00				转-0004
2020-01-12	采购专用发票	0000000006	2020-01-12	友邦	人民币	4,294.00	4,294.00	0.00				转-0010
合计						68,813.00	68,813.00	0.00		50,000.00		

图 9.25　核销应付款

步骤 5　单击"保存"按钮。核销完成的单据不再在对话框中显示。

9.4.4　票据管理

可以在票据管理中对银行承兑汇票和商业承兑汇票进行管理，其主要功能包括记录票据详细信息和记录票据处理情况。如果要进行票据登记簿管理，必须将应付票据科目设置成为带有供应商往来辅助核算的科目。

当开具银行承兑汇票或商业承兑汇票时，应在应付款管理子系统的票据管理中输入该汇票。系统会自动根据票据生成一张收款单，用户可以对付款单进行查询，并可以与应付单据进行核销勾对，冲减供应商应付账款。在票据管理中，还可以对该票据进行计息、贴现、转出、结算、背书等处理。

9.4.5　转账处理

转账处理是对日常业务处理中经常发生的应付冲应收、应付冲应付、预付冲应付及红票对冲的业务处理。

1.　应付冲应收

应付冲应收是指用某供应商的应付账款冲抵某客户的应收款项。系统通过应付冲应收功能将应付款业务在供应商和客户之间进行转账，实现应付业务的调整，解决应付债务与应收债权的冲抵。

2.　应付冲应付

应付冲应付是指将一家供应商的应付款转到另一家供应商中。通过应付冲应付功能可

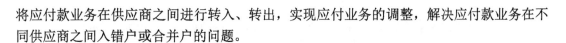

将应付款业务在供应商之间进行转入、转出，实现应付业务的调整，解决应付款业务在不同供应商之间入错户或合并户的问题。

3. 预付冲应付

预付冲应付是指处理供应商的预付款和该供应商应付款的转账核销业务，即某一个供应商有预付款时，可用该供应商的一笔预付款冲其一笔应付款。

案例 9-8　预付冲应付。1 月 18 日，用向友邦公司的预付款冲销 1 月 12 日应付友邦公司货款 4 294 元及 1 月 8 日的代垫运费 109 元。

视频演示

操作步骤

步骤 1　选择"财务会计"|"应付款管理"|"转账"|"预付冲应付"选项，打开"预付冲应付"对话框。

步骤 2　选择供应商为"友邦"，单击"过滤"按钮，系统显示未核销完成的付款单列表。在第 1 行付款单的"转账金额"栏输入 4 403，如图 9.26 所示。

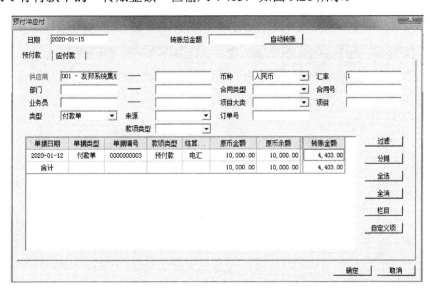

图 9.26　输入预付款的转账金额

步骤 3　进入"应付款"选项卡，再单击"过滤"按钮，系统显示未核销完的应付单据。在第 2 行采购专用发票的"转账金额"栏输入 109，在第 3 行采购专用发票的"采购金额"栏输入 4 294，如图 9.27 所示。

步骤 4　单击"确定"按钮，系统弹出"是否立即制单？"信息提示框。单击"是"按钮，生成转账凭证如图 9.28 所示。

> ⓘ **提醒**
>
> ① 每一笔应付款的转账金额不能大于其余额。
> ② 应付款的转账金额合计应该等于预付款的转账金额合计。

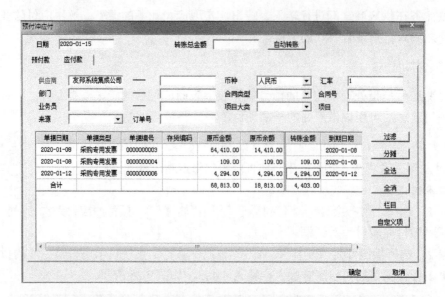

图 9.27　输入采购发票的转账金额

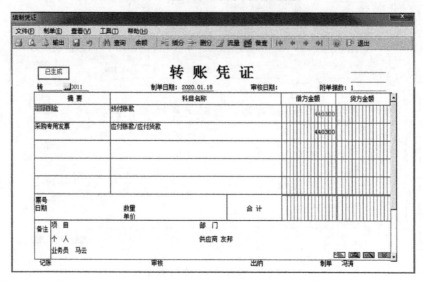

图 9.28　预付冲应付生成凭证

4. 红票对冲

红票对冲可实现某供应商的红字应付单与其蓝字应付单之间、付款单和收款单之间的冲抵。当发生退票时，用红字发票对冲蓝字发票。红票对冲通常可以分为系统自动冲销和手工冲销两种处理方式：自动冲销可同时对多个供应商依据红票对冲规则进行红票对冲，从而提高红票对冲的效率；手工冲销可对一个供应商进行红票对冲，并自行选择红票对冲的单据，从而提高红票对冲的灵活性。

　　案例9-9　1月8日，用友邦公司退货开来的红字专用发票冲掉购货时开具的蓝字发票，金额为 858.80 元。

操作步骤

步骤 1 选择"财务会计"|"应付款管理"|"转账"|"红票对冲"|"手工对冲"选项，打开"红票对冲条件"对话框。

步骤 2 选择供应商为"001-友邦系统集成公司"，单击"确定"按钮，打开"红票对冲"对话框。

步骤 3 在对话框下方对应的采购专用发票的"对冲金额"栏输入 858.80，如图 9.29 所示。然后单击"保存"按钮。

单据日期	单据类型	单据编号	供应商	币种	原币金额	原币余额	对冲金额
2020-01-10	采购专用发票	0000000005	友邦	人民币	858.80	858.80	858.80
合计					858.80	858.80	858.80

单据日期	单据类型	单据编号	供应商	币种	原币金额	原币余额	对冲金额
2020-01-08	采购专用发票	0000000003	友邦	人民币	64,410.00	14,410.00	858.80
合计					64,410.00	14,410.00	858.80

图 9.29 红票对冲

9.4.6 应付款管理子系统期末处理

企业在期末主要应完成计算汇兑损益和月末结账两项业务处理工作。

1. 汇兑损益

如果供应商往来有外币核算，且在应付款管理子系统中核算供应商往来款项，则在月末需要计算外币单据的汇兑损益并进行相应的处理。在计算汇兑损益之前，应首先在系统初始设置中选择汇兑损益的处理方法。通常系统会提供两种汇兑损益的处理方法，即月末计算汇兑损益和单据结清时计算汇兑损益。

2. 月末结账

如果确认本月的各项业务处理已经结束，可以选择执行月末结账功能。结账后本月不能再进行单据、票据、转账等任何业务的增加、删除、修改等处理。另外，如果上个月没有结账，则本月不能结账，并且一次只能选择一个月进行结账。

如果用户觉得某月的月末结账有错误，可以取消月末结账。但取消结账操作只有在该月总账管理子系统未结账时才能进行。如果启用了采购管理子系统，则在采购管理子系统结账后，应付款管理子系统才能结账。

结账时还应注意本月的单据（发票和应收单）在结账前应该全部审核；如果本月的结算单还有未核销的，则不能结账；如果结账期间是本年度最后一个期间，则本年度进行的所有核销、坏账、转账等处理必须制单，否则不能向下一个年度结转，而且对于本年度外币余额为 0 的单据必须将本币余额结转为 0，即必须进行汇兑损益。

课后练习

一、思考题

1. 采购管理子系统的功能有哪些？
2. 采购管理子系统与其他子系统的主要关系是什么？
3. 简述普通采购业务的处理流程。
4. 应付款管理子系统的主要功能有哪些？
5. 说明应付款管理子系统与其他子系统的主要关系。
6. 应付款管理子系统的转账处理包括哪些内容？
7. 核销的含义是什么？
8. 如何理解红字回冲单和蓝字回冲单？
9. 总结应付款管理子系统生成哪些凭证传递给总账管理子系统。
10. 采购运费是如何计入采购成本的？

二、操作题

1. 完成《会计信息化实训》（用友 U8 V10.1）中的"实验十　采购管理"。
2. 完成《会计信息化实训》（用友 U8 V10.1）中的"实验十一　实付款管理"。

项目 *10*

销售与应收款管理

知识目标

1. 了解销售管理子系统的功能及其与其他子系统的主要关系。
2. 熟悉普通销售业务的处理流程。
3. 了解应收款管理子系统的功能及其与其他子系统的主要关系。
4. 理解核销的意义。

技能目标

1. 掌握普通销售业务全流程处理。
2. 掌握现收业务处理。
3. 掌握受托代销业务处理。
4. 掌握预收款业务处理。
5. 掌握收款及核销处理。
6. 掌握各类转账业务处理。

任务 *10.1*　销售管理子系统认知

10.1.1　了解企业销售业务

企业一般设置销售部负责企业销售业务管理。销售部门的主要职责是分析市场、确定销售策略、建立销售目标、制订销售计划、开发与管理客户、跟进销售流程、管理销售活动，以便为企业最大限度地创造收入。

1. 由用友 U8 管理的销售工作

销售业务管理的内容包括收集市场信息、确定销售策略、开发客户、报价、订购、协调与沟通、催交、发货、办理出库、跟踪收款。其中，办理出库需要与仓管配合、跟踪收款需要与财务协同。采用用友 U8 之后，要了解这些工作是否都需要在系统中记录，以及与仓管和财务的配合同之前的异同点。

可以把销售工作的内容分为两类：一类是流程性工作，如报价—订购—发货—出库—

开票—收款，这类工作之间有直接的相互关联，与其他部门工作联系比较紧密，需要在用友 U8 中记录；另外一类是线下完成的工作，如收集信息、确立销售目标、协调与沟通等，这些不需要在用友 U8 中反映和记录。

2. 企业的销售业务类型

销售业务分为普通销售业务、分期收款销售业务、委托代销业务、直运销售业务和零售业务。其中，最为常见的是普通销售业务。

① 普通销售业务按照发货和开票的先后顺序，可分为先发货后开票和开票直接发货两种。

② 分期收款销售业务类似于委托代销业务，是货物提前发给客户，分期收回货款，收入与成本按照收款情况分期确定的销售模式。分期收款销售业务的特点是一次性发货，当时不确定收入而分次确定收入，在确定收入的同时配比性地结转成本。

③ 委托代销业务是企业将商品委托他人进行销售，但商品所有权仍归本企业的销售方式。委托代销产品销售后，受托方与企业进行结算，并开具正式的销售发票，形成销售收入，商品所有权转移。

④ 直运销售业务是产品无须入库即可完成的购销业务，是由供应商直接将产品发给企业的客户，结算时由购销双方分别与企业进行结算，企业赚取购销间差价的销售模式。

⑤ 零售业务是处理商业企业将产品销售给零售客户的销售业务。如果企业有零售业务，相应的销售票据应按日汇总数据，然后通过零售日报进行处理。这种业务常见于商场、超市及企业的各零售店。

10.1.2　了解销售管理子系统

1. 用友 U8 销售管理子系统的主要功能

（1）销售管理子系统初始化设置

销售管理子系统初始化设置包括设置销售管理子系统业务处理所需要的销售参数、基础档案信息及销售期初数据。

（2）销售管理子系统业务处理

销售管理子系统业务处理主要包括对销售报价、销售订货、销售发货、销售开票、销售调拨、销售退回、发货折扣、委托代销、零售等销售业务的全流程管理，并根据审核后的发票或发货单自动生成销售出库单，处理随同货物销售所发生的各种代垫费用，以及在货物销售过程中发生的各种销售支出。

在销售管理子系统中，可以处理普通销售、委托代销、直运销售、分期收款销售、销售调拨及零售业务等业务类型。

（3）销售管理子系统账簿及销售分析

销售管理子系统不仅提供各种销售明细账、销售明细表及各种统计表，还提供各种销售分析及综合查询统计分析。

2. 销售管理子系统与其他子系统的主要关系

销售管理子系统与其他子系统的主要关系如图 10.1 所示。

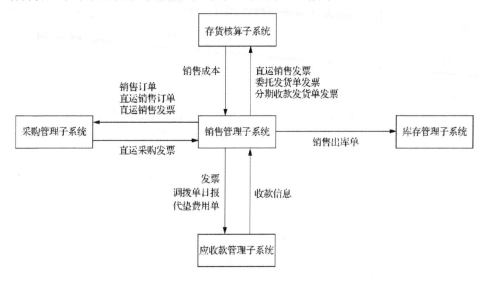

图 10.1　销售管理子系统与其他子系统的主要关系

任务 *10.2*　销售管理子系统实务

10.2.1　普通销售业务处理

普通销售业务模式适用于大多数企业的日常销售业务。用户也可以根据企业的实际业务应用，结合本子系统对销售流程进行灵活配置。

普通销售业务支持两种业务模式：先发货后开票业务模式和开票直接发货业务模式。以先发货后开票业务模式为例，其业务流程如图 10.2 所示。

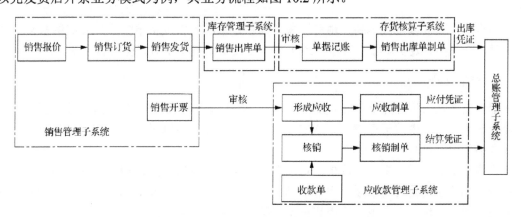

图 10.2　先发货后开票业务模式的业务流程

1. 销售报价

销售报价是指企业向客户提供货品、规格、价格、结算方式等信息。双方达成协议后，销售报价单可以转为有效的销售合同或销售订单。企业可以针对不同客户、不同存货、不同批量提出不同的报价、折扣率。在销售业务流程中，销售报价环节是可省略的。

2. 销售订货

销售订货是指企业与客户签定销售合同，这在销售管理子系统中体现为销售订单。如果客户经常采购某产品，或者客户是本企业的经销商，则销售部门无须经过报价环节即可输入销售订单。如果前面已有对客户的报价，也可以参照报价单生成销售订单。在销售业务流程中，订货销售环节也是可以省略的。

已审核未关闭的销售订单可以参照生成销售发货单或销售发票。

3. 销售发货

当客户订单交期来临时，相关人员应根据销售订单进行发货。销售发货是企业执行与客户签订的销售合同或销售订单，将货物发往客户的行为，是销售业务的执行阶段。除了根据销售订单发货外，销售管理子系统也有直接发货的功能，即无须事先输入销售订单，随时可以将产品发给客户。在销售业务流程中，销售发货环节是必需的。

在先发货后开票业务模式中，发货单由销售部门根据销售订单填制或手工输入，客户通过发货单取得货物所有权。发货单审核后，可以生成销售发票和销售出库单。在开票直接发货业务模式中，发货单由销售发票自动生成，发货单只用作浏览，不能进行修改、删除、弃审等操作，但可以关闭、打开；销售出库单根据自动生成的发货单生成。

参照销售订单发货时，一张销售订单可多次发货，多张订单也可一次发货。如果不选中"超订量发货控制"复选框，可以超过销售订单的数量发货。

4. 销售开票

销售开票是在销售过程中企业给客户开具销售发票及其所附清单的过程。它是销售收入确定、销售成本计算、应交销售税金确定和应收账款确定的依据，是销售业务的必要环节。

销售发票既可以直接填制，也可以参照销售订单或销售发货单生成。参照销售发货单生成时，既可多张发货单汇总开票，也可将一张发货单拆单生成多张销售发票。

5. 销售出库

销售出库是销售业务处理的必要环节。它在库存管理子系统中用于存货出库数量核算，在存货核算子系统中用于存货出库成本核算（前提是存货核算子系统中销售成本的核算选择依据销售出库单）。

根据设置的不同，销售出库单既可以在销售管理子系统生成，也可以在库存管理子系统生成。如果由销售管理子系统生成出库单，只能一次销售全部出库；而由库存管理子系统生成销售出库单，可实现一次销售分次出库。

6. 出库成本确定

销售出库（开票）之后，要进行出库成本的确定。对于用先进先出、后进先出、移动平均、个别计价这 4 种计价方式计价的存货，在存货核算子系统中进行单据记账时做出库成本核算，而用全月平均、计划价、售价法计价的存货在期末处理时做出库成本核算。

7. 应收账款确定及收款处理

及时进行应收账款确定及收款处理是财务核算工作的基本要求，由应收款管理子系统完成。应收款管理子系统主要完成由经营业务转入的应收款项的处理，能够提供各项应收款项的相关信息，以明确应收账款款项来源，有效掌握收款核销情况，提供适时的催款依据，提高资金周转率。

> **提醒**
>
> ① 进行本项目练习之前，以系统管理员的身份在系统管理中引入"供应链初始化"账套。
>
> ② 以账套主管身份进行各项业务处理。

案例 10-1　1 月 5 日，天诚科贸有限公司预购 20 台计算机，向销售部了解价格。销售部报价为 5 000 元，填制报价单。该客户了解情况后订购了 20 台，要求发货日期为 1 月 8 日，填制并审核销售订单。

1 月 8 日，销售部从成品库向天诚发出其所订货物，并开具了此笔交易的销售专用发票一张。业务部门将发票交财务部门，财务部门结转此业务的收入及成本。

1 月 10 日，财务部收到天诚转账支票一张，金额为 100 000 元。

操作步骤

（1）在销售管理子系统中填制报价单并审核

步骤 1　选择"供应链"|"销售管理"|"销售报价"|"销售报价单"选项，打开"销售报价单"对话框。

步骤 2　单击"增加"按钮，输入报价日期为"2020-01-05"、销售类型为"批发"、客户简称为"天诚"；在表体中选择存货名称为"计算机"，输入数量为 20、报价为 5 000。

步骤 3　单击"保存"按钮，单击"审核"按钮，保存并审核报价单。

> **提醒**
>
> 在"设置"|"销售选项"中可以设置报价是否含税，系统默认为报价含税。

（2）在销售管理子系统中填制销售订单并审核

步骤 1　选择"供应链"|"销售管理"|"销售订货"|"销售订单"选项，打开"销售订单"对话框。

步骤 2　单击"增加"按钮，再单击"生单"按钮右侧的下三角按钮，从列表中选择

“报价”选项，打开“查询条件选择-订单参照报价单”对话框。

步骤 3　单击“确定”按钮，打开“参照生单”对话框。选择（1）中输入的报价单，从下边的列表中选择要参照的记录行，然后单击“确定”按钮，将报价单信息带入销售订单。

步骤 4　修改销售订单表体中第 1 行末“预发货日期”为“2020-01-08”，如图 10.3 所示。

步骤 5　单击“保存”按钮，再单击“审核”按钮，保存并审核销售订单。

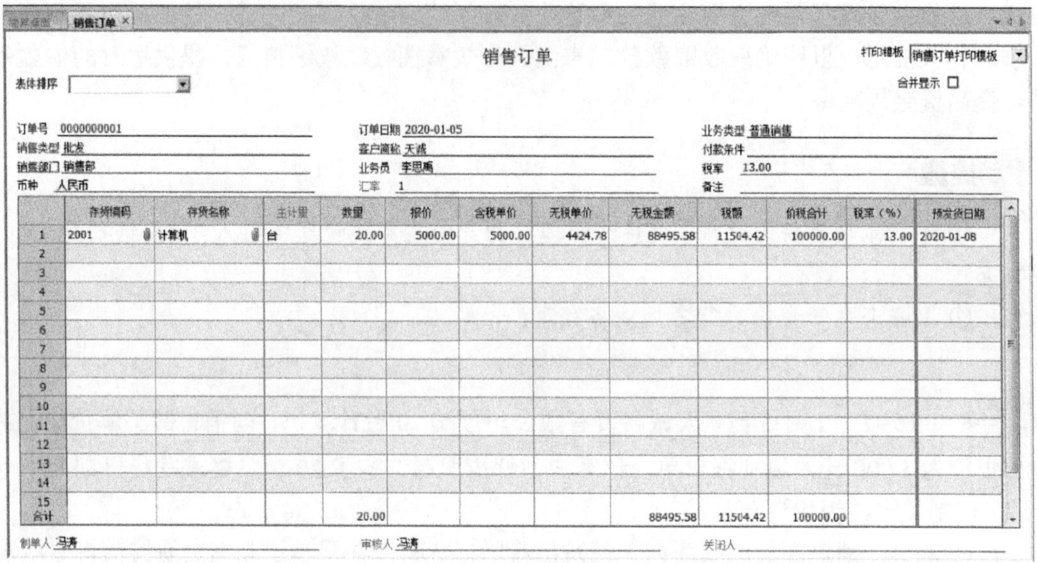
销售订单 ×

销售订单

打印模板 销售订单打印模板

表体排序

合并显示 □

订单号 0000000001　订单日期 2020-01-05　业务类型 普通销售

销售类型 批发　客户简称 天诚　付款条件

销售部门 销售部　业务员 李思禹　税率 13.00

币种 人民币　汇率 1　备注

	存货编码	存货名称	主计量	数量	报价	含税单价	无税单价	无税金额	税额	价税合计	税率（%）	预发货日期
1	2001	计算机	台	20.00	5000.00	5000.00	4424.78	88495.58	11504.42	100000.00	13.00	2020-01-08
2												
3												
4												
5												
6												
7												
8												
9												
10												
11												
12												
13												
14												
15												
合计				20.00				88495.58	11504.42	100000.00		

制单人 冯涛　审核人 冯涛　关闭人

图 10.3　销售订单

（3）在销售管理子系统中填制销售发货单并审核

步骤 1　1 月 8 日，选择“供应链”|“销售管理”|“销售发货”|“发货单”选项，打开“发货单”对话框。

步骤 2　单击“增加”按钮，打开“查询条件选择-参照订单”对话框。单击“确定”按钮，打开“参照生单”对话框。选择（2）中生成的销售订单，然后单击“确定”按钮，将销售订单信息带入发货单。

步骤 3　选择仓库名称为“成品库”。单击“保存”按钮，再单击“审核”按钮，保存并审核发货单，如图 10.4 所示。

（4）在销售管理子系统中根据发货单填制销售发票并复核

步骤 1　选择“供应链”|“销售管理”|“销售开票”|“销售专用发票”选项，打开“销售专用发票”对话框。

步骤 2　单击“增加”按钮，打开“查询条件选择-参照订单”对话框。然后单击“取消”按钮。

视频演示

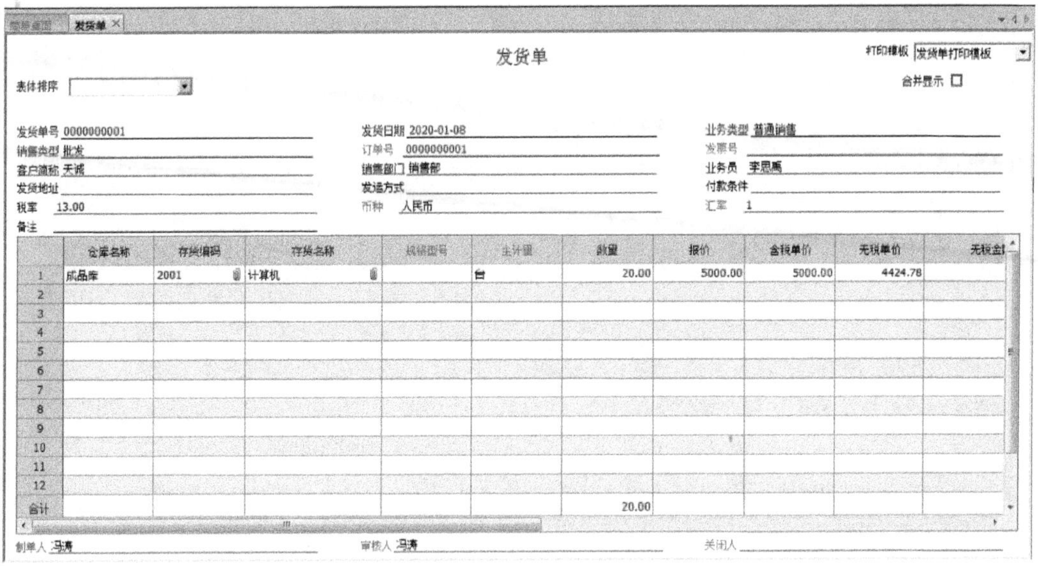

图 10.4　发货单

步骤 3　单击"生单"按钮右侧的下三角按钮，从列表中选择"参照发货单"选项，打开"查询条件选择-发票参照发货单"对话框。单击"确定"按钮，打开"参照生单"对话框。

步骤 4　选择要参照的发货单，单击"确定"按钮，将发货单信息带入销售专用发票。

提醒

既可选择多张发货单开具一张销售发票，也可以一张发货单分次开票。分次开票时，注意参照发货单生成发票时要修改发票上的数量。

步骤 5　单击"保存"按钮，再单击"复核"按钮，复核销售专用发票，如图 10.5 所示。

(5) 在库存管理子系统中审核销售出库单

步骤 1　选择"供应链"|"存货管理"|"出库业务"|"销售出库单"选项，打开"销售出库单"选项。

步骤 2　单击 ➡ 按钮，找到根据发货单生成的销售出库单。然后单击"审核"按钮，系统弹出"该单据审核成功！"信息提示框，单击"确定"按钮返回。

(6) 在存货核算子系统中对销售出库单记账并生成凭证

步骤 1　选择"供应链"|"存货核算"|"业务核算"|"正常单据记账"选项，打开"查询条件选择"对话框。单击"确定"按钮，打开"未记账单据一览表"对话框。

步骤 2　单击需要记账的单据前的"选择"栏，出现"Y"标记，或者单击工具栏的"全选"按钮，选择所有单据，然后单击工具栏中的"记账"按钮。

步骤 3　系统开始进行单据记账，记账完成后，单据不再在窗口中显示。

图 10.5 销售专用发票

步骤 4 选择"供应链"|"存货核算"|"财务核算"|"生成凭证"选项，打开"生成凭证"对话框。

步骤 5 单击"选择"按钮，打开"查询条件"对话框。选择"（32）销售出库单"，单击"确定"按钮，打开"选择单据"对话框。

步骤 6 选择需要生成凭证的单据或在工具栏中单击"全选"按钮，然后在工具栏中单击"确定"按钮，返回"生成凭证"对话框。

步骤 7 选择凭证类别为"转 转账凭证"，单击"生成"按钮，系统显示生成的转账凭证。

步骤 8 确定无误后，单击工具栏中的"保存"按钮，凭证左上角显示"已生成"红字标记，表示已将凭证传递到总账管理子系统，如图 10.6 所示。

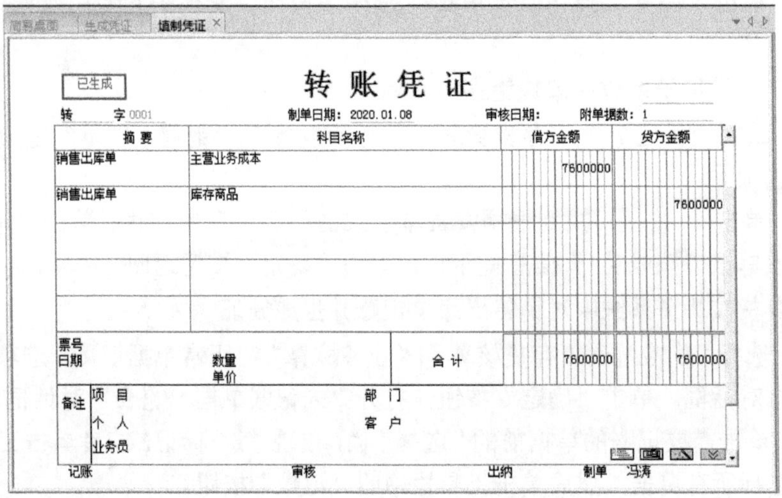

图 10.6 生成的出库凭证

提醒

"主营业务成本"科目设置了项目辅助核算，需要将鼠标光标定位在"主营业务成本"分录行，将鼠标指针下移至"备注"区，待鼠标指针变为笔状时双击，弹出"项目辅助核算"对话框。然后选择项目"计算机"，否则凭证无法保存。

(7) 在应收款管理子系统中，审核销售专用发票并生成销售收入凭证

步骤 1 选择"财务会计"|"应收款管理"|"应收单据处理"|"应收单据审核"选项，打开"应收单查询条件"对话框。单击"确定"按钮，打开"单据处理"对话框。

步骤 2 选择要审核的单据，单击"审核"按钮，系统弹出审核成功的信息提示框。单击"确定"按钮返回。

步骤 3 选择"财务会计"|"应收款管理"|"制单处理"选项，打开"制单查询"对话框。选中"发票制单"复选框，单击"确定"按钮，打开"制单"对话框。

步骤 4 选择凭证类别为"收 转账凭证"，在工具栏中单击"全选"按钮，选择对话框中的所有单据。单击"制单"按钮，屏幕上出现根据发票生成的转账凭证。

步骤 5 修改制单日期，输入附件数，单击"保存"按钮，凭证左上角显示"已生成"红字标记，表示已将凭证传递到总账管理子系统，如图 10.7 所示。

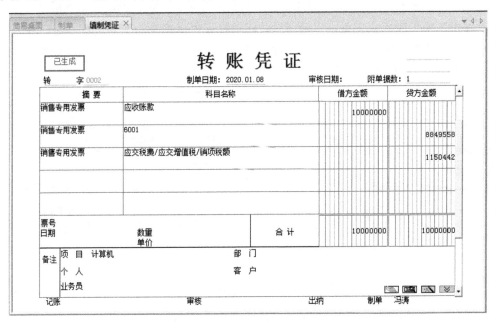

图 10.7 根据发票生成的应收凭证

(8) 在应收款管理子系统中输入收款单并制单

步骤 1 选择"财务会计"|"应收款管理"|"收款单据处理"|"收款单据录入"选项，打开"收付款单录入"对话框。

步骤 2 单击"增加"按钮，选择客户为"天诚"、结算方式为"转账支票"，输入金

额为 100 000.00。

步骤 3　单击"保存"按钮，再单击"审核"按钮，系统弹出"是否立即制单？"信息提示框。单击"是"按钮，并保存生成收款凭证，如图 10.8 所示。

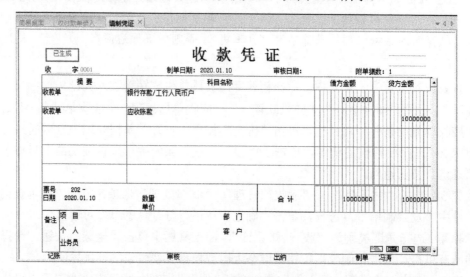

图 10.8　根据收款单生成的收款凭证

步骤 4　关闭"填制凭证"对话框。在"收付款单录入"对话框中单击"核销"按钮，打开"核销条件"对话框。单击"确定"按钮，打开"单据核销"对话框。对话框上方显示客户天诚的收款情况，下方显示其应收情况。在 1 月 8 日销售专用发票"本次结算"栏输入 100 000.00，如图 10.9 所示。

单据日期	单据类型	单据编号	客户	款项类型	结算方式	币种	汇率	原币金额	原币余额	本次结算金额	订单号
2020-01-10	收款单	0000000001	天诚	应收款	转账支票	人民币	1.00000000	100,000.00	100,000.00	100,000.00	
合计								100,000.00	100,000.00	100,000.00	

单据日期	单据类型	单据编号	到期日	客户	币种	原币金额	原币余额	可享受折扣	本次结算	订单号	凭证号
2019-10-25	销售专用发票	0000000001	2019-10-25	天诚	人民币	9,040.00	9,040.00	0.00			
2020-01-08	销售专用发票	0000000003	2020-01-08	天诚	人民币	100,000.00	100,000.00	0.00	100,000.00	0000000001	转-0002
合计						109,040.00	109,040.00	0.00	100,000.00		

图 10.9　核销应收

步骤 5　单击"保存"按钮，核销完成的单据不再在对话框中显示。

10.2.2　销售现收业务处理

现收业务是指在销售货物的同时向客户收取货币资金的行为。在销售发票、销售调拨单和零售日报等销售结算单据中可以直接处理现收业务并结算，业务流程如图 10.10 所示。

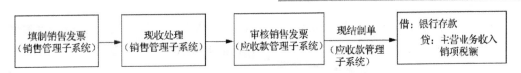

图 10.10　现收业务的业务流程

案例 10-2　1 月 10 日，销售部向博泰公司出售杀毒软件 50 套，含税单价为 60 元，货物从成品库发出。同日，根据上述发货单开具增值税专用发票一张，发票号为 2412。同时，收到客户以转账支票所支付的全部货款，票据号为 1188。完成全部业务处理与财务核算。

操作步骤

(1) 单据编号设置

步骤 1　以账套主管 cw01 冯涛的身份登录企业应用平台，在"基础设置"中选择"单据设置"|"单据编号设置"选项，打开"单据编号设置"对话框。

步骤 2　在左边列表框中选择"销售管理"下的"销售专用发票"，单击右边选项组上方左边第 1 个按钮，选中"完全手工编号"复选框，如图 10.11 所示，然后单击"保存"按钮。

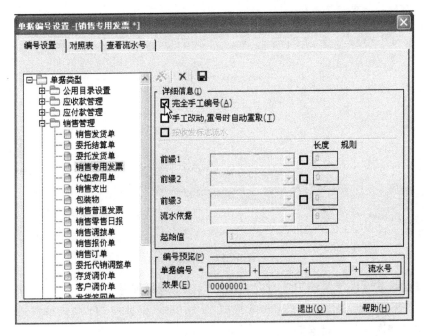

图 10.11　将单据编号方式修改为完全手工编号

(2) 在销售管理子系统中填制发货单并审核

步骤 1　选择"供应链"|"销售管理"|"销售发货"|"发货单"选项，打开"发货单"对话框。

步骤 2　单击"增加"按钮，打开"查询条件选择-参照订单"对话框。单击"取消"按钮，返回"发货单"对话框。

步骤 3　输入发货日期为"2020-01-10"、客户简称为"博泰"、销售类型为"零售"；在表体中选择仓库名称为"成品库"，输入存货名称为"杀毒软件"、数量为 50、含税单价为 60。

步骤 4　单击"保存"按钮，再单击"审核"按钮，保存并审核发货单。

（3）在销售管理子系统中根据发货单生成销售专用发票，并执行现结

步骤 1　选择"供应链"|"销售管理"|"销售开票"|"销售专用发票"选项，打开"销售专用发票"对话框。单击"增加"按钮，再单击"生单"按钮右侧的下三角按钮，选择"参照发货单"选项。从打开的对话框中选择要参照的发货单，将各项内容带到发票。输入发票号为 2412，然后单击"保存"按钮。

步骤 2　在"销售专用发票"对话框中单击"现结"按钮，打开"现结"对话框。选择结算方式为"202-转账支票"，输入结算金额为 3 000、票据号为 1188，如图 10.12 所示。单击"确定"按钮，销售专用发票上显示"现结"字样。单击"复核"按钮，对该发票进行复核。

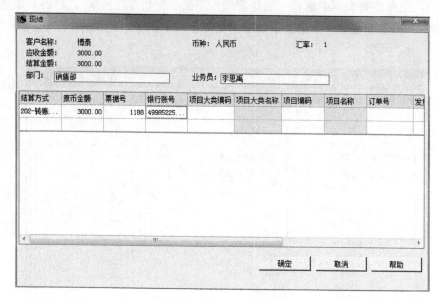

图 10.12　现结

（4）在应收款管理子系统中进行应收单据审核和现结制单

步骤 1　选择"财务会计"|"应收款管理"|"应收单据处理"|"应收单据审核"选项，打开"应收单查询条件"对话框。

步骤 2　选中"包含已现结发票"复选框，单击"确定"按钮，打开"单据处理"对话框。审核（3）中生成的销售专用发票。

步骤 3　选择"财务会计"|"应收款管理"|"制单处理"选项，打开"制单查询"对话框。选中"现结制单"复选框，单击"确定"按钮，打开"制单"对话框。

步骤 4　单击需要制单的单据行的"选择标志"栏，输入任一标志，选择凭证类别为"收 收款凭证"、制单日期为"2020-01-10"，然后单击"制单"按钮，生成收款凭证。

步骤 5　确定修改无误后，单击"保存"按钮，凭证左上角出现"已生成"红色标记，表示凭证已传递到总账管理子系统。

现结制单生成的凭证如下。

借：银行存款　　　　　　　　　　　　　　　　　　　　　3 000.00

　　贷：主营业务收入（项目：杀毒软件）　　　　　　　　　　2 654.87

　　　　应交税费——应交增值税——销项税额　　　　　　　　 345.13

（5）在库存管理子系统中对销售出库单进行审核

操作步骤略。

（6）在存货核算子系统中对销售出库单记账并生成出库凭证

操作步骤略。

10.2.3　代垫费用处理

代垫费用是指在销售业务中，随货物销售所发生的（如运杂费、保险费等）暂时代垫，将来需要向对方单位收取的费用项目。代垫费用实际上形成了对客户的应收款。代垫费用的收款核销由应收款管理子系统来处理，销售管理子系统仅对代垫费用的发生情况进行登记。

代垫费用处理的业务流程如图 10.13 所示。

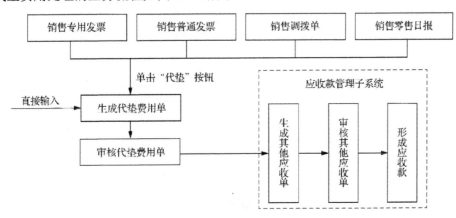

图 10.13　代垫费用处理的业务流程

案例 10-3　1 月 10 日，销售部在向博泰公司销售商品过程中用现金代垫了一笔邮寄费 50 元，客户尚未支付该笔款项。

操作步骤

（1）在企业应用平台中设置费用项目

步骤 1　在企业应用平台的"基础设置"中，选择"基础档案"|"业务"|"费用项目分类"选项，打开"费用项目分类"对话框。增加费用项目分类"1 代垫费用"。

步骤 2　选择"基础档案"|"业务"|"费用项目"选项，打开"费用项目档案-（1）代垫费用"对话框。增加"01 邮寄费"并保存。

（2）在销售管理子系统中填制代垫费用单并审核

步骤 1　选择"供应链"|"销售管理"|"代垫费用"|"代垫费用单"选项，打开"代垫费用单"对话框。

步骤 2　单击"增加"按钮，输入代垫日期为"2020-01-10"，选择客户简称为"博泰"、费用项目为"邮寄费"，输入代垫金额为 50，然后保存并审核。

（3）在应收款管理子系统中对代垫费用单进行审核并确定应收

步骤 1　选择"财务会计"|"应收款管理"|"应收单据处理"|"应收单据审核"选项，打开"应收单查询条件"对话框。单击"确定"按钮，打开"单据处理"对话框。

步骤 2　选中要审核的其他应收单，单击"审核"按钮，对代垫费用单形成的其他应收单进行审核。

视频演示

步骤 3　选择"财务会计"|"应收款管理"|"制单处理"选项，打开"制单查询"对话框。选中"应收单制单"，单击"确定"按钮，打开"应收制单"对话框。

步骤 4　选择要制单的单据，选择凭证类型为"付 付款凭证"，单击"制单"按钮，生成一张转账凭证。输入贷方科目名称为 1001，单击"保存"按钮，如图 10.14 所示。

已生成		**付 款 凭 证**			
付　字 0001		制单日期：2020.01.10	审核日期：	附单据数：1	
摘　要	科目名称			借方金额	贷方金额
其他应收单	应收账款			5000	
其他应收单	库存现金				5000
票号 日期	数量 单价		合　计	5000	5000
备注	项　目 个　人 业务员 李思禹		部　门 客　户 博泰		
记账	审核		出纳	制单 冯涛	

图 10.14　代垫费用制单

10.2.4　委托代销业务

委托代销业务是指企业将产品委托他人进行销售但产品所有权仍归本企业的销售方式。委托代销产品在销售后，受托方与企业进行结算，并开具正式的销售发票，形成销售收入，产品所有权转移。

委托代销业务流程和单据流程如图 10.15 所示。

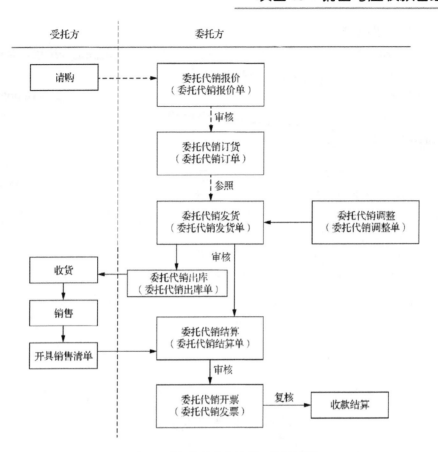

图 10.15　委托代销业务流程及单据流程

案例 10-4　1 月 12 日，销售部委托天诚公司代为销售计算机 30 台，含税单价为每台 4 800 元，货物从成品仓库发出。1 月 20 日，收到天诚公司的委托代销清单一张，结算 10 台，立即开具销售专用发票给天诚公司。同日，业务部门将该业务所涉及的出库单及销售发票交给财务部门，财务部门据此结转收入及成本。

操作步骤

1. 委托代销发货处理

（1）填制委托代销发货单并审核

步骤 1　选择"供应链"|"销售管理"|"委托代销"|"委托代销发货单"选项，打开"委托代销发货单"对话框。

步骤 2　单击"增加"按钮，填制委托代销发货单，销售类型选择"代销"。

步骤 3　单击"审核"按钮，审核委托代销发货单。

（2）审核销售出库单

选择"供应链"|"库存管理"|"出库业务"|"销售出库单"选项，审核销售出库单。

（3）对销售出库单记账并生成凭证

步骤 1　选择"供应链"|"存货核算"|"业务核算"|"发出商品记账"选项，对委托

代销发货单进行记账处理。

步骤 2 选择"供应链"|"存货核算"|"财务核算"|"生成凭证"选项，对销售出库单生成出库凭证。

借：发出商品   114 000

    贷：库存商品   114 000

2. 委托代销结算处理

（1）填制委托代销结算单生成销售专用发票

步骤 1 选择"供应链"|"销售管理"|"委托代销"|"委托代销结算单"选项，参照委托代销发货单生成委托代销结算单。修改委托代销结算数量为 10，单击"保存"按钮。

视频演示

步骤 2 单击"审核"按钮，打开"请选择发票类型"对话框。选中"专用发票"复选框，如图 10.16 所示。单击"确定"按钮，生成销售专用发票。

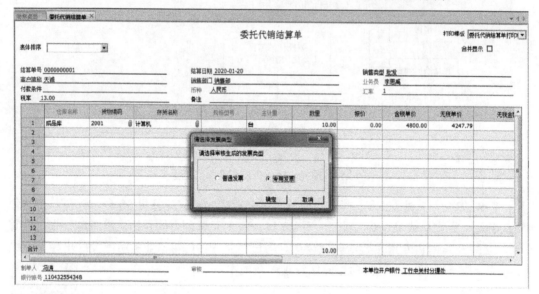

图 10.16　审核委托代销结算单生成专用发票

（2）对销售专用发票进行复核

选择"供应链"|"销售管理"|"销售开票"|"销售专用发票"选项，查看根据委托代销结算单生成的销售专用发票并复核。

> **ℹ️ 提醒**
>
> ① 委托代销结算单审核后，由系统自动生成相应的销售发票。
> ② 系统可根据委托代销结算单生成普通发票或专用发票两种类型的发票。

（3）审核销售发票生成销售凭证

步骤 1 选择"财务会计"|"应收款管理"|"应收单据处理"|"应收单据审核"选项，

对销售专用发票进行审核。

步骤 2　选择"财务会计"|"应收款管理"|"制单处理"选项，对销售发票制单，生成以下凭证。

借：应收账款　　　　　　　　　　　　　　　　　　　45 000

　　贷：主营业务收入　　　　　　　　　　　　　　　　42 477.88

　　　　应交税金——应交增值税——销项税额　　　　 5 522.12

（4）结转销售成本

步骤 1　选择"供应链"|"存货核算"|"业务核算"|"发出商品记账"选项，对委托代销销售专用发票进行记账。

步骤 2　选择"供应链"|"存货核算"|"财务核算"|"生成凭证"选项，对委托代销发出商品专用发票生成以下凭证。

借：主营业务成本　　　　　　　　　　　　　　　　　38 000

　　贷：发出商品　　　　　　　　　　　　　　　　　　38 000

（5）委托代销相关账表查询

在销售管理子系统中，查询委托代销统计表。

在库存管理子系统中，查询委托代销备查簿。

10.2.5　分期收款销售业务处理

分期收款销售业务类似于委托代销业务，是货物提前发给客户，分期收回货款，收入与成本按照收款情况分期确定的销售模式。分期收款销售业务的特点是一次发货，当时不确定收入，分次确定收入，在确定收入的同时配比性地转成成本。

分期收款销售业务的处理流程及单据流程如图 10.17 所示。

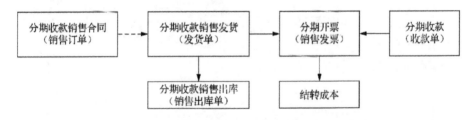

图 10.17　分期收款销售业务的处理流程及单据流程

案例 10-5　1 月 22 日，销售部向天诚公司出售 100 套杀毒软件，由成品库发货，报价为每套 56 元。客户要求以分期付款的形式购买该商品。经协商，客户分两次付款。第 1 次收到 60 套杀毒软件的货款并开具销售专用发票，发票号为 4511。业务部门将该业务所涉及的出库单及销售发票交给财务部门，财务部门据此结转收入及成本。

操作步骤

（1）在销售管理子系统中填制发货单并审核

填制发货单时选择业务类型为"分期收款"、销售类型为"批发"，输入数量为 100、含税单价为 56。然后保存并审核。

（2）在存货核算子系统中进行发出商品记账，生成出库凭证

步骤 1 选择"供应链"|"存货核算"|"业务核算"|"发出商品记账"选项，打开"查询条件选择"对话框。

步骤 2 单击"确定"按钮，进入"未记账单据一览表"对话框。

步骤 3 选择要记账的单据，单击"记账"按钮，记账完成后退出。

步骤 4 选择"供应链"|"财务核算"|"生成凭证"选项，打开"生成凭证"对话框。单击"选择"按钮，打开"查询条件"对话框。

步骤 5 在单据列表中，选择"分期收款发出商品发货单"。单击"确定"按钮，打开"选择单据"对话框。

步骤 6 选择要记账的发货单，单击"确定"按钮，打开"生成凭证"对话框。单击"生成"按钮，生成以下出库凭证。

借：发出商品 4 000

　　贷：库存商品 4 000

（3）根据发货单填制销售专用发票并复核

步骤 1 参照发货单时，选择业务类型为"分期收款"，如图 10.18 所示。

步骤 2 输入发票号为 4511，修改开票数量为 60。然后保存并复核。

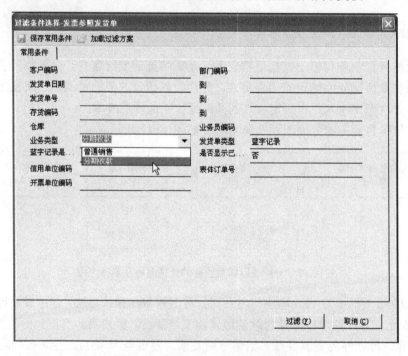

图 10.18　参照"分期收款"发货单

（4）在应收款管理子系统中，审核销售专用发票并生成应收凭证

步骤 1 选择"财务会计"|"应收款管理"|"应收单据处理"|"应收单据审核"选项，对销售专用发票进行审核。

步骤 2　选择"财务会计"|"应收款管理"|"制单处理"选项，对发票进行制单，生成以下凭证。

借：应收账款　　　　　　　　　　　　　　　　　　　3 360
　　贷：主营业务收入　　　　　　　　　　　　　　　　　　2 973.45
　　　　应交税费——应交增值税——销项税额　　　　　　　386.55

（5）在存货核算子系统中，对销售发票进行记账并生成结转销售成本凭证

步骤 1　选择"供应链"|"存货核算"|"业务核算"|"发出商品记账"选项，打开"查询条件选择"对话框。

步骤 2　选择业务类型为"分期收款"、单据类型为"销售发票"、仓库为"成品库"，单击"确定"按钮，打开"未记账单据一览表"对话框。

步骤 3　选择要记账的单据，单击"记账"按钮。

步骤 4　选择"供应链"|"财务核算"|"生成凭证"选项，打开"生成凭证"对话框。单击"选择"按钮，打开"查询条件"对话框。

步骤 5　在单据列表中，选择"（26）分期收款发出商品专用发票"，单击"确定"按钮，打开"选择单据"对话框。

步骤 6　选择要记账的发货单，单击"确定"按钮，返回"生成凭证"对话框。单击"生成"按钮，生成以下出库凭证。

借：主营业务成本　　　　　　　　　　　　　　　　　2 400
　　贷：发出商品　　　　　　　　　　　　　　　　　　　2 400

（6）查询分期收款相关账表

在存货核算子系统中，查询发出商品明细账。

在销售管理子系统中，查询销售统计表。

任务 *10.3*　应收款管理子系统认知

10.3.1　了解应收款管理子系统

1. 应收款管理子系统的主要功能

应收款管理子系统主要对企业与客户往来账款进行核算和管理。在应收款管理子系统中，以销售发票、其他应收单等原始单据为依据，记录销售业务及其他业务形成的应收款项，处理应收款项的收款、核销等情况，并提供票据处理的功能。

（1）应收款管理子系统初始化设置

应收款管理子系统初始化设置包括系统参数设置、基础档案信息设置和期初数据输入。

（2）应收款管理子系统日常业务处理

应收款管理子系统日常业务处理是指对应收款项业务的处理工作，主要包括应收单据

处理、收款单据处理、票据管理、转账处理、坏账处理、信息查询和系统分析等内容。

① 应收单据处理。应收单据包括销售发票和其他应收单，是确认应收账款的主要依据。应收单据处理主要包括单据输入和单据审核。

② 收款单据处理。收款单据主要是指收款单。收款单据处理包括收款单据的输入、审核和核销。单据核销的主要作用是收回客户款项，核销该客户的应收款；建立收款与应收款的核销记录，监督应收款及时核销；加强对往来款项的管理。

③ 票据管理。票据管理主要是对银行承兑汇票和商业承兑汇票进行管理。票据管理可以提供票据登记簿，记录票据的利息、贴现、背书、结算和转出等信息。

④ 转账处理。转账处理是指对在日常业务处理中经常发生的应收冲应付、应收冲应收、预收冲应收及红票对冲的业务处理。

⑤ 坏账处理。坏账处理是指计提应收坏账准备的处理、坏账发生后的处理、坏账收回后的处理等。其主要作用是自动计提应收款的坏账准备，当坏账发生时即可进行坏账核销，或者当被核销坏账又收回时，可进行相应的处理。

⑥ 信息查询和系统分析。这是指用户对信息的查询及在各种查询结果的基础上所进行的各项分析。一般查询包括单据查询、凭证查询及账款查询等；统计分析包括欠款分析、账龄分析、综合分析及收款预测分析等，以便用户及时发现问题，加强对往来款项动态的监督管理。

（3）期末处理

期末处理是指用户在月末进行的结算汇兑损益及月末结账工作。如果企业有外币往来，则在月末需要计算外币单据的汇兑损益并对其进行相应的处理；如果当月业务已全部处理完毕，就需要进行月末结账处理，只有月末结账后，才可以开始下月的工作。月末处理主要包括汇兑损益结算和月末结账。

2. 应收款管理子系统与其他子系统的主要关系

对客户应收款项核算和管理的程度不同，其子系统功能、接口、操作流程等均不相同。在此以在应收款管理子系统核算客户往来款项为例，介绍应收款管理子系统与其他子系统的主要关系，如图 10.19 所示。

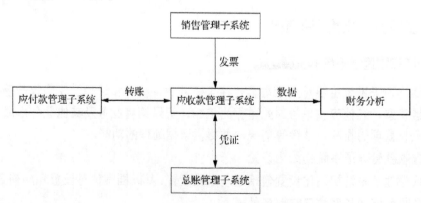

图 10.19 应收款管理子系统与其他子系统的主要关系

10.3.2　企业应收款管理的应用方案

与项目 9 企业应付款管理的应用方案相似,从应收款管理的角度,企业可能的应用方案有以下 3 种。

① 如果企业只购买了总账管理子系统,那么利用总账管理子系统中的客户往来辅助核算管理应收。

② 如果企业配置了总账管理子系统和应收款管理子系统,那么在应收款管理子系统中核算供应商往来款项。

③ 如果企业选购了总账管理子系统、应收款管理子系统和销售管理子系统,那么开具的销售发票在销售管理子系统中输入,在应收款管理子系统中对销售发票进行审核和制单处理。

任务 10.4　应收款管理子系统实务

10.4.1　应收单据处理

应收单据处理包括单据输入和单据管理工作。应收单据处理是应收款管理子系统处理的起点,在应收单据处理中可以输入销售业务中的各类发票及销售业务之外的应收单据。在单据输入后,单据管理可查阅各种应收业务单据,完成应收业务管理的日常工作。其基本操作流程是:单据输入—单据审核—单据制证—单据查询。

1. 单据输入

单据输入是指对未收款项的单据进行输入。输入时先输入客户名称代码,与客户相关的内容由系统自动显示。然后进行货物名称、数量和金额等内容的输入。

在进行单据输入前,首先应确定单据名称、单据类型及方向,然后根据业务内容输入有关信息。

2. 单据审核

单据审核是指在单据保存后对单据的正确性进行审核确认。单据输入后必须经过审核才能参与结算,审核人和制单人可以是同一个人。单据被审核后,将从单据处理功能中消失,但可以通过单据查询功能查看此单据的详细资料。

3. 单据制证

单据制证是指可在单据审核后由系统自动编制凭证。当然也可以集中处理。在应收款管理子系统中生成的凭证将由系统自动传递到总账管理子系统中,并由有关人员进行审核和记账等账务处理工作。

4. 单据查询

在单据查询中可以对发票和应收单进行查询。

10.4.2　收款单据处理

收款单据处理是对已收到款项的单据进行输入，并进一步核销的过程。其功能包括输入收款单、付款单，并对发票及应收单进行核销，形成预收款并核销预收款、处理代付款。

应收款管理子系统的收款单用来记录企业所收到的客户款项，款项性质包括应收款、预收款、其他费用等。其中，应收款、预收款性质的收款单将与发票、应收单、付款单进行核销处理。

应收款管理子系统的付款单用来记录发生销售退货时，企业开具的退付给客户的款项。该付款单可与应收、预收性质的收款单、红字应收单、红字发票进行核销处理。

1. 输入结算单据

输入结算单据是对已交来应收款项的单据进行输入，由系统自动进行结算。在根据已收到应收款项的单据进行输入时，首先必须先输入客户的名称，在进行相应操作时系统会自动显示相关客户的信息；其次必须输入结算科目、金额和相关部门、业务员名称等内容。

单据输入完毕后，由系统自动生成相关内容。如果输入的是新的结算方式，则应先在结算方式中增加新的结算方式；如果要输入另一客户的收款单，则需要重新选择客户的名称。

2. 单据核销

单据核销是对往来已达账做删除处理的过程，即确定收款单和原始发票之间的对应关系后，进行机内自动冲销的过程。单据核销表示本业务已经结清。明确核销关系后，可以进行精确的账龄分析，更好地管理应收账款。

如果结算金额与上期余额相等，则销账后余额为 0；如果结算金额比上期余额小，则其余额为销账后的余额。单据核销既可以由计算机自动进行，也可以由手工进行。

由于计算机系统采用建立往来辅助账的方式进行往来业务的管理，为了避免辅助账过于庞大而影响计算机运行速度，对于已核销的业务应进行删除。删除工作通常在年底结账时进行。

核销往来账时，应在确认往来已达账后才能进行核销处理，删除已达账。为了防止操作不当误删记录，会计信息系统软件中一般都会设计放弃核销或核销前做两清标记的功能。例如，有的会计信息系统软件中设置有往来账两清功能，即在已达账项上打上已结清标记，待核实后才进行核销操作，经删除后的数据不能恢复；有的会计信息系统软件则设置了放弃核销功能，一旦发现操作失误，可通过此功能把被删除掉的数据恢复。

📝 **案例 10-6**　1 月 22 日，收到天诚公司交来转账支票一张，金额为 60 000 元，票号为 1202，用于归还本月 20 日货款 48 000 元。余款转为预收款。

操作步骤

步骤 1　选择"财务会计"|"应收款管理"|"收款单据处理"|"收款单据录入"选项，打开"收付款单录入"对话框。单击"增加"按钮，选择客户为"天诚"、结算方式为"转账支票"，输入金额为 60 000、票号为 1202。

步骤 2　在表体中，修改第 1 行应收款金额为 4 8000，将第 2 行的款项类型选为"预收款"，系统自动计算预收款金额，如图 10.20 所示。然后单击"保存"按钮。

图 10.20　收款单部分为应收，部分形成预收

步骤 3　单击"审核"按钮，系统弹出"是否立即制单"信息提示框。单击"是"按钮，生成收款凭证，如图 10.21 所示。然后关闭当前对话框。

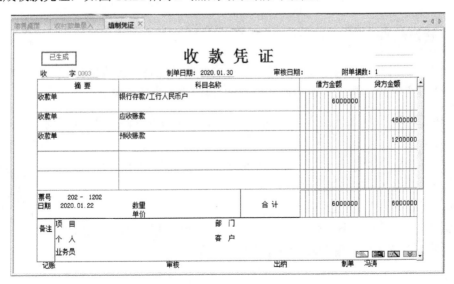

图 10.21　收款单生成的凭证

步骤 4　单击"核销"按钮，打开"核销条件"对话框。单击"确定"按钮，打开"单据核销"对话框。在对话框下方对应的销售专用发票"本次结算"栏输入 48 000，如图 10.22 所示。

单据日期	单据类型	单据编号	客户	款项类型	结算方式	币种	汇率	原币金额	原币余额	本次结算金额	订单号
2020-01-22	收款单	0000000003	天诚	应收款	转账支票	人民币	1.00000000	48,000.00	48,000.00	48,000.00	
2020-01-22	收款单	0000000003	天诚	预收款	转账支票	人民币	1.00000000	12,000.00	12,000.00		
合计								60,000.00	60,000.00	48,000.00	

单据日期	单据类型	单据编号	到期日	客户	币种	原币金额	原币余额	可享受折扣	本次折扣	本次结算	订单号	凭证号
2019-10-25	销售专用发票	0000000001	2019-10-25	天诚	人民币	9,040.00	9,040.00	0.00				
2020-01-20	销售专用发票	00000004	2020-01-20	天诚	人民币	48,000.00	48,000.00	0.00	0.00	48,000.00		转-0005
2020-01-22	销售专用发票	4511	2020-01-22	天诚	人民币	3,360.00	3,360.00	0.00				转-0008
合计						60,400.00	60,400.00	0.00		48,000.00		

图 10.22　核销应收款

步骤 5　单击"保存"按钮，保存核销结果。

10.4.3　票据管理

可以在票据管理中对银行承兑汇票和商业承兑汇票进行管理，其主要功能包括记录票据详细信息和记录票据处理情况。如果要进行票据登记簿管理，必须将应收票据科目设置成为带有客户往来辅助核算的科目。

当用户收到银行承兑汇票或商业承兑汇票时，应将该汇票在应收款管理子系统的票据管理中输入。系统会自动根据票据生成一张收款单，用户可以对收款单进行查询，并可以与应收单据进行核销勾对，冲抵客户应收账款。在票据管理中，还可以对该票据进行计息、贴现、转出、结算、背书等处理。

10.4.4　转账处理

转账处理是指在日常业务处理中经常发生的应收冲应付、应收冲应收、预收冲应收及红票对冲的业务处理。具体叙述参见 9.4.5 节的内容，本处不再赘述。

案例 10-7　1 月 22 日，用天诚公司的 10 000 元预收款冲抵其上年应收欠款。

操作步骤

步骤 1　选择"财务会计"|"应收款管理"|"转账"|"预收冲应收"选项，打开"预收冲应收"对话框。

步骤 2　输入日期为"2020-01-22"。

步骤 3　单击"预收款"选项卡，选择客户为"天诚"。单击"过滤"按钮，系统列出该客户的预收款，输入转账金额为 9 040，如图 10.23 所示。

视频演示

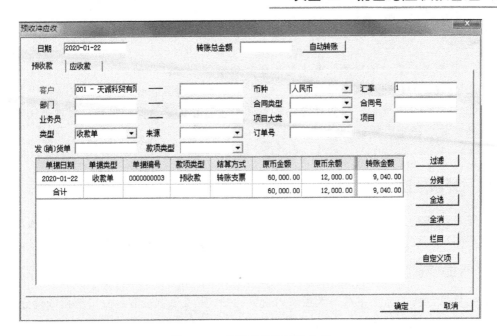

图 10.23　选择预收款转账金额

步骤 4　单击"应收款"选项卡，再单击"过滤"按钮，系统列出该客户的应收款，输入 2019 年 10 月 25 日应收转账金额 9 040。

步骤 5　单击"确定"按钮，系统弹出"是否立即制单？"信息提示框。

步骤 6　单击"是"按钮，生成凭证，如图 10.24 所示。

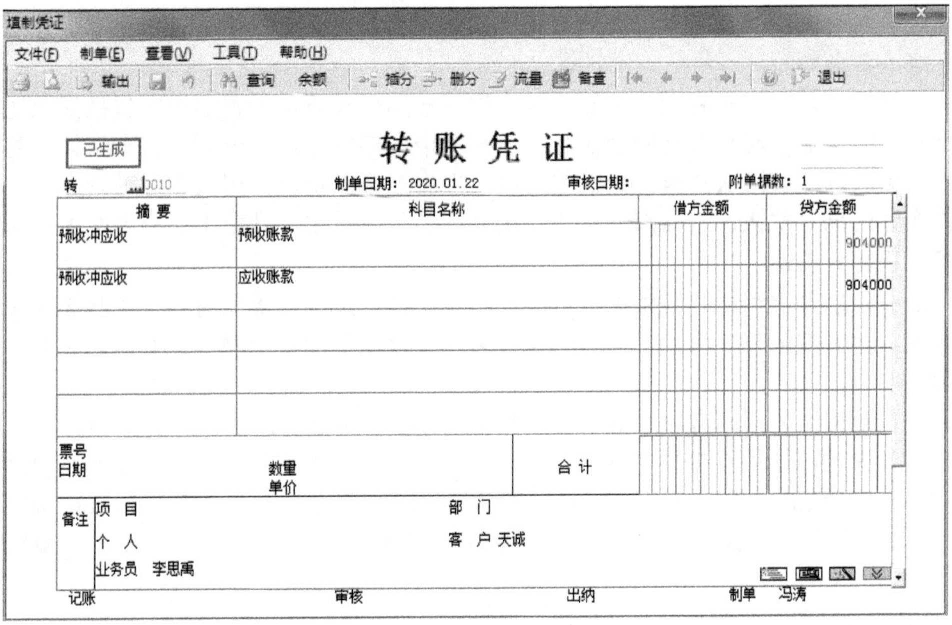

图 10.24　预收冲应收生成凭证

> ℹ️ **提醒**
>
> ① 每一笔应收款的转账金额不能大于其余额。
>
> ② 应收款的转账金额合计应该等于预收款的转账金额合计。
>
> ③ 在初始化设置时，如果将应收科目和预收科目设置为同一科目，则将无法通过预收冲应收功能生成凭证。

10.4.5 坏账处理

坏账是指购货方因某种原因不能付款，而造成货款不能收回的信用风险。坏账处理就是对坏账采取的措施，主要包括计提坏账准备、坏账发生、坏账收回、生成输出催款单等。

1. 计提坏账准备

计提坏账准备的方法主要有销售收入百分比法、应收账款余额百分比法和账龄分析法。

（1）销售收入百分比法

销售收入百分比法是由系统自动算出当年销售收入总额，并根据计提比率计算出本次计提坏账准备金额。

初次计提时，如果没有预先设置，则应先进行初始化设置。设置的内容包括提取比率和坏账准备期初余额。销售总额的默认值为本会计年度发票总额，企业可以根据实际情况进行修改，但计提比率不能在此修改，只能在初始化设置中修改。

（2）应收余额百分比法

应收余额百分比法是由系统自动算出当年应收账款余额，并根据计提比率计算出本次计提坏账准备金额。

初次计提时，如果没有预先设置，应先进行初始化设置。设置的内容包括提取比率和坏账准备期初余额。应收账款的余额默认值为本会计年度最后一天的所有未结算完的发票和应收单据余额之和减去预收款数额的差值。当有外币账户时，用其本位币余额。企业可以根据实际情况对默认值进行修改。计提比率不能在此修改，只能在初始化设置中修改。

（3）账龄分析法

账龄分析法是根据应收账款入账时间的长短来估计坏账损失的方法。它是企业加强应收账款回收与管理的重要方法之一。一般说来，账款拖欠的时间越长，发生坏账的可能性就越大。

系统自动算出各区间应收账款余额，并根据计提比率计算出本次计提金额。

初次计提时，如果没有预先设置，应先进行初始化设置。各区间余额由系统自动生成（由本会计年度最后一天的所有未结算完的发票和应收单据余额之和减去预收款金额的差值），企业也可以根据实际情况对其进行修改。但计提比率不能在此修改，只能在初始化设置中修改。

2. 坏账发生

发生坏账损失业务时，一般需要输入客户名称、发生坏账日期（该日期应晚于已经记账的日期，早于当前业务日期）、业务员编号或名称、部门编号或名称（如果不输入部门，表示选择所有的部门）等。

3. 坏账收回

处理坏账收回业务时，一般须输入客户名称、收回坏账日期（如果不输入日期，则系统默认为当前业务日期。输入的日期应晚于已经记账日期，早于当前业务日期）、收回的金额、业务员编号或名称、部门编号或名称、所需币种、结算单号（系统将调出该客户所有未经过处理的且金额等于收回金额的收款单，可选择该次收回业务所形成的收款单）。

4. 生成输出催款单

催款单是对客户或本单位职工的欠款进行催还的单据。催款单用于设置有辅助核算的应收账款和其他应收款的科目中。

不同的行业催款单预制的格式不同，其内容主要包括两个部分，即系统预置的文字性的叙述和由系统自动取数生成的应收账款或其他应收款对账单。通常可以对其内容进行修改，系统会自动保存本月所做的最后一次修改。

催款单打印输出时，既可以打印所有客户的应收账款或所有职员的其他应收款（备用金），也可以有选择地打印某一个客户或某一职员的催款单。催款单中还可以按条件显示所有的账款和未核销的账款金额。

案例 *10-8* 1 月 25 日，确认博泰公司期初 27 120 元货款无法收回，作为坏账处理。神州科技的坏账处理方式为应收余额百分比法。坏账准备的相关设置如表 10.1 所示。

表 10.1 神州科技的坏账准备设置

控制参数	参数设置
提取比例	0.5%
坏账准备期初余额/元	0
坏账准备科目	1231
对方科目	6701

操作步骤

（1）设置坏账处理方法

步骤 1 选择"财务会计"|"应收款管理"|"设置"|"选项"选项，打开"账套参数设置"对话框。

步骤 2 单击"编辑"按钮，选择坏账处理方式为"应收余额百分比法"。

步骤 3 单击"确定"按钮。

（2）坏账准备初始设置

步骤 1 选择"财务会计"|"应收款管理"|"设置"|"初始设置"选项，打开"初始设置"对话框。

步骤 2 选择坏账准备设置，输入各栏目内容如图 10.25 所示。

图 10.25 坏账准备设置

（3）坏账发生

步骤 1 选择"财务会计"|"应收款管理"|"坏账处理"|"坏账发生"选项，打开"坏账发生"对话框。

步骤 2 选择客户为"博泰"、币种为"人民币"，输入日期为"2020-01-25"，单击"确定"按钮，打开"发生坏账损失"对话框。对话框中列出了该客户所有未核销的应收单据。

步骤 3 在 2019 年 11 月 11 日"本次发生坏账金额"栏输入 27 120，如图 10.26 所示。

坏账发生单据明细

单据类型	单据编号	单据日期	合同号	合同名称	到期日	余额	部门	业务员	本次发生坏...
销售专用发票	0000000002	2019-11-11			2019-11-11	27,120.00	销售部	李思禹	27120
其他应收单	0000000001	2020-01-10			2020-01-10	50.00	销售部	李思禹	
合 计						27,170.00			27,120.00

图 10.26 坏账发生

步骤 4 单击"确认"按钮，系统弹出"是否立即制单？"信息提示框。单击"是"按钮，生成以下凭证。

借：坏账准备   27 120

   贷：应收账款   27 120

10.4.6 信息查询和统计分析

应收款管理子系统的查询主要包括单据查询和账表管理：单据查询主要包括发票查询、应收单查询、收付款单查询、凭证查询、应收核销明细表等；账表管理包括业务账表、统计分析和科目账查询。

1. 凭证查询

通过凭证查询可以查看、修改、删除、冲销应收款管理子系统传递到总账管理子系统中的凭证，同时还可查询凭证对应的原始单据。

2. 单据查询

单据查询包括对发票、应收单及结算单的查询。既可以查询已经审核的各类型应收单据的收款情况、结余情况，也可以查询结算单的使用情况。

3. 业务账表查询

业务账表查询可以进行业务总账、业务明细账、业务余额表和对账单的查询，并可以实现总账、明细账、单据之间的联查。

通过业务账表查询可以查看客户、客户分类、地区分类、部门、业务员、客户总公司、主管业务员、主管部门在一定期间所发生的应收、收款及余额情况。

4. 业务账表分析

业务账表分析是应收款管理子系统的一项重要功能，对于资金往来比较频繁、业务量和业务金额比较大的企业，业务账表分析功能能更好地满足企业的需要。业务账表分析功能主要包括应收账款的账龄分析、收款账龄分析、欠款分析、收款预测等。

（1）应收款的账龄分析

应收款的账龄分析主要是分析客户、存货、业务员、部门或单据的应收款余额的账龄区间分布，计算出各种账龄应收款占总应收款的比例，以帮助财务人员了解应收款的资金占用情况，便于企业及时催收款项。同时，还可以设置不同的账龄区间进行分析——既可以进行应收款的账龄分析，也可以进行预收款的账龄分析。

（2）收款账龄分析

收款账龄分析主要分析客户、产品、单据的收款账龄。

（3）欠款分析

欠款分析提供多对象分析，可以分析截止到某一日期客户、部门或业务员的欠款构成、欠款数额、信用额度的使用情况、报警级别和最后业务的信息。

（4）收款预测

收款预测不仅可以预测将来的某一段日期范围内客户、部门或业务员等对象的收款情况，还能提供比较全面的预测对象、显示格式。

视频演示

案例 *10-9*　设置账龄区间并进行应收账龄分析。账期内账龄区间及逾期账龄区间如表 10.2 所示。

表 10.2　账期内账龄区间及逾期账龄区间

序　号	起止天数	总天数
01	1—30	30
02	31—60	60
03	61—90	90
04	91 以上	

操作步骤

（1）设置账龄区间

步骤 1　选择"财务会计"|"应收款管理"|"设置"|"初始设置"选项，打开"初始设置"对话框。

步骤 2　选择"账期内账龄区间设置"，按资料进行账期内账龄区间设置。

步骤 3　选择"逾期账龄区间设置"，按资料进行账期内账龄区间设置。

（2）应收账龄分析

步骤 1　选择"财务会计"|"应收款管理"|"账表管理"|"统计分析"|"应收账龄分析"选项，打开"查询条件选择-应收账龄分析"对话框。

步骤 2　单击"确定"按钮，打开"应收账龄分析"对话框。

10.4.7 应收款管理子系统期末处理

企业在期末主要应完成计算汇兑损益和月末结账两项业务处理工作。

1. 汇兑损益

如果客户往来有外币核算，且在应收款管理子系统中核算客户往来款项，则在月末需要计算外币单据的汇兑损益并进行相应的处理。在计算汇兑损益之前，应首先在系统初始设置中选择汇兑损益的处理方法。通常系统会提供两种汇兑损益的处理方法，即月末计算汇兑损益和单据结清时计算汇兑损益。

2. 月末结账

如果确认本月的各项业务处理已经结束，可以选择进行月末结账。结账后本月不能再进行单据、票据、转账等任何业务的增加、删除、修改等处理。另外，如果上个月没有结账，则本月不能结账，并且一次只能选择一个月进行结账。

如果用户觉得某月的月末结账有错误，可以取消月末结账。但取消结账操作只有在该月总账管理子系统未结账时才能进行。如果启用了销售管理子系统，则只有在销售管理子系统结账后，应收款管理子系统才能结账。

结账时还应注意本月的单据（发票和应收单）在结账前应该全部审核。如果本月的结算单还有未核销的，则不能结账；如果结账期间是本年度最后一个期间，则本年度进行的所有核销、坏账、转账等处理必须制单，否则不能向下一个年度结转，而且对本年度外币余额为 0 的单据必须将本币余额结转为 0，即必须进行汇兑损益。

课后练习

一、思考题

1. 销售管理子系统的功能有哪些？
2. 销售管理子系统与其他子系统的主要关系是什么？
3. 简述普通销售业务的处理流程。
4. 简述委托代销业务、现收业务、分期收款销售业务的处理流程。
5. 总结应收款管理子系统有哪两种应用模式？
6. 应收款管理子系统的主要功能有哪些？与其他子系统的主要关系是什么？
7. 如何进行坏账处理？
8. 总结应收款管理子系统生成哪些凭证传递给总账管理子系统。

二、操作题

1. 完成《会计信息化实训》（用友 U8 V10.1）中的"实验十二 销售管理"。
2. 完成《会计信息化实训》（用友 U8 V10.1）中的"实验十三 应收款管理"。

项目 *11*

库存管理与存货核算

知识目标

1. 了解库存管理子系统的功能及其与其他子系统的主要关系。
2. 了解存货核算子系统的功能及其与其他子系统的主要关系。
3. 阐述材料领用的业务流程。
4. 阐述产品入库的业务流程。

技能目标

1. 掌握材料领用、产品入库的业务处理。
2. 掌握其他入库、其他出库的业务处理。
3. 掌握利用出入库调整单调整存货价格的业务处理。

任务 *11.1* 库存管理子系统认知

11.1.1 了解企业库存管理业务

企业一般设置仓储部负责企业的物资管理。仓储部门的主要职责是制定物料管理制度，按规范进行物料收、发、存管理；与购销部门配合，做好物料的验收、入库和保管、出库；建立各类库存商品的明细账目，做到账、卡、物一致；定期与财务部门进行存货盘点，确保账实相符。

1. 由用友 U8 管理的库存管理工作

库存业务管理的内容包括制定物资管理制度和出入库操作规程、仓储环境和设备的管理与维护、日常出入库办理及记录、存货盘点等。其中，办理入库需要与采购部配合、办理出库需要与销售部配合、存货盘点需要财务部协同。采用用友 U8 之后，要了解这些工作是否都需要在系统中记录。

可以把库存管理工作的内容分为两类：一类是流程性工作，如根据采购订单或采购到货单办理入库、根据发货单办理出库等，物品出入库后要进行正确的记账及财务核算，这类工作之间有直接的相互关联，与其他部门工作联系比较紧密，需要在用友 U8 中记录；

另外一类是线下完成的工作，如制定管理制度、检查并维护仓储环境、协调与沟通等，这些不需要在用友 U8 中反映和记录。

2. 企业的库存业务类型

库存业务分为入库业务、出库业务、盘点业务等。

11.1.2 了解库存管理子系统

1. 用友 U8 库存管理子系统的主要功能

(1) 日常收发存业务处理

库存管理子系统的主要功能是对采购管理子系统、销售管理子系统及在库存管理子系统中填制的各种出入库单据进行审核，并对存货的出入库数量进行管理。除管理采购业务、销售业务形成的入库和出库业务外，还可以处理仓库间的调拨业务、盘点业务、组装拆卸业务、形态转换业务等。

(2) 库存控制

库存管理子系统支持批次跟踪、保质期管理、委托代销商品管理、不合格品管理、现存量（可用量）管理、安全库存管理，并可以对超储、短缺、呆滞积压、超额领料等情况进行报警。

(3) 库存账簿及统计分析

库存管理子系统可以提供出入库流水账、库存台账、受托代销商品备查簿、委托代销商品备查簿、呆滞积压存货备查簿供用户查询，同时提供各种统计汇总表。

2. 库存管理子系统与其他子系统的主要关系

库存管理子系统既可以与采购管理、销售管理、存货核算集成使用，也可以单独使用。在集成应用模式下，库存管理子系统与其他子系统的主要关系如图 11.1 所示。

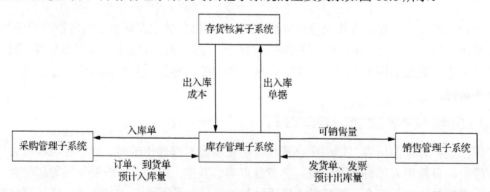

图 11.1　库存管理子系统与其他子系统的主要关系

任务 *11.2*　库存管理子系统实务

11.2.1　入库业务处理

库存管理子系统主要是对各种入库业务进行单据的填制和审核。库存管理子系统中的审核具有多层含义,既可表示通常意义上的审核,也可用单据是否审核代表实物的出入库行为,即在入库单上的所有存货均办理了入库手续后,对入库单进行审核。

库存管理子系统的入库业务主要包括以下几类。

1. 采购入库

采购业务员将采购回来的存货交到仓库时,仓库保管员对其所购存货进行验收确定,填制采购入库单。采购入库单生成的方式有 3 种:参照采购订单、参照采购到货单、直接填制。对采购入库单的审核相当于仓库保管员对采购的实际到货情况进行质量、数量的检验和签收。

2. 产成品入库

产成品入库单是管理工业企业的产成品入库、退回业务的单据。

工业企业对原材料及半成品进行一系列的加工后,形成可销售的商品,然后验收入库。只有工业企业才有产成品入库单,商业企业没有此单据。

一般在入库时是无法确定产成品的总成本和单位成本的,因此在填制产成品入库单时,一般只有数量,没有单价和金额。

产成品入库的业务流程如图 11.2 所示。

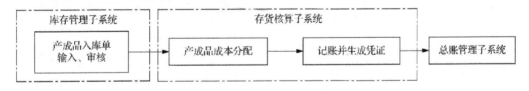

图 11.2　产成品入库的业务流程

3. 其他入库

其他入库是指除了采购入库、产成品入库之外的入库,如调拨入库、盘盈入库、组装拆卸入库、形态转换入库等业务形成的入库单。

需要注意的是,调拨入库、盘盈入库、组装拆卸入库、形态转换入库等业务可以自动形成相应的入库单,除此之外的其他入库单要由用户填制。

提醒

进行本项目练习之前，以系统管理员的身份在系统管理中引入"供应链初始化"账套。

案例 11-1　1月6日，成品库收到生产部生产的 50 台计算机，做产成品入库。1月10 日，成品库收到生产部制作的 20 台计算机，做产成品入库。随后收到财务部门提供的完工产品成本。其中，计算机的总成本为 245 000 元，立即做成本分配，记账生成凭证。

操作步骤

（1）在库存管理子系统中输入产成品入库单并审核

步骤 1　选择"供应链"|"库存管理"|"入库业务"|"产成品入库单"选项，打开"产成品入库单"对话框。

步骤 2　单击"增加"按钮，输入入库日期为"2020-01-06"，选择仓库为"成品库"、入库类别为"产成品入库"、部门为"生产部"。

视频演示

步骤 3　选择产品编码为 2001，输入数量为 50。

步骤 4　单击"保存"按钮。

步骤 5　单击"审核"按钮，完成对该单据的审核，如图 11.3 所示。

步骤 6　用同样方法输入第 2 张产成品入库单。

			产成品入库单			

表体排序　　　　　　　　　　　　　　　　　　　　　　　　　○蓝字　　　合并显示 □
　　　　　　　　　　　　　　　　　　　　　　　　　　　　　○红字

入库单号 0000000001　　　　　　　入库日期 2020-01-06　　　　仓库 成品库
生产订单号　　　　　　　　　　　　生产批号　　　　　　　　　部门 生产部
入库类别 产成品入库　　　　　　　　审核日期 2020-01-10　　　　备注

	产品编码	产品名称	规格型号	主计量单位	数量	单价	金额
1	2001	计算机		台	50.00		
2							
3							
4							
5							
6							
7							
8							
9							
10							
11							
12							
13							
14							
15							
合计					50.00		

制单人 冯涛　　　　　　　审核人 冯涛
现存量

图 11.3　填制并审核产成品入库单

提醒

产成品入库单上无须填写单价，待产成品成本分配后会自动写入。

（2）在存货核算子系统中输入生产总成本并进行产成品成本分配

步骤 1   选择"供应链"|"存货核算"|"业务核算"|"产成品成本分配"选项，打开"产成品成本分配表"对话框。

步骤 2   单击"查询"按钮，打开"产成品成本分配表查询"对话框。选择"成品库"，单击"确定"按钮，系统将符合条件的记录带回产成品成本分配表。

步骤 3   在"2001 计算机"记录行"金额"栏输入 245 000。

步骤 4   单击"分配"按钮，系统弹出"分配操作顺利完成！"信息提示框，如图 11.4 所示。然后单击"确定"按钮返回。

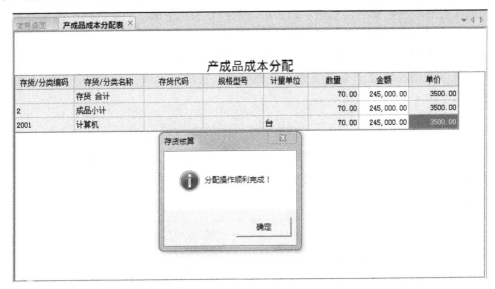

图 11.4   输入产品成本分配金额并分配产品成本

步骤 5   选择"供应链"|"存货核算"|"日常业务"|"产成品入库单"选项，打开"产成品入库单"对话框，可查看入库存货单价为 3 500 元。

（3）在存货核算子系统中对产成品入库单进行记账并生成凭证

步骤 1   选择"供应链"|"存货核算"|"业务核算"|"正常单据记账"选项，对产成本入库单进行记账处理。

步骤 2   选择"供应链"|"存货核算"|"财务核算"|"生成凭证"选项，选择"产成品入库单"，生成凭证。在"填制凭证"对话框中单击"合成"按钮，可合并生成入库凭证，如图 11.5 所示。

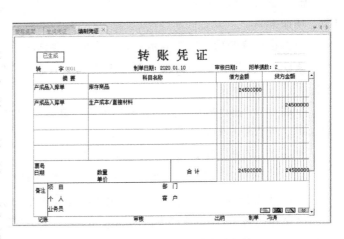

图 11.5   产成品入库单生成凭证

> **ⓘ 提醒**
>
> "生产成本/直接材料"为项目核算科目，本业务项目为"计算机"。

11.2.2 出库业务处理

1. 销售出库

如果没有启用销售管理子系统，销售出库单需要手工增加；如果启用了销售管理子系统，则在销售管理子系统中填制的销售发票、发货单、销售调拨单、零售日报，经复核后均可以参照生成销售出库单。根据选项设置，销售出库单既可以在库存管理子系统填制、生成，也可以在销售管理子系统生成后传递到库存管理子系统，再由库存管理子系统进行审核。

2. 材料出库

材料出库单是工业企业领用材料时所填制的出库单据，是进行日常业务处理和记账的主要原始单据之一。只有工业企业才有材料出库单，商业企业没有此单据。材料领用出库业务的处理流程如图 11.6 所示。

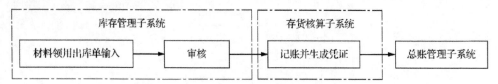

图 11.6　材料领用出库业务的处理流程

案例 11-2　1 月 12 日，生产部向原料库领用硬盘 20 盒，用于生产计算机。记材料明细账，生成领料凭证。

操作步骤

（1）在库存管理子系统中填制材料出库单并审核

步骤 1　选择"供应链"|"库存管理"|"出库业务"|"材料出库单"选项，打开"材料出库单"对话框。

步骤 2　单击"增加"按钮，填写出库日期为"2020-01-12"，选择仓库为"原料库"、出库类别为"材料领用出库"、部门为"生产部"。

步骤 3　选择"1001 硬盘"，输入数量为 20。

步骤 4　单击"保存"按钮，再单击"审核"按钮，如图 11.7 所示。

（2）在存货核算子系统中对材料出库单记账并生成凭证

步骤 1　选择"供应链"|"存货核算"|"业务核算"|"正常单据记账"选项，对材料出库单进行记账。

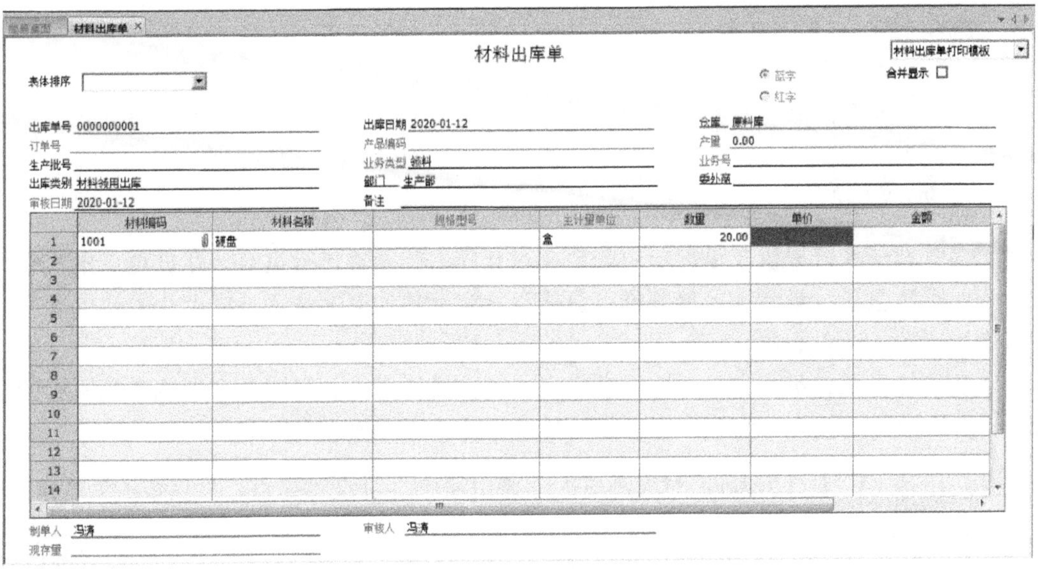

图 11.7　填制材料出库单

步骤 2　选择"供应链"|"存货核算"|"财务核算"|"生成凭证"选项，选择材料出库单生成以下凭证。

借：生产成本——直接材料（项目：计算机）　　　　　　　　　8 000
　　贷：原材料——硬盘　　　　　　　　　　　　　　　　　　　　8 000

3. 其他出库

其他出库是指除销售出库、材料出库之外的出库业务，如维修、办公耗用、调拨出库、盘亏出库、组装出库、拆卸出库、形态转换出库等。

需要注意的是，调拨出库、盘盈出库、组装出库、拆卸出库、形态转换出库等业务可以自动生成相应的出库单，除此之外的其他出库单须由用户填制。

案例 11-3　1 月 15 日，企管部领用 10 台计算机捐助希望小学（不考虑增值税）。

操作步骤

（1）在库存管理子系统中填制其他出库单并审核

步骤 1　选择"供应链"|"库存管理"|"出库业务"|"其他出库单"选项，打开"其他出库单"对话框。

步骤 2　单击"增加"按钮，填写出库日期为"2020-01-15"，选择仓库为"成品库"、出库类别为"其他出库"、部门为"企管部"。

步骤 3　选择"2001 计算机"，输入数量为 10。

步骤 4　单击"保存"按钮，再单击"审核"按钮。

（2）在存货核算子系统中对其他出库单记账并生成凭证

步骤 1　选择"供应链"|"存货核算"|"业务核算"|"正常单据记账"选项，对其他出库单进行记账。

步骤 2　选择"供应链"|"存货核算"|"财务核算"|"生成凭证"选项，选择其他出

库单生成以下凭证。

借：营业外支出　　　　　　　　　　　　　　　　　　　　　　　36 746.7
　　贷：库存商品　　　　　　　　　　　　　　　　　　　　　　　36 746.7

11.2.3　盘点业务

库存管理子系统提供了盘点单用来定期对仓库中的存货进行盘点。存货盘点报告表是证明企业存货盘盈、盘亏和毁损并据以调整存货实存数的书面凭证，经企业领导批准后，即可作为原始凭证入账。

本功能提供两种盘点方法，即按仓库盘点和按批次盘点。可对各仓库或者批次中的全部或部分存货进行盘点，盘盈、盘亏的结果可自动生成其他出入库单。

案例 11-4　1 月 15 日，对成品库的"路由器"存货进行盘点，盘点数量为 198 台。

操作步骤

（1）在库存管理子系统中增加盘点单

步骤 1　选择"供应链"|"库存管理"|"盘点业务"选项，打开"盘点单"对话框。

视频演示

步骤 2　单击"增加"按钮，输入日期为"2020-01-15"，选择盘点仓库为"成品库"、出库类别为"其他出库"、入库类别为"其他入库"。

步骤 3　在表体中选择存货为"路由器"，带出账面数量为 200。

步骤 4　输入存货"路由器"的盘点数量为 198，然后单击"保存"按钮。

步骤 5　单击"审核"按钮，如图 11.8 所示。

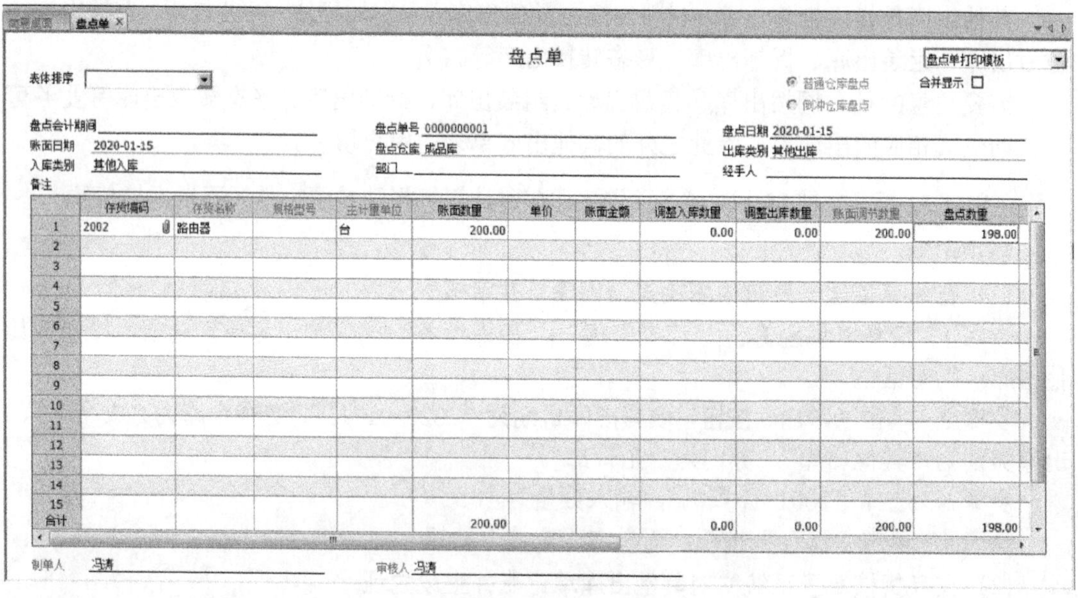

	存货编码	存货名称	规格型号	主计量单位	账面数量	单价	账面金额	调整入库数量	调整出库数量	账面调节数量	盘点数量
1	2002	路由器		台	200.00			0.00	0.00	200.00	198.00
合计					200.00			0.00	0.00	200.00	198.00

制单人　冯清　　　　　　　　审核人　冯清

图 11.8　盘点单

提醒

> ① 盘点单审核后，系统自动生成相应的其他入库单和其他出库单。
> ② 单击"盘库"按钮，表示选择盘点仓库中所有的存货进行盘点；单击"选择"按钮，表示按存货分类批量选择存货进行盘点。
> ③ 盘点单记账后，不能再取消记账。

（2）在库存管理子系统中，选择"供应链"｜"库存管理"｜"出库业务"｜"其他出库单"选项，对盘点单生成的其他出库单进行审核

（3）在存货核算子系统中，选择"供应链"｜"存货核算"｜"业务核算"｜"正常单据记账"选项，对其他出库单进行记账

（4）在存货核算子系统中，选择"供应链"｜"存货核算"｜"财务核算"｜"生成凭证"选项，对其他入库单生成凭证

　　借：待处理财产损溢　　　　　　　　　　　　　　　　　　136
　　　　贷：库存商品　　　　　　　　　　　　　　　　　　　　136

任务 *11.3*　存货核算子系统认知

11.3.1　了解存货核算子系统

1. 用友 U8 存货核算子系统的主要功能

存货核算子系统主要针对企业存货的收发存业务进行核算，以掌握存货的耗用情况，及时准确地把各类存货成本归集到各成本项目和成本对象上，为企业的成本核算提供基础数据。

存货核算子系统的主要功能包括存货出入库成本的核算、暂估入库业务处理、出入库成本的调整、存货跌价准备的处理等。

2. 存货核算子系统与其他子系统的主要关系

存货核算子系统与其他子系统的主要关系如图 11.9 所示。

存货核算子系统可对采购管理子系统生成的采购入库单进行记账，对采购暂估入库单进行暂估报销处理；存货核算子系统可对库存管理子系统生成的各种出入库单据进行记账核算；企业发生的正常销售业务的销售成本可以在存货核算子系统根据所选的计价方法自动计算；企业发生分期收款业务和委托代销业务时，存货核算子系统可以对销售管理子系统生成的发货单和发票进行记账并确认成本；在存货核算子系统中，进行了出入库成本记账的单据可以生成一系列的物流凭证传入总账管理子系统，实现财务和业务的一体

化。成本管理子系统可以将存货核算子系统中材料出库单的出库成本自动读取出来，作为成本核算时的材料成本；成本管理子系统完成成本计算后，存货核算子系统可以从成本管理子系统读取其计算的产成品成本并分配到未记账的产成品入库单中，作为产成品入库单的入库成本。

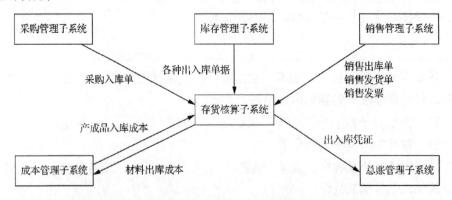

图 11.9　存货核算子系统与其他子系统的主要关系

11.3.2　企业存货核算子系统的应用方案

存货核算子系统既可以与采购管理子系统、销售管理子系统、库存管理子系统集成使用，也可以只与库存管理子系统联合使用，还可以单独使用。

1. 集成应用模式

当存货核算子系统与采购管理子系统、销售管理子系统、库存管理子系统集成使用时，在库存管理子系统中输入采购入库单，在销售管理子系统中输入发货单，审核后自动生成销售出库单或者在库存管理子系统中参照销售订单或发货单生成销售出库单，传递到存货核算子系统。在存货核算子系统中，对各种出入库单据进行记账，并生成出入库凭证。

2. 与库存管理子系统联合使用

当存货核算子系统与库存管理子系统联合使用时，在库存管理子系统中输入各种出入库单据，并进行审核，在存货核算子系统中对各种出入库单据记账，生成凭证。

3. 独立应用模式

如果存货核算子系统单独使用，那么所有的出入库单据均在存货核算子系统中填制。

任务 11.4　存货核算子系统实务

11.4.1　入库业务处理

入库业务包括采购入库、产成品入库和其他入库。

① 采购入库单在库存管理子系统中输入,在存货核算子系统中可以修改采购入库单上的入库金额,采购入库单上"数量"的修改只能在该单据填制的系统中进行。

② 产成品入库单在填制时一般只填写数量,单价与金额既可以通过修改产成品入库单直接填入,也可以由存货核算子系统的产成品成本分配功能自动计算填入。

③ 大部分其他入库单都是由相关业务直接生成的,如果与库存管理子系统集成使用,可以通过修改其他入库单的操作对盘盈入库业务生成的其他入库单的单价进行输入或修改。

11.4.2　出库业务处理

出库业务包括销售出库、材料出库和其他出库,可以在存货核算子系统中修改出库单据上的单价或金额。

11.4.3　单据记账

单据记账是将所输入的各种出入库单据记入存货明细账、差异明细账、受托代销商品明细账等。在进行单据记账时应注意以下几点。

① 无单价的入库单据不能记账,因此记账前应对暂估入库的成本、产成品入库单的成本进行确认或修改。

② 各个仓库的单据应该按照实践顺序记账。

③ 已记账单据不能修改和删除。如果发现已记账单据有错误,在本月未结账状态下可以取消记账;如果已记账单据已生成凭证,则不能取消记账,除非先删除相关凭证。

11.4.4　调整业务

出入库单据记账后,如果发现单据金额输入错误,通常采用修改方式进行调整。但如果遇到由于暂估入库后发生零出库业务等原因所造成的出库成本不准确或库存数量为 0 而仍有库存金额的情况,就需要利用调整单据进行调整。

调整单据包括入库调整单和出库调整单。它们都只针对当月存货的出入库成本进行调整,并且只调整存货的金额,不调整存货的数量。

出入库调整单保存即记账,因此已保存的单据不可修改、删除。

 案例 11-5　1 月 25 日,将本月入库的计算机成本增加 700 元。

操作步骤

步骤 1　选择"供应链"|"存货核算"|"日常业务"|"入库调整单"选项,打开"入库调整单"对话框。

视频演示

步骤 2　单击"增加"按钮,选择"成品库",输入日期为"2020-01-25",选择收发类别为"产成品入库"、部门为"生产部"。

步骤 3　选择存货编码为 2001,调整金额为 700 元。

步骤 4　单击"保存"按钮,如图 11.10 所示。

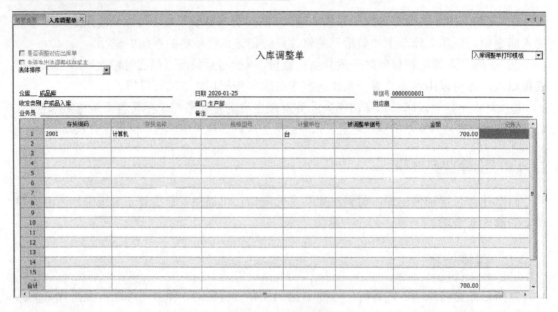

图 11.10 入库调整单

步骤 5 单击"记账"按钮。

 提醒

入库调整单是对存货的入库成本进行调整的单据，既可针对单据进行调整，也可针对存货进行调整。

步骤 6 选择"供应链"|"存货核算"|"财务核算"|"生成凭证"选项，选中"入库调整单"生成以下凭证。

借：库存商品   700
  贷：生产成品——直接材料   700

步骤 7 选择"供应链"|"存货核算"|"账表"|"分析表"|"入库成本分析"选项，查看"计算机"的入库成本从 245 000 变为 245 700。

11.4.5 暂估处理

存货核算子系统中对采购暂估入库业务提供了月初回冲、单到回冲、单到补差 3 种处理方式。暂估处理方式一旦选择不可修改。无论采用哪种方式，都要遵循以下步骤，即待采购发票到达后，在采购管理子系统填制发票并进行采购结算，然后在存货核算子系统中完成暂估入库业务的成本处理。

案例 *11-6* 1 月 18 日，向精英公司采购鼠标 50 盒，入原料库。1 月 30 日，仍未收到供应商开具的采购发票，估价 30 元/盒，进行暂估记账处理。

操作步骤

（1）办理入库

1 月 18 日，选择"供应链"|"库存管理"|"入库业务"|"采购入库单"选项，打开"采购入库单"对话框。填制采购入库单并审核，采购入库单存货单价不填。

（2）暂估成本输入

1 月 30 日，仍未收到供应商开具的采购发票，估价 30 元/盒，进行暂估记账处理。

步骤 1　选择"供应链"|"存货核算"|"业务核算"|"暂估成本录入"选项，打开"查询条件选择"对话框。

步骤 2　选择仓库为"原料库"。如果是有暂估价的单据也要查询，则必须选择"包括已有暂估金额的单据"为"是"。

步骤 3　单击"确定"按钮，打开"暂估成本录入"对话框。

步骤 4　补充输入鼠标的暂估单价为 30，单击"保存"按钮，系统弹出"保存成功！"信息提示框。单击"确定"按钮返回，如图 11.11 所示。

单据日期	单据号	仓库	存货编码	存货代码	计量单位	存货名称	规格型号	业务类型	采购类型	供应商	入库类别	数量	单价
2020-01-25	0000000001	原料库	1002		盒	鼠标		普通采购	材料采购	精英科...	采购入库	50.00	30.00
合计												50.00	

暂估成本录入　　　　计划成本

图 11.11　暂估成本输入

（3）暂估入库记账并生成凭证

步骤 1　选择"供应链"|"存货核算"|"业务核算"|"正常单据记账"选项，对暂估入库采购入库单进行记账处理。

步骤 2　选择"供应链"|"存货核算"|"财务核算"|"生成凭证"选项，对采购入库单（暂估记账）生成以下凭证。

借：原材料——鼠标　　　　　　　　　　　　　　　　　　　　　1 500

贷：应付账款——应付货款　　　　　　　　　　　　　　　　　　　　1 500

11.4.6　生成凭证

在存货核算子系统中，可以将各种出入库单据中涉及存货增减和价值变动的单据生成凭证传递到总账管理子系统。

对比较规范的业务，在存货核算子系统的初始设置中可以事先设置好凭证上的存货科目和对方科目，系统将自动采用这些科目生成相应的出入库凭证，并传送到总账管理子系统。

生成凭证操作一般由在总账管理子系统中有填制凭证权限的操作员来完成。

11.4.7　综合查询

存货核算子系统中提供了存货明细账、总账、出入库流水账、入库汇总表、出库汇总表、差异（差价）分摊表、收发存汇总表、存货周转率分析表、入库成本分析表、暂估材料余额分析表等多种分析统计账表。

在查询过程中，应注意查询条件输入的准确性、灵活性。

11.4.8　月末处理

存货核算子系统的月末处理工作包括期末处理和月末结账两部分。

1. 期末处理

在存货核算子系统的日常业务全部完成后，应进行期末处理。系统会自动计算全月平均单价及本会计月出库成本、自动计算差异率（差价率）及本会计月的分摊差异/差价，并对已完成日常业务的仓库或部门做处理标志。

2. 月末结账

在存货核算子系统的期末处理完成后，就可以进行月末结账了。如果是集成应用模式，必须在采购管理子系统、销售管理子系统、库存管理子系统全部结账后，存货核算子系统才能结账。

3. 与总账管理子系统对账

为保证业务与财务数据的一致性，需要进行对账，即将存货核算子系统记录的存货明细账数据与总账管理子系统存货科目和差异科目的结存金额及数量进行核对。

课后练习

一、思考题

1. 库存管理子系统的功能有哪些？
2. 库存管理子系统与其他子系统的主要关系是什么？
3. 简述产成品入库业务、材料出库业务的处理流程。
4. 哪些业务可自动生成其他入库单？哪些业务可自动生成其他出库单？
5. 盘点的方法有哪几种？需要注意什么问题？
6. 存货核算子系统的功能有哪些？
7. 存货核算子系统与其他子系统的主要关系是什么？
8. 什么情况下需要用到调整单据？调整单据有哪几种？
9. 存货核算子系统和库存管理子系统的联系与区别是什么？
10. 哪些类型的业务在存货核算子系统可以生成凭证传给总账管理子系统？

二、操作题

1. 完成《会计信息化实训》（用友 U8 V10.1）中的"实验十四　库存管理"。
2. 完成《会计信息化实训》（用友 U8 V10.1）中的"实验十五　存货核算"。

反侵权盗版声明

电子工业出版社依法对本作品享有专有出版权。任何未经权利人书面许可，复制、销售或通过信息网络传播本作品的行为；歪曲、篡改、剽窃本作品的行为，均违反《中华人民共和国著作权法》，其行为人应承担相应的民事责任和行政责任，构成犯罪的，将被依法追究刑事责任。

为了维护市场秩序，保护权利人的合法权益，我社将依法查处和打击侵权盗版的单位和个人。欢迎社会各界人士积极举报侵权盗版行为，本社将奖励举报有功人员，并保证举报人的信息不被泄露。

举报电话：(010) 88254396；(010) 88258888

传　　真：(010) 88254397

E - mail ：dbqq@phei.com.cn

通信地址：北京市万寿路 173 信箱

　　　　　电子工业出版社总编办公室

邮　　编：100036

尊敬的老师：

您好。

请您认真、完整地填写以下表格的内容(务必填写每一项)，索取相关图书的教学资源。

教学资源索取表

书　　名			作者名	
姓　　名		所在学校		
职　　称		职　　务	职　　称	
联系方式	电　话		E-mail	
	QQ号		微信号	
地址（含邮编）				
贵校已购本教材的数量（本）				
所需教学资源				
系/院主任姓名				

系／院主任：＿＿＿＿＿＿＿＿（签字）

（系／院办公室公章）

20＿＿＿年＿＿＿月＿＿＿日

注意：

① 本配套教学资源仅向购买了相关教材的学校老师免费提供。

② 请任课老师认真填写以上信息，并请系／院加盖公章，然后传真到（010）80115555
转 718438 索取配套教学资源。也可将加盖公章的文件扫描后，发送到
fservice@126.com 索取教学资源。欢迎各位老师扫码关注我们的微信号和公众号，
随时与我们进行沟通和互动。

③ 个人购买的读者，请提供含有书名的购书凭证，如发票、网络交易信息，以及购书
地点和本人工作单位来索取。

<table>
<tr><td align="center">微信号</td><td align="center">公众号</td></tr>
<tr><td></td><td></td></tr>
</table>

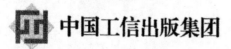 中国工信出版集团　　 电子工业出版社
PUBLISHING HOUSE OF ELECTRONICS INDUSTRY